語の文法への
いざない

由本陽子・杉岡洋子・伊藤たかね 著

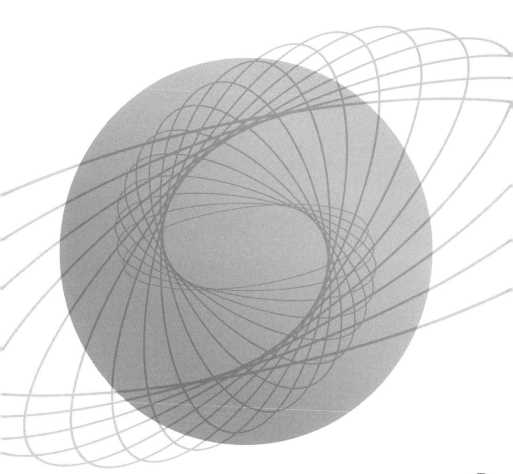

本書には以下の科学研究費の支援を受けて筆者3名が行った共同研究による課題の成果の一部を含んでいる。
・2024年度　基盤研究（C）24K03865
・2017–2020年度　基盤研究（B）17H02334

まえがき

　形態論は，日本の大学および大学院で独立した科目として提供されることの少ない分野である。そのこともあってか，形態論の教科書として使うことができる日本語で書かれた入門書はあまり多くは刊行されていない。また，日本語の語形成には，一般的な形態論の入門書で紹介されているような原理・原則では扱えない興味深い現象が数多く観察されているのだが，このことについて詳しく扱った入門書はさらに少ない。日本語の語形成におけるこれらの面白い観察について学べる入門書に，影山（1999），伊藤・杉岡（2002），由本（2011）があるが，本書は，これらをアップデートすべく企画したものである。言語学を専門とする学部生や大学院生を対象として，形態論には関心がない人にも語形成の面白さを知ってもらいたいと考え，形態論の技術的な問題には踏み込むことはせず，また，できるだけ日本語と英語の具体例を多く挙げながら，教科書としても使える入門書をめざしたつもりである。

　形態論は，統語論・意味論・音韻論と密接な関係にあり，2章でも述べるように，語形成や語構造の分析には，文レベルの文法と共通して適用し得る一般化もある。そのいっぽうで，語形成は，文法関係を示すような要素を介さない形で，複数の語や形態素を結合して新たな語を作るメカニズムであるため，形態論独自の原理・原則もある。何よりも，語形成では，どのような組み合わせが容認可能か，というだけでなく，どのような単語に対してどのような語形成規則がより頻繁に用いられるか，という文レベルの文法では考える必要のない「生産性」の違いや規則の棲み分けを説明することも求められるのである。本書のタイトルに用いた「語の文法」という表現は，近年の分散形態論を始めとする，語形成論を自律したモジュールとは認めない立場

では看過されがちな後者の問題についても探求すべきだという本書の趣旨を示すものである。一見要素同士をくっつけるだけに見える語形成の多様性と普遍性を知ってもらい，語の文法という小宇宙を感じ取ってもらえたら幸せである。

　本書は，語形成について考える際に必要になる形態論の基本的な知識と様々な現象を分析する際に用いる道具立てについての初歩的な知識を導入する第1部と，日英語の様々な語形成の現象について具体的な分析を紹介する第2部から成っている。著者らが語彙意味論に立脚した語形成論を研究していることから，ここで紹介している分析は，主に語彙の意味が関わるものである。基盤としている統語論は，生成文法だが，本書で示している分析を理解するには，1980年代初めの統語論の大枠についてのごく基本的な知識があれば十分である。文レベルの統語論と深く関わる，統語構造を基盤とした語形成については，立脚する理論の枠組みによって分析が変わりうるため，12章の一部と13章で現象にのみ焦点を当て，簡単に扱っている。専門用語については，原則として『英語学・言語学用語辞典』（開拓社）に従っている。

　本書の最初の企画は2010年に遡る。執筆は，由本が1, 3, 4, 5, 8, 9, 11, 12章，杉岡が2, 6, 9, 11, 13章コラム1，伊藤が2, 7, 9, 10, 13章 コラム2, 3を担当したが，全般的に著者3人が頭を突き合わせて議論しながら進めていった。打ち合わせのたびに，新たな問題や事実への気づきがあり，先行研究では「定説」とされるものに潜む多くの問題点に頭を悩ませることの繰り返しであった。途中3人がそれぞれに大学や学会で多忙になり，せっかく書きためていた原稿もお蔵入りになるのではないかと危ぶまれた時期もあったが，このたび何とか刊行までたどり着けたことは無上の喜びである。それにしても，刊行までにあまりにも長い年月がかかってしまった。その間寛大に見守ってくださり，編集作業においても多大なご尽力を頂いたひつじ書房の松本功氏には深く感謝申し上げたい。本書によって形態論，語形成論に関心をもつ学生や研究者が一人でも増えることを願ってやまない。

2024年酷暑の夏　著者代表　由本陽子

目　次

まえがき　　　　　　　　　　　　　　　　　　　　　　　　　　　iii

第 1 部

1 章　語の文法とは　　　　　　　　　　　　　　　　　　　　　3

2 章　語とレキシコンの基本的性質　　　　　　　　　　　　　9
2.1. 語彙性―語と句の異なる点　　　　　　　　　　　　　　　　9
 2.1.1.　レキシコン　　　　　　　　　　　　　　　　　　　　9
 2.1.2.　語彙化　　　　　　　　　　　　　　　　　　　　　　10
 2.1.3.　阻止　　　　　　　　　　　　　　　　　　　　　　　12
 2.1.4.　語彙的ギャップ　　　　　　　　　　　　　　　　　　15
 2.1.5.　生産性　　　　　　　　　　　　　　　　　　　　　　16
 2.1.6.　語彙的緊密性　　　　　　　　　　　　　　　　　　　17
 2.1.7.　音韻・形態・意味的な制約　　　　　　　　　　　　　21
2.2. 語の構造―語と句の似ている点　　　　　　　　　　　　　　26
 2.2.1.　語の階層構造　　　　　　　　　　　　　　　　　　　26
 2.2.2.　二叉枝分かれ制約　　　　　　　　　　　　　　　　　29
 2.2.3.　右側主要部規則　　　　　　　　　　　　　　　　　　31
 2.2.4.　語の再帰性　　　　　　　　　　　　　　　　　　　　35

コラム 1　連濁と母音交替　　　　　　　　　　　　　　　　　　39

3 章　「語の文法」に有用な道具　　　　　　　　　　　　　　41
3.1. 言語情報として必要な名詞の意味　　　　　　　　　　　　　41

3.2. 動詞の意味を LCS で表す意義	45
3.3. 動詞の意味クラスによる差異と LCS による分析	50
3.4. 2種類の自動詞を区別する LCS と項構造——非対格仮説	54
コラム2　日本語のアクセント——語と句の違い	60

第2部

4章　「名詞＋名詞」の複合名詞　　65

4.1. 複合名詞を作る二つの名詞の意味関係	65
4.2. クオリア構造を用いた分析	68
4.3. 複合名詞と句構造	77

5章　名詞から動詞への転換　　81

5.1. 名詞から動詞の意味が生み出されるメカニズム	81
5.2. 転換とは	84
5.3. 名詞のクオリア構造と転換動詞の LCS	86
5.4. 転換動詞の用法と語用論的意味	92
5.5. 転換動詞の用法	94
5.6. 日本語との比較	95

コラム3　日本語動詞の形態素分析　　99

6章　形容詞の性質と形容詞から作られる動詞　　101

6.1. 形容詞が表す状態の意味特性	101
6.1.1. 一時的状態と属性の違い	102
6.1.2. 段階性と極限値	103
6.2. 形容詞をもとに作られる状態変化の動詞	105

6.3. 形容詞由来動詞の意味と自他交替 ... 108
  6.3.1. 英語の形容詞由来動詞のLCS ... 108
  6.3.2. 日本語の形容詞由来動詞の自動詞と他動詞の交替 ... 110
6.4. 形容詞の性質と形容詞由来動詞のアスペクト ... 113
6.5. 形容詞の特性が派生動詞に与える影響 ... 116
  6.5.1. 接辞「-化」と形容詞が表す状態への価値判断 ... 116
  6.5.2. 形容詞の主観性と動詞化接辞「-がる」 ... 117

7章　接辞付加の規則性と順序　123

7.1. 名詞化接辞の生産性 ... 123
7.2. 接辞付加の音韻的・形態的・意味的規則性 ... 125
7.3. 英語接辞における二つのクラスの区別 ... 129
7.4. 英語における接辞付加の順序づけ仮説 ... 132
7.5. 英語の接辞の配列順序と言語処理 ... 136
7.6. 日本語の接辞付加の順序づけ ... 139
7.7. 規則性・生産性の心理的実在性 ... 141

8章　接頭辞付加による派生語の意味　145

8.1. 接辞が表す意味と基体の意味 ... 145
8.2. 英語の否定を表す接頭辞 ... 146
  8.2.1. 否定接辞のはたらき ... 146
  8.2.2. 反対と矛盾 ... 148
  8.2.3. 形容詞の性質と否定接辞の意味解釈 ... 149
  8.2.4. 接辞の棲み分けと阻止 ... 151
8.3. 日本語の否定を表す接頭辞 ... 153
8.4. 英語の動詞に付加される接頭辞 ... 157

9章　複雑語の形成と項構造　　163

- 9.1.　動詞の名詞化と項の現れ方　　163
- 9.2.　派生名詞の意味と項の受け継ぎ―事象名詞とモノ名詞　　168
- 9.3.　もとの動詞の外項を表す派生名詞　　171
- 9.4.　英語の転換名詞と軽動詞構文　　177
- 9.5.　動詞由来形容詞　　181
- 9.6.　英語の動詞への接頭辞付加　　185

10章　英語の動詞由来の複合語　　191

- 10.1.　はじめに　　191
- 10.2.　名詞として用いられる英語の動詞由来複合語　　192
- 10.3.　形容詞として用いられる英語の動詞由来複合語　　199
- 10.4.　英語の動詞由来複合語の内部構造　　204

11章　日本語の動詞由来の複合語　　213

- 11.1.　はじめに　　213
- 11.2.　行為や出来事を表す名詞として用いられる動詞由来複合語　　214
- 11.3.　述語のはたらきをする動詞由来複合語　　217
- 11.4.　動詞由来複合語の種類と音韻的特徴　　226
- 11.5.　物や人を表す動詞由来複合語のタイプと意味　　230

12章　日本語の「動詞＋動詞」の複合　　237

- 12.1.　日本語の「動詞＋動詞」複合語の多様性　　237
- 12.2.　複合語を作る二つの動詞の意味関係　　239
- 12.3.　語彙的緊密性の異なる2種類の複合動詞
　　　―語彙的複合動詞と統語的複合動詞　　245

12.4.	統語的複合動詞の構造	250
12.5.	統語的複合動詞「〜すぎる」の意味	254

13章　句が関わる語形成　259

13.1.	はじめに	259
13.2.	句を含む複合語や派生語	260
13.2.1.	句を含む複合語	260
13.2.2.	句への接辞付加	262
13.3.	句を含むように見える複合語	265
13.3.1.	非主要部の名詞がもつ意味上の項の現れ方	265
13.3.2.	非主要部の動詞要素の項による複合語の修飾	266
13.4.	動詞句が関わる名詞化	268
13.4.1.	日本語の接辞「-方」による名詞化と英語の動名詞	268
13.4.2.	時間とアスペクトを表す接尾辞の付加	272
13.5.	句を選択する接辞が作る複雑述語	274
13.5.1.	願望を表す「-たい」	275
13.5.2.	難易・傾向を表す「-にくい」「-やすい」	277
13.6.	様子や傾向を表す助動詞的な形容名詞化接辞	280

参考文献	285
索引	291
著者紹介	297

第 1 部

1章　語の文法とは

　私たちが発話する際には，記憶している語彙の中から適切な単語を選び出し，それらをそれぞれの言語における〈文法〉に従って文を組み立てるという作業を無意識のうちに行っています。オウムなどに「マリチャン」とか「ニッポンがんばれ」とか，人間の言葉を憶えさせると，オウムは学習した言葉をそのまま発声する，まさにオウム返しはできるようになりますが，それを組み合わせて，たとえば「マリチャンはがんばった」といったように新たな文を作り出すことはできません。いっぽうで，人間は，〈文法〉を言語知識として獲得しているおかげで，習い覚えた表現をそのまま表すのではなく，その場その場で自分が伝えたい内容を表現することができるのです。もう少し詳しくいえば，まず，個別言語にはそれぞれの言語の規則にのっとった音の連鎖から成る単語が存在しますが，私たちはその単語を組み合わせることで文を作り，さらに文をつなぎ合わせてひとまとまりの談話や文章を作ります。文法とは，言語を構成するいくつかのレベルそれぞれにおいて，その単位を組み立てる際に使われる規則のことを指します。この文法の知識によって，私たちは伝えたい内容，表現したい考えや感情を自由に言語化し，創造的な言語活動ができるというわけです。

　では，単語の知識についてはどうでしょうか。私たちが使用する単語はすべて学習して記憶しているものでしょうか。実は，単語についても人間は記憶している語彙の中に適切なものが見つからない場合には，新たな単語を生み出す能力をもっています。たとえば，漫画『ののちゃん』（5863，朝日新聞 2014）でお母さんが「肉じゃが鍋」と言いながら鍋料理を出している場面があるのですが，これはおそらく前日の夕食の残り物を使ったありあわせの鍋料理をこのように即興で名付けたのですね。読者は，当然このような料理名は聞いたこともありませんが，「肉じゃが」と「鍋」という単語をこの順序でくっつけていることによって，少なくともこれが料理名であることがわかりますし，だいたいどんな料理なのかを想像することができます（詳しくは4章）。また，近年「映える」という新語が作られましたが，これは「インス

タ映え」という造語をもとに一部を切り取って動詞にしたものですね。この動詞が定着することによって，さらに最近では，「あなたの写真，映えさせます」のような使役を表す動詞も使われるようになっていますが，これも「映える」を知っている人なら何の違和感もなく理解することができます。このようにすでに記憶されている語を用いて新たに単語を作り出す操作を「語形成」と呼びます。「語の文法」とは，この語形成に用いられている規則体系のことです。つまり，文を組み立てる場合と同様，語形成にもある種の〈文法〉があることによって，人間は無意識のうちに新たな単語を次々と生み出すことができ，また，知らない単語でも理解することができるのです。本書では，このように新しい語を生み出したり，知らない語を理解したりする場合を含め，語を使いこなす際に話者が用いている原理や規則にどのようなものがあるのかについて考えていきます。

　語の文法で扱うのは，複数の〈形態素（morpheme）〉によって構成されている語，すなわち複雑語です。形態素とは，「ある言語において語彙的意味もしくは文法的意味をもつ最小の単位」（『英語学・言語学用語辞典』）のように定義されています。「語彙的意味」とは，語が表す実質的な意味を構成する成分になるような意味，「文法的意味」とは，動詞の活用語尾や名詞の人称を表す接辞のように，その形態素が付加された語の，文中での文法的な位置づけを表すもののことを指します。形態素には，他の形態素と結合しなくても単独で語として用いることができる〈自由形態素（free morpheme）〉と，単独では語として機能できず，必ず複雑語の一部としてしか用いることができない〈拘束形態素（bound morpheme）〉とがあります。拘束形態素の代表的なものは〈接辞（affix）〉で，たとえば unsustainable（持続できない）は，sustain という自由形態素と un-, -able という拘束形態素から構成されます。un- と -able は付加する相手（〈基体（base）〉）を必要とする〈接辞（affix）〉で，基体の前に付加される un- は〈接頭辞（prefix）〉，基体の後に付加される -able は〈接尾辞（suffix）〉と呼ばれます。（言語によっては基体の中に挿入される〈挿入辞（infix）〉もあります）。このうち，-able は able という形容詞と同じ形をしていますが，多くの動詞について「〜できる」という意味の形容詞を作るはたらきをするので，語ではなく接辞と考えられます。このように，自

由形態素と拘束形態素が同じ形の場合もあり，両者の区別は必ずしも明瞭ではないこともあります。文を理解する際に文を構成している個々の単語についての知識がないと始まらないのと同様，複雑語の理解には，当該言語においてどのような形態素が存在し，それぞれがどのような性質なのかを知ることが必須です（詳しくは 2 章）。

　ここで注意が必要なのは，形態素が現れる環境に応じて異なる音形になる場合があるということです。たとえば，否定を表す接頭辞 in- は，付加される語の最初の音と似た音に変化する〈同化（assimilation）〉という現象によって，im-, ir-, il- と形を変えます（impolite, irregular, illegal など。詳しくは 7.3.）。これらは，否定接頭辞として同じ意味をもつと考えられ，またどの形が現れるかは，環境によって一義的に決定されているので，表面的には異なる形態素のように見えますが，同一形態素の〈異形態（allomorph）〉だと見なすことができます。これは，音韻論が分析対象とする〈音素（phoneme）〉に，〈異音（allophone）〉があるのと並行的です。たとえば，英語の /p/ という音素は，現れる環境（語頭か語中か語尾か）などによって帯気音化（aspiration）に違いが観察され，これらは，実際には異なる音なのですが，たとえ普通は気息がない場合に気息を伴って発音をしたとしても，単語の意味が変わるわけではないので，英語においては同一音素として捉えられるのです。異形態も同様で，語構造内のどのような環境で起こるかによって，本来一つの形態素が異なる形で現れていると捉えられているのです。

　文レベルの文法と語の文法との違いについては，次の章で詳しく述べますが，文レベルの文法が，文の構造に関わる規則だけではなく，イントネーションなどの音韻的規則や，文の意味を解釈する際に用いられる意味論・語用論の規則といった複数の機構から成っているのと同様に，語の文法においても，形態素の組み合わせや順序に関わる規則だけでなく，音や意味に関わる規則が様々に連携しています。語の文法は，単語という小さな単位を扱う世界ではありますが，まさに小宇宙と呼ぶにふさわしいものであり，それゆえに語の文法についての学びを通して，文のレベルの文法についても多くを知ることができます。

　ただし，本書で扱えるのは，語形成の主要なプロセスである〈接辞付加（affixation）〉〈複合（compounding）〉と〈転換（conversion）〉です。接辞付加

というのは，基体に接頭辞や接尾辞を付加することです．上の例 unsustainable でいえば，sustainable の基体は sustain，unsustainable の基体は sustainable ということになります．新たに語を作り出す場合，接辞付加の基体は，原則，語なのですが，場合によっては拘束形態素が基体になることもあります（7章参照）．複合とは，tea cup のように語（＝自由形態素）を二つ結合して新たに語を作る操作のことです．複合語の構成要素はいずれも文中で自立して機能し得る語なので，形の上では，句と区別がつかず，統語的な分析が適用されるべきだと考える研究者もいるかもしれません．しかし，「語」と「句」との間にはさまざまな違いがあることがわかっているので（2章参照），その区別を前提とすれば，複合語は文レベルの文法とは異なる分析が適用できる興味深い研究対象となります．転換は，mop という名詞が「モップで拭く」という動詞になるように，基体の形を変えることなく品詞を変えて新たな語を作ることで，研究者によっては，接辞付加の一種と見なす場合もありますが，本書では転換として扱います（詳しくは5章参照）．

　語形成には言語によって多様性があり，上にあげた3種類以外にも語を作り出すプロセスには，短縮（e.g., advertisement → ad, telephone → phone）や混成（e.g., breakfast + lunch → brunch）などもあるのですが，本書では，接辞付加，転換と複合のみを対象として論じます．また，動詞が時制によって形を変えたり，名詞が数や格（たとえば，主語位置に現れるなら主格，目的語位置に現れるなら対格）によって異なる語尾を伴ったりすることを〈屈折（inflection）〉と呼びますが，本書では屈折は扱いません．

　語形成には品詞の情報が重要ですが，日本語については，名詞（N）・動詞（V）・形容詞（A）の3分類では収まらない範疇として〈動名詞（verbal noun: VN）〉〈形容名詞（adjectival noun: AN）〉と呼ばれるものがあり，本書でもこれらを独立した品詞として区別しています．動名詞とは，本来名詞なのですが，「する」を後接することにより動詞として機能するもののことです．たとえば，「勉強，先回り」は「{勉強／先回り}は嫌いだ」「健は登校前に勉強する」「健はいつも先回りする」のように名詞としても動詞としても使用できるので，動名詞です．形容名詞とは，名詞として使われる場合もありますが，名詞の前で「な」を伴って修飾要素となり，「だ」を後接することで属性

叙述文の述部としても機能するもので，伝統的には形容動詞と呼ばれているものに相当します。たとえば，「不思議，幸せ」は，「不思議な現象を見た」「幸せな生活」のように「な」を伴うことで名詞を修飾することができ，「その現象は不思議だ」「私は幸せだ」のように，名詞と同様（e.g., 私は大学院生だ），「だ」を伴うことで述語として機能しますから，本書ではこれらを形容名詞として扱います。

　本書では，各章の冒頭に数個の簡単な設問があります。答えは各章の中にありますが，読者の皆さんは，本文を読む前にまずその設問について考えてみてください。また，各章の終わりには，内容理解のチェックのために数個の問題を出題していますので，ぜひチャレンジしてみてください。

2章　語とレキシコンの基本的性質

> ① 英語で「規則的でない」という意味を表すのに，irregular という語と，not regular という句による表現とが可能ですが，unregular という語が一般には用いられないのはなぜでしょうか。
> ②「冷やしざるうどん」では，冷たいのはざるでしょうか，うどんでしょうか。

【キーワード】語彙化，阻止，語彙的緊密性，構成性，再帰性，主要部，階層構造，生産性

2.1. 語彙性—語と句の異なる点

2.1.1. レキシコン

> ☞語は，文を作る基礎単位としてのまとまりを成し，基本的に記憶されるものであるところから，句や文とは異なる面をもちます。

　母語の語彙でも，人によって「知っている単語」と「知らない単語」があります。たとえば，「箝口（けんこう）」という単語を，知っていますか。知らない人の方が多いのではないでしょうか。実は「かんこう」とも読み，「箝口令」と使われるといえば，あぁ，そうか，と思う人もあるでしょう。『広辞苑（第七版）』には「口をつぐみ，ものを言わないこと」，「人にものを言わせないこと」といった意味が書かれています。

　このように，単語は，知っているものと知らないものに分類することができます。この点で，語は文と大きく違います。これまでに一度も聞いたことのない文を聞いても，私はこの文を知らない，とは普通に考えません。実際，たとえば今読んでいるこの文は，おそらくこれまでに読んだことのない文の

はずですが，それでも，「こんな文，知らない」とは思わないでしょう。なぜでしょうか。

　語は，文を作る基礎単位として，母語話者が記憶しているもの，文はその基礎単位を使って，その場その場で組み立てていくもの，と考えればこの違いは説明ができます。組み立ては何らかの規則や原則に従って，動的に行われることですから，「見たことがないから知らない」ということにはならないわけです。

　母語話者が頭の中にもっている，語や形態素についての知識の総体を，理論言語学では〈レキシコン（lexicon）〉と呼びます。（メンタルレキシコン，心内辞書，語彙目録などと呼ばれることもあります。本書では以降，レキシコンをこの意味で使っていきます。）さらに，レキシコンには，語と語の関係についての情報なども登録されますし，語や形態素を組み立てて別の語を作る仕組みも含まれると考える立場もあり，本書もその立場に立ちます。

　語がレキシコンに登録されるということから，語は文とは異なる様々な性質をもつことが多いのですが，これをまとめて〈語彙性〉と呼びます。以下，語彙性についていくつかの項目に分けて具体的に見ていくことにしましょう。

2.1.2. 語彙化

> ☞語の多くはレキシコンに登録されるために，句や文と異なる性質をもちます。

　語の形とそれが表す意味のつながりがレキシコンに記憶されることを〈語彙化（lexicalization）〉と呼びます。語形成で作られるすべての語が必ずしも記憶されるわけではありませんし（7.7. 参照），ある語が実際に記憶されているかどうかを確認するのは簡単ではありませんが，記憶されていることによって可能になる言語現象の一つに，意味の変化があり，これが語彙化の一つの証拠となると考えられます。

　語が，複数の形態素から成る場合，その語全体の意味が個々の形態素の意味の総和であると言えるか，考えてみましょう。たとえば，7章でも見るように，日本語の「-さ」という接辞は，形容詞や形容名詞（1章参照）の基体

に付加されて，性質・程度などを表す意味をもちます。「厚さ」や「高さ」の意味は，「{厚い／高い} という性質」，「どのくらい {厚い／高い} かという程度」というように，基体の意味と，「-さ」の意味から，全体の意味が決まります。このように，構成要素の意味から全体の意味が決まる（つまり意味的に透明である）場合，そのような複雑語は，〈構成的（compositional）〉な意味をもつ，あるいは〈構成性（compositionality）〉をもつといいます。ところが，同じ「-さ」でも，(1a) のような例における「悪さ」は，「悪い」と「-さ」から構成的に導くことのできる意味ではありません。「悪いという性質・程度」という意味ではなく，「いたずら」という特殊な意味をもつからです。同じように，英語の weakness という語は，「弱さ」という構成的な意味のほかに，(1b) の例に見られるような「特別な好み」という特殊化された意味をもちます。

(1) a.　あの子はすぐに悪さをする。
　　b.　She has a weakness for chocolate.（彼女はチョコレートに目がない）

このように，構成要素の意味から計算できない意味は，記憶されていると考えるのが自然です。語彙化されることによって，このような意味の特殊化が可能になります。
　次の (2) のような表現も，語彙化の例と考えられます。

(2) a.　甘酒，紅葉狩り
　　b.　blackbird（ツグミ），workshop（セミナー）

(2a) の複合語は，それぞれの語を足し合わせた意味（甘い酒，紅葉を狩ること）を表さず，飲み物の一種（甘酒はアルコールを含まないので酒ではないことに注意）や行楽（紅葉を楽しむ）の名前として，また (2b) の英語の複合語も文字通りの「黒い鳥，仕事場」ではなく特殊化した意味を表す語としてレキシコンに記憶されていると考えられます。

2.1.3. 阻止

> ☞同じ意味の表現は一つで十分です。

　ある言語形式の形成が，レキシコンにすでに存在する語があることによって阻まれる〈阻止 (blocking)〉という現象があります (Aronoff 1976)。たとえば，(3a) に示すように，「志願者」を意味する名詞としては applicant という語が存在するため，#applier という語は（少なくとも「志願者」を表す意味では）普通は用いられません。-er という接尾辞は動詞に付加されて、動詞の表す動作を行う人（動作主）を表す名詞を作るはたらきをもつので（詳しくは 9.3. 参照），#applier という名詞は規則の違反ではなく，applicant という同じ意味の語があることによって阻止される，と説明できます。(本書では，このように規則に違反していないにもかかわらず，レキシコンとの関係で普通は用いられない語を # で表記することとし，規則に違反していることを示す * と区別します。2.1.4. も参照のこと。) 同様に，冒頭の設問①の #unregular が一般に用いられないのは，(3b) に示すように，regular の反義語としては，irregular が存在するためです。(in-/ir- と un- の違いについては 7 章，8 章を参照。)

（3）a.　applicant / #applier
　　 b.　irregular / #unregular

　また，以下のような例も阻止による説明が可能です。

（4）a.　curious / curiosity, generous / generosity
　　 b.　glory / glorious / #gloriosity
（5）a.　fascism / fascist, racism / racist, feminism / feminist
　　 b.　critic / criticism / #criticist

-ous という接辞をもつ形容詞に -ity が付加されて名詞ができる例は，(4a) のように数多くありますが，(4b) に示したように，glorious に対して #gloriosity

は用いられません。これは，glorious の -ous 付加の基体が glory という名詞であるから，ということで説明できます。抽象名詞（glory）を -ous によって形容詞化して性質を表す語を作り（glorious），さらに -ity 付加によって抽象名詞を作ろうとすると，もとの抽象名詞と同じ意味になるため，阻止されると考えられるのです。同様に，考え方などを表す -ism 形の名詞に対応して，その考えを主張する人を表す -ist 形の名詞が存在する例は（5a）のように多数ありますが，（5b）の場合は，-ism が critic（批評家）という人を表す名詞に付加されているため，#criticist は critic によって阻止されると考えることができます。

　日本語における阻止の例としては，次のような表現の例をあげることができます。

（6）a.　夜遊びする
　　　b.　大笑いする
（7）a.　#遊びする
　　　b.　#笑いする

（6）の「夜遊び」「大笑い」は「する」を付けて動名詞（1章参照）として使うことができますが，（7）では「遊び」や「笑い」という名詞に「する」を付けると不自然な表現になります。これは，同じ意味を表す「遊ぶ」「笑う」という動詞がレキシコンにあるためです。つまり，（7）の表現はレキシコンに存在する語によってその形成が阻止されているのです。

　また，次の英語の例では句の形成が語の存在によって阻止されています。

（8）a.　this morning, this afternoon, this evening
　　　b.　#this night
（9）a.　pale blue, pale green
　　　b.　#pale red

1日のうちの様々な時間を指すのに，（8a）のような表現が用いられるのに対

し，(8b) が普通の文脈では使われないのは tonight があるために阻止されるからだと考えられます。また「薄めの色」を表す表現として (9a) を用いるのに対して (9b) が一般に用いられないのは，pink という表現によって阻止されるからだと考えられます。

阻止現象は，レキシコンに特定の語が存在することによって起こると考えられています。ですから，基本的にレキシコンに記憶されることのない句が，別の表現を阻止するという現象は起こりません。たとえば，a person who has retired と a retired person とはほぼ同じ意味といってよいと思われますが，一方が他方を阻止するというようなことは起こりません。

阻止は，ほとんどの場合，完全な同義表現を回避するために起こる現象なので，意味の棲み分けがあれば阻止が起こらないこともあります。たとえば，英語の produce から派生する名詞には production, product, produce がありますが，production は生産する行為，product は工業製品，produce は農産物，というような意味の棲み分けがあります。これは，produce という動詞から派生する名詞の意味として考えられる解釈のうちの一部だけに特化した意味を，それぞれの名詞形が担っているという意味で，前項で説明した語彙化の一例と言えますが，この棲み分けがあるため，いずれの名詞形も他に阻止されることなく用いられます。同じ produce という動詞を用いても，what is produced（生産されたもの）という句表現では，上記の工業製品か農産物かという意味の特化は起こりえないことにも注意して下さい。7章で詳しく見る日本語の形容詞から名詞を作る「-さ」「-み」も，たとえば「強さ」と「強み」などに見られるように，意味の相違があるため，お互いに阻止することはありません。

また，阻止現象を起こす「同義」とは，狭義の意味，すなわち単に指し示すものが同じであるというだけでなく，いわゆるニュアンスや使用に適した場面などの用法も含めた広義の意味が同じであることと考えられます。たとえば「子供」と「ガキ」や，「ご飯」と「メシ」では指し示す対象は同じですが，明らかにニュアンスや使用可能な場面が異なりますから，阻止は起こらないのです。

2.1.4. 語彙的ギャップ

> ☞ どうして使えないの？という語があります。

　語形成の規則に従って考えれば存在するはずの語が，実際には用いられない場合があります。これを〈語彙的ギャップ (lexical gap)〉と呼びます（#で表記）。たとえば，7章で見るように，「-み」は形容詞に付加されて名詞を作りますが (e.g., 厚み)，この接辞付加には以下のような語彙的ギャップが見られます。

(10) a.　厚み, #薄み, #長み
　　 b.　暖かみ, 温み（ぬくみ）, #冷たみ, #熱み（あつみ）, #ぬるみ

　(10a) は，いずれも cm などの単位で測られる数量を表す語ですが，「薄み, 長み」は「形容詞語幹＋-み」という語形成によって作ることができる語であるにもかかわらず，実際には用いられません。（〈語幹〉とは，屈折接辞が付加されている語 (e.g., 厚い) から，接辞を除いたもの (e.g., 厚) です。）同様に，(10b) はいずれも温度を表す語ですが，「#冷たみ, #熱み, #ぬるみ」は実際には用いられない語彙的ギャップになっています。これに対して，「-み」は原則として形容詞に付加されることから，「*冷やしみ, *暖ためみ」のように動詞に「-み」が付いた例はそもそも語形成の規則に反しているため非文法的となり，語彙的ギャップとは呼べません。（ネット上の新しい用法では「わかりみ（がすごい）」(= すごくよくわかる) のような例も使われますが，まだ一般的とはいえません。）

　英語の同様の例として，特にラテン系の接辞（-ous, -al, -able など）をもつ形容詞に付加されて名詞を作る -ity という接辞を見ると，(11a) のように，-ous という接辞をもつ多くの形容詞に -ity 形の名詞がありますが，(11b) のようなギャップが見られます。

(11) a.　curiosity, generosity, monstrosity, luminosity
　　 b.　#tremendosity, #consciosity

これに対して，句ではそのようなギャップは存在しません。たとえば，同じ否定を表す表現でも，否定の接頭辞 un- や「不-」には，(12) のようなギャップがありますが，(13) のような句表現の否定形にギャップが存在するような例は考えられません。

(12) a.　#unflat, #unnice　（cf. uneven, unkind）
　　　b.　#不堅実，#不実直　（cf. 不確実，不正直）
(13) a.　not flat, not nice
　　　b.　堅実でない，実直でない

このような語と句の違いは，語はレキシコンに記憶されるものであるため，たまたま記憶されないギャップが存在するのに対して，句レベルの表現は記憶するものではないため，ギャップになることはないと考えることで説明できます。言い換えると，文の文法を考えるときには，〈文法的に許される文〉と〈文法的に許されない文＝非文〉とが区別されるのに対して，語の文法を考える際には，同様の〈文法的に許される語〉，〈文法的に許されない語〉の区別に加え，〈文法的には許されるが実在しない語＝語彙的ギャップ〉を含めた三分法が必要になります。

2.1.5. 生産性

> ☞語形成には，生産性の高いものと低いものがあります。

語がレキシコンに記憶され，語彙的ギャップが存在することから，語形成プロセスに関しては，統語的プロセスにはあてはまらない〈生産性 (productivity)〉いう概念が重要になります。この概念にはいくつかの異なる定義がありますが，ここでいう生産性は特定の語形成プロセス（接辞付加や複合など）がどのくらい自由に語を作ることができるか，その程度を指し，その捉え方には大きく分けて二つの考え方があります。

　一つは，その語形成プロセスによって形成することが理論的に可能な語の内の何パーセントが実際に用いられているかを測るものです。この意味での

生産性は，語彙的ギャップがどれだけ少ないかを捉えようとしていると言い換えても良いでしょう。たとえば，日本語の形容詞から名詞を作る接辞「−さ」の付加には語彙的ギャップがほとんど見られないのに対して，2.1.4. で見たように「−み」の付加には多く見られます。同様のはたらきをする英語の接辞においても，-ness には語彙的ギャップがほとんどなく，-ity や -th (e.g., warmth) には多く存在します。すなわち，「−さ」や -ness は生産性が非常に高いのに対して，「−み」や -ity, -th は生産性が低いと言えます。実際には，「規則に従って形成することが可能な語」の数も，「実際に用いられている語」の数も，一義的には決定できないため，この考え方による生産性の数値化は困難です。

　もう一つの考え方は，その語形成プロセスが新造語をどのくらい自由に作るかを測ろうとするものです。ある程度の規模のコーパスの中に一度しか出てこない語は，その場限りで使われた新造語であると考えてもよい，ということを前提とし，そのコーパス内にある当該の語形成プロセスを経た語（たとえば特定の接辞をもつ語）の総語数を分母とし，一度しか現れない語の数を分子として，新造語の割合を出すという数値化が提案され，実際の研究に用いられています。この方式によって計算すると，たとえば -ness の生産性が 0.0044 であるのに対して -ity は 0.0007 である，といった数字が報告されています (Baayen and Lieber 1991)。

　この二つの考え方は，多くの場合，当該の語形成プロセスの生産性について似た答えを出しますが，中には異なってくる場合もあります。たとえば，-ment という名詞化接辞（development など）は，実際の語の数は比較的多いものの，現代では新造語を作る力はないことがわかっています。けれども，生産性自体を研究の対象とする場合を除いては，この二つの考え方を厳密に区別せずに，曖昧に生産性という概念を使うことも多くなっています。

2.1.6. 語彙的緊密性

> ☞語はひとまとまりの単位として，いわば自分の周りに垣根を作ります。

ここまで，語が，句とは異なり，レキシコンに記憶されるという特徴をもつことによって生じると思われる現象を見てきました。語が句と異なるもう一つの大きな特徴は，一つの単位として，緊密なまとまりをもつことです。2.2. で見るように，語には内部構造がありますが，それにもかかわらず一語としてまとまりをなすために，その一部分だけを取り上げて何らかの操作をかけたりすることはできません。たとえば，(14b) のように語の一部を文頭に出すようなことは (14a) の文の場合と違って，容認されません。

(14) a.　健は朝，帰った　→　朝，健は帰った
　　　b.　健は朝帰りした　→　*朝，健は帰りした

このように，語がまとまりを成すことから生じるいくつかの現象をまとめて〈語彙的緊密性 (lexical integrity)〉と呼びます。

・照応関係の排除
　日本語の「それ」や，英語の it や he/she などの代名詞は，指し示す相手（先行詞）をもちます。たとえば，(15) の例では，「それ」，it はそれぞれ「虫」，a bird を先行詞として解釈されます。(以下，代名詞とその先行詞を下線で示します。)

(15) a.　少年は虫をつかまえて，それをかごに入れた。
　　　b.　She took a bird out of a cage, and set it free.
　　　　（彼女はカゴから鳥を取り出して，それを逃した。）

このような代名詞と先行詞の関係を〈照応 (anaphora)〉と呼びますが，この照応関係は，語の内部と外部との間に結ぶことができません。(16)(17) の例を考えてみましょう。

(16) a.　*虫かごをあけて，それを逃がした。
　　　b.　*虫をつかまえて，それかごに入れた。

(17) a. *She opened a birdcage and set it free.
　　b. *She put a bird in an itcage.

　(16a)の「虫かご」は複合語として一つの語になっているので，この例において「虫」と「それ」に照応関係をもたせることはできません。語の一部が先行詞となることが許されないということです。逆に，(16b)が非文であることが示すように，文中にある他の語（「虫」）を先行詞とする代名詞を中に含む「*それかご」という複合語を作ることもできません。同様に英語でも，(17)の例が示すように，birdcageの一部であるbirdを指してitで受けたり，逆にitを複合語の中に取り込んで*itcageという語を作ったりすることはできません。
　この照応現象の排除は，根源的には，語の内部要素が〈指示対象（referent）〉をもつことができないということに起因すると考えられます。代名詞を使って照応関係を表示することは，基本的に，ある語が何を指すか（すなわち，指示対象）を決める手段だからです。たとえば，(16a)の「虫かご」という複合語に含まれる「虫」は虫全般の総称を表し，特定の虫を指しているわけではないので，「それ」という代名詞で指すことができません。さらに，代名詞は特定の対象を決定する表現なので(16b)のように複合語の一部になることもできません。英語の(17)の例についても同様の説明ができます。

・**統語的要素の排除**
　語の内部に，時制・相や数などの統語的要素が入ることはできません。次の例を考えてみましょう。

(18) a.　焼きざかな，蒸しどり
　　 b.　*焼いたざかな，*蒸したどり

　(18a)の例は，焼いた魚，蒸した鶏，という意味をもちますが，連濁が起こっていることからもわかるように複合語です（コラム1参照）。(18b)に示したように，「た」という過去形を作る形態素を入れて複合語を作ることは

できません。英語では，名詞の複数形が -s という形態素で表されますが，これも複合語の中に入ることはできません。

(19) a.　bookshelf, horse racing
　　 b.　*books shelf, *horses racing

本棚には多くの本を並べるのが普通ですし，馬一頭ではレースになりませんが，複数の books や horses を取り込んだ（19b）のような複合語は容認されず，（19a）のように単数形を取り込んだ形になります。（ただし，teeth のような不規則形の場合や arms（武器）のように複数形で特別な意味をもつ場合は，teeth-mark, arms race（軍備競争）のように複数形が複合語の中に現れることもあります。）

・句の排除

　語の内部に句が入ることも，次の接辞付加の例からわかるように，一般には容認されません。

(20) a.　*ものすごく高さ　　　cf. ものすごい高さ
　　 b.　*上手に歌い手　　　　cf. 上手な歌い手
　　 c.　*オムライスを作り方　cf. オムライスの作り方

(20) の例に含まれる接辞「-さ」「-手」「-方」は形容詞や動詞の語幹に付いて名詞（「高さ」，「歌い手」，「作り方」）を派生します。(20) の cf. に示したようにこれらの名詞を形容詞，形容名詞や「名詞＋の」で修飾すること（[ものすごい [高さ]] など）は問題ありませんが，基体である形容詞や動詞に修飾語や目的語が共起している「ものすごく高い」「上手に歌う」「オムライスを作る」のような句全体に接辞を付加すると，派生語の中に句が含まれることになり（[ものすごく高]-さ），容認されない表現となります。

　同様のことは複合語においても観察されます。語と句の区別は，日本語の「形容詞＋名詞」では，「甘い酒」であれば名詞句，「甘酒」であれば複合語，

というように，「い」という語尾が現れるか否かによって形の上で区別ができます。同様に，「名詞＋名詞」の場合は，「ワニの皮」，のように「の」が入れば句で，「ワニ皮」のように「の」が入らない場合は一語の複合語です（「名詞＋名詞」の複合語については4章参照）。（「い」，「の」が現れないことのほかに，連濁やアクセントによっても，「甘酒」「ワニ皮」は一語であり，「甘い酒」「ワニの皮」は句であることがわかります。コラム1, 2参照。）次のような三つの要素を含む複合語を考えてみましょう。

(21) a.　冷やし甘酒
　　 b.　*冷やし甘い酒（cf. 冷やした甘い酒）
(22) a.　ワニ皮財布
　　 b.　*ワニの皮財布（cf. ワニの皮の財布）

(21a)(22a)に対して（21b)(22b)が許容されないのは，これらの表現が複合語の一部として句を含むためです（[冷やし [甘い酒]]，[[ワニの皮] 財布]）。もちろん，(21)(22)のcf. のように全体が句表現である場合は問題ありません。なお，(22b)は（22a)の複合語がもつ「ワニ皮製の財布」の意味ではなく，「ワニが所有する皮財布」などの（普通は使われない）解釈では問題ありませんが，その場合は [ワニの [皮財布]] という構造をもつので句の排除の原則に違反しないことになります。（例外的に句を含む複合や句に接辞が付加される場合については13章を参照。）

このように，語はひとまとまりとなるために，様々な点で句とは異なる性質を示します。

2.1.7.　音韻・形態・意味的な制約

> ☞接辞付加などの語形成プロセスには，音韻や形態の側面から制約がかかることがあります。

・音韻的制約

接辞の分布がその音の特徴から説明できる場合があります。たとえば，(23)(24)のような例を見てみましょう。

(23) a. classify, falsify, justify, mythify, purify
　　 b. adultify, compactify, complexify, opacify
　　 c. *activify, *modernify, *randomify, *alphabetify, *atomify
(24) a. *classize, *falsize, *justize, *mythize, *purize
　　 b. *adultize, *compactize, *complexize, *opacize
　　 c. activize, modernize, randomize, alphabetize, atomize

英語の接辞 -ize, -ify はどちらも名詞や形容詞に付加されて，動詞を作ります。(23)と(24)を比較すると，この二つの接辞は，一方が付加される基体には他方は付加されないという関係にあることがわかりますが，それだけでは，それぞれの基体にどちらの接辞が選ばれるかは，明らかになりません。ところが，基体の音節数と第一強勢（アクセント）に着目すると，(23)(24)の分布に音韻的な説明ができそうだということがわかります。まず，(23a)と(24a)の対比は，基体が1音節の場合，-ify が付加され，-ize は付加できないことを示しています。また，基体が2音節の場合，基体の強勢位置が関係することに気づきます。(25)に，(23b)(24b)および(23c)(24c)に対応する基体の強勢の位置をアクセント記号で示します。

(25) a. adúlt, compáct, compléx, opáque
　　 b. áctive, módern, rándom, álphabet, átom

(25a)は，(23b)に示したように -ify が付加する基体ですが，第二音節に強勢があることがわかります。いっぽう，(24c)の -ize が付加される基体は，(25b)に示したように第一音節に強勢があります。

このことを踏まえると，-ify 付加では直前の音節にアクセントがある形が好まれること，逆に，-ize は直前の音節にはアクセントがない形が好まれる

ことがわかります。基体が1音節の場合は必然的に接辞の直前にアクセントがあるので -ify が付加され（(23a)），基体が2音節の場合は（25）に示したアクセント位置に従って，-ize と -ify が選ばれていると考えられます（Plag 1999, 2018 参照）。

日本語では，接辞付加がモーラ（拍）数の制約を受けることがあります。（〈モーラ〉とは音の単位で，たとえば俳句を作るときの「五七五」はモーラ数を数えています。「ゃ，ゅ，ょ」で表記される拗音（「ちゃ，きょ」など）は全体で1モーラですが，それ以外は「っ」や「ん」も含めて，かな1文字が1モーラと考えて差し支えありません。）たとえば「-め」は，形容詞に付加されて，「少し〜」というような意味の語を作る接尾辞ですが，(26a) に示すように語尾「い」を除いた語幹に付加され，(26b) に示すように，「い」の後ろに付加された形の容認度は低くなります。（?は容認度が低いことを示します。）

(26) a.　高め，長め，早め，悪め，すっぱめ
　　 b.　?高いめ，?長いめ，?早いめ，?悪いめ，?すっぱいめ

ところが，(27a) に示すように語幹が1モーラのものには付加することができず，(27b) のように例外的に語尾「い」を含んだ形の後に付加される例も見られます。

(27) a.　*濃め，*良め
　　 b.　濃いめ

これは，「-め」が，2モーラ以上の基体にしか付加されないという制約を受けているためだと考えられます。

同様に形容詞や形容名詞に付加されて「〜のような様子，感じ」などの意味を表す「-げ」という接尾辞も，基体が2モーラ以上であることを要求します。この接辞の場合，1モーラの基体に付加される場合，(28c) に示したように「さ」が（特に口語体において）挿入されます。

(28) a.　なつかしげ，寂しげ，哀れげ
　　 b.　*良げ，*無げ
　　 c.　良さげなお店，自信無さげな教師

この「さ」は，モーラ数制限を満たすために挿入されるものと考えられ，「良さそう」「無さそう」など「ーそう」の場合にも観察されます。

・形態的制約：語種の制限
　接辞の中には，決まった語種の基体を選択するものがあります。たとえば，日本語の「ー性」や「非ー」は，(29a)(29b)に示すように漢語や外来語には付加されますが，(29c)に示すように和語には付加されにくい性質をもちます。

(29) a.　確実性，悪性；非公開，非情
　　 b.　カリスマ性，リーダー性；非ユークリッド，非デジタル
　　 c.　*確か性，*親分性；*非公（おおやけ），*非仲間

　日本語の形態素に和語と漢語の区別があり，母語話者にはほぼ直感的に区別できるのと同じように，英語には，英語古来の系統のゲルマン系の形態素と，フランス語などのロマンス諸語から借用されたラテン系の形態素との区別があります。そして，接辞には，ゲルマン系・ラテン系のいずれかの基体を選ぶものがあります。

(30) a.　–ity（ラテン系）：solidity, uniformity; *widity, *warmity
　　 b.　–th（ゲルマン系）：width, warmth; *solidth, *uniformth

　一般に，接辞自体の語種と同じ語種の基体を選択する場合が多いのですが，(31)に示す「ーさ」や -ness のように，語種を選ばない接辞もあります。

(31) a. 確かさ（和語），確実さ（漢語），クリーンさ（外来語）
　　 b. kindness（ゲルマン系），virtuousness（ラテン系）

　このような語種の制限も，統語的な規則については起こらない現象であると考えられます。

・意味的制約

　接辞の中には基体が特定の意味特徴をもつことを要求するものもあります。たとえば，他動詞に付加されて「逆の動作」の意味を表す接頭辞 un- は，(32) に示すように，結果状態を含む他動詞（達成動詞：3.3. 参照）に付加することができますが，結果状態を含まない働きかけ他動詞（3.3. 参照）に付加することはできません（詳しくは 8.4. 参照）。

(32) a. untie, unfold, unbend, unfasten
　　 b. *unkick, *unhit, *unkiss, *unpush

(32a) は，たとえば tie であれば「結ばれた状態にする」，bend であれば「曲がった状態にする」というように，基体動詞が結果状態を意味として含んでいますが，(32b) の kick や kiss にはそのような結果状態がありません（3.3. 参照）。そして，接頭辞 un- は前者の，結果状態を意味に含む動詞を選択すると考えられます。

　これ以外にも，たとえば「真新しい」と「*真古い」の対比（6.1.2. 参照）や，「暑がる」と「*長がる」の対比（6.5.2. 参照）などについても，「真-」という接頭辞や「-がる」という接尾辞の付加に対して課される意味的制約による分析が可能だと考えられます。

2.2. 語の構造—語と句の似ている点

2.2.1. 語の階層構造

☞長い語は，小さなまとまりが積み重なった構造をもっています。

　ここまで見てきたように，語は意味や形においてまとまりを成していて，独立した単位であると言えます。しかし，語の成り立ち，つまり内部構造はどのようになっているのか詳しく調べてみると，語の構造には句や文といった統語レベルの単位と共通した原則も見られます。

　まず第一に，複数の要素から成る語は決まった構造をもっています。例として，次のような複合語の成り立ちを考えてみましょう。

(33) a.　なべ焼きうどん
　　 b.　冷やしざるうどん

これらは共に三つの要素から成る複合語ですが，要素同士のまとまり方が異なり，二つに分けると「なべ焼き｜うどん」「冷やし｜ざるうどん」となります。なぜなら，前者は「なべ焼きのうどん」で，後者は「冷やしたざるうどん」という意味をもつからで，「なべの焼きうどん」，「冷やしざるのうどん」などという解釈は一般的ではありません。これらの複合語では，各要素の意味が組み合わさってひとまとまりの意味を作る（〈構成性〉2.1.2. 参照）と同時に，要素同士が特定の順番で組み合わさって全体の意味を作ります。(33a)(33b)の意味のまとまり方を，それぞれ次のような構造で表すことができます。

(34) a.

b.

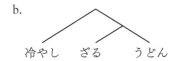

　冒頭の設問②はこの構造によって説明できます。つまり，「冷やし」は「ざるうどん」という複合語全体と結びついているので，「ざる」だけを修飾するものではありません。ですから，冷たいのは「ざるうどん」全体，つまり実際には「うどん」が冷たいのです。
　このように，三つ以上の要素から成る語は，並列に結びついているのではなく，小さなまとまりが他の要素と結びついて大きなまとまりを作っています。このような構造を〈階層構造 (hierarchical structure)〉と呼びます。これは統語レベルにおいて作られる句や文と共通する特徴で，たとえば次のような名詞句の構造と同じだといえます。

(35) a.

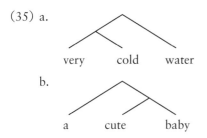

　この階層構造は，接辞を含む派生語にも同じように見られます。接辞が作る構造では，接辞が付加され得る品詞の制限によって，可能な階層構造が決められます。次の (36a) では「−っぽい」が名詞「素人」に付いて形容詞「素人っぽい」を作り，それに「−さ」が付いて名詞を作ります。(36b) でも同様に，globe という名詞に -al が付いて形容詞が作られ，形容詞に -ize が付いて動詞，動詞に -ation が付く，というそれぞれの接辞の選択素性に従った構造になっています。

(36) a.　　　　　　　　　　b.

句や文の構造においても，結合する相手への制限が見られます。たとえば，先に見た（35b）の [a [cute baby]] に対して [[a cute] baby] という構造が不可能なのは，a という冠詞は形容詞に付いてまとまりを作れないからです。

それでは次の inactive の構造はどちらが正しいでしょう。

(37) a.　　　　　　　　　　b.

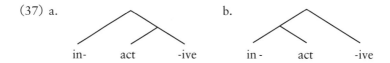

接頭辞 in- は形容詞に付くので，動詞 act とそのまま結びつくことはできないため，正しいのは（37a）の構造です。さらに，un-lock-able という語を考えてみましょう。この場合は，inactive とは異なり，(38a)(38b) 両方の構造が可能です。それぞれどういう意味になるでしょうか。

(38) a.　　　　　　　　　　b.

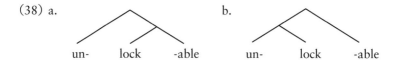

(38a) は lockable「施錠できる」という形容詞に un- が付いているので「施錠できない」，(38b) は un- が動詞に付いてできた unlock「解錠する」に -able がついているので，「解錠できる」という意味になります。つまり，un- という接頭辞は形容詞と動詞の両方に付くことができるため，異なる構造による意味解釈が可能になるのです。(38a)(38b) のように，一つの表現が異なる構造によって二通りの意味をもつことを〈構造的曖昧性 (structural ambiguity)〉と呼びます。構造的曖昧性は句にも見られます (e.g., [可愛い [少女のネコ]] と [[可愛い少女] のネコ])。

このように,複雑な語の階層構造は,意味のまとまりや組合わさる相手の品詞といった制限によって決められていて,それは句や文の構造と共通した特徴だと言うことができます。

語の階層構造には,二叉枝分かれ,右側主要部,再帰性という三つの重要な特徴があります。順番に見ていきましょう。

2.2.2. 二叉枝分かれ制約

> ☞語の階層構造は,二つの要素の組み合せからできています。

ここまで見てきた語の階層構造は,すべて二つの要素の組み合せが積み重なってできています。たとえば,「なべ焼きうどん」は「なべ」と「焼き」という2語が組み合わさった「なべ焼き」が,今度は「うどん」と結びついています。接辞が付加されている例(36a)も同じように,「素人」に接辞「-っぽい」が付いたものに,さらに「-さ」という接辞が付きます。したがって,語の構造は,(39)の構造に○を付けて示すように,二つの要素のまとまりが一つの節点を作っています。

(39) a.　　　　　　　　　　　b.

これを〈二叉枝分かれ制約 (binary branching condition)〉と呼びます。次の(40)のように,もっと長い複合語の例でも,まず二つの語がひとまとまりになり,さらに別の要素と複合するのです。

(40)

語の構造が二叉枝分かれであるという決まりは,日本語や英語をはじめと

(41) a.　　　　　　　　　　b.

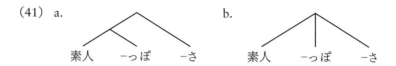

(41a)のような二叉の構造では，接辞は常に一つの要素と結合し，「-っぽい」は「素人」に，「-さ」は「素人っぽ（い）」に付いています。「-っぽい」は名詞に，「-さ」は形容詞に付加されるというように，接辞は特定の品詞を選びますが，これはすなわち接辞を含む構造は二叉構造であるということです。(41b)の三叉構造では，この接辞と基体の選択関係がはっきり表されません。複合においても，二叉構造によって語と語の関係，つまり動詞とその補語（「花を見る」＝「花見」），あるいは修飾（「花見」の「弁当」）の関係をはっきり表すことができます。ただし，複合には日本語の「親子」のように二つの概念が対等に並ぶ〈並列複合語〉があり，その場合は上の(41b)のような三つ以上の要素が並んだ構造が可能です（e.g., 朝昼晩，都道府県 など）。

　語の構造は従来より二叉構造であることが指摘されてきましたが，句や文の構造についてはそうではありませんでした。たとえば，初期の生成文法では，put a book on the table のような動詞句の構造は，(42)に示すように動詞（put），名詞句（a book），前置詞句（on the table）の三つの要素から成る三叉構造をもつという分析もありました。

(42)

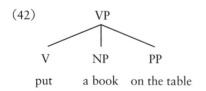

しかし，最近の統語理論（「ミニマリストプログラム」）においては，二つの要素が〈併合（Merge）〉することで句構造が作られると考えられています。た

とえば，a と song が併合してできた [a song] に sing が併合して [sing [a song]] ができる，といった具合です．このように必ず二つの要素が組み合わさって句や文が派生されるという考え方を徹底すると，必然的に句や文においても二叉構造のみが許されるということになり，語の構造と句や文の構造は同じ原則に従うことになります．

2.2.3. 右側主要部規則

> ☞ 語の構造では，右側の要素の方が重要です．

さて，二叉構造を成す二つの要素同士の関係はどうなっているのでしょうか．多くの場合，両者は対等ではありません．冒頭の設問②にあげた「冷やしざるうどん」では「冷やし」という動詞連用形が「ざるうどん」という名詞を修飾し，「ざるうどん」では「ざる」という名詞が「うどん」という名詞を修飾しているため，この複合語全体は名詞で「うどん」の一種を表します．つまり，複合語では右側の語が複合語のより重要な要素として品詞および意味カテゴリーを決めるのです．そのため，「壁土」と「土壁」，horse race（競馬のレース）と race horse（競争馬）のように二つの語を入れ替えると，両者は異なるものを指すことになります．

このように結合した要素のうち，語全体の品詞，意味カテゴリーや活用などを決める要素を語の〈主要部 (head)〉と呼びます．この「主要部」は，名詞句（e.g., a song）や動詞句（e.g., sing a song）などの句の構造（句構造）における重要な概念で，たとえば sing a song は動詞句としてはたらきますから，その主要部は句全体のカテゴリーを決定している動詞 sing であるということです．

(43) a.

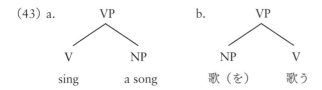

英語の句構造においては (43a) のように主要部が左側にあるのに対して、日本語では (43b)「歌を歌う」のように主要部は右側にあり、それが日英語の句構造における語順の基本的な違いのもとになっています。同様に、英語の前置詞句（e.g., at the station）に対応するのは日本語の「名詞＋助詞」（e.g., 駅で）で、日本語の場合、名詞の前ではなく後ろに付く〈後置詞〉になっているのも、句構造では英語では主要部が左側であるのに対して、日本語では右側にあることを示しています。それに対して、語のレベルではどうなっているでしょうか。

語がもつ二叉構造では、常に二つの要素が合わさって階層構造を作るわけですが、その一つが主要部であり、もう一方は主要部ではない要素、つまり〈非主要部（non-head）〉ということになります。「焼きそば」を例にとると、次の図に示すように、主要部「そば」が名詞なので、修飾要素である「焼き」の品詞（動詞）とは関係なく、複合語全体は名詞になります。

(44)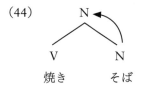

このように主要部の品詞が語全体の品詞を決定するのは、主要部の要素がもつ素性（品詞）が複合語全体に受け継がれるためと考えられます。(44) の構造では、この〈受け継ぎ（inheritance）〉を矢印で表しています。

ここで主要部である「そば」は右側の要素であることに注意してください。実は、語の構造においては右側に主要部があるものが、少なくとも日本語と英語においては、非常に多くなっています。このように語の構造において右側の要素が主要部になるという原則は、〈右側主要部規則（Righthand Head Rule)〉と呼ばれます（Williams 1981）。

次のような複合語の例でも、右側の主要部が複合語全体の品詞を決定していることがわかります。

(45) a.　名詞（N）：[[深]_A [皿]_N]_N，[[折り]_V [紙]_N]_N，
　　　　　　　　　　[[black]_A [bird]_N]_N（ツグミ）
　　 b.　動詞（V）：[[腰]_N [かける]_V]_V，[[baby]_N-[sit]_V]_V，
　　　　　　　　　　[[down]_P [load]_V]_V
　　 c.　形容詞（A）：[[草]_N [深い]_A]_A，[[sugar]_N-[free]_A]_A，
　　　　　　　　　　　[[user]_N-[friendly]_A]_A

　このように主要部をもつ複合語を〈内心複合語（endocentric compound）〉と呼び，主要部をもたない複合語（後述）と区別します。
　右側主要部規則は，次のように接辞を含む派生語においても見られます。まず，語の左側の要素である接頭辞は，ほとんどの場合は語の品詞を変えません。たとえば，(46a) の接頭辞「小-」が付いた派生語の例では，右側要素によって派生語の品詞が異なることに注意してください。さらに，(46b)-(46d) の例からも接頭辞は派生語の品詞を変えないことがわかります。

(46) a.　小-[刀]_N（名詞），小-[汚い]_A（形容詞），小-[突く]_V（動詞）
　　 b.　名詞：真-昼，お-手紙，non-citizen（非市民），ex-wife（元妻）
　　 c.　動詞：un-tie，re-write，over-eat
　　 d.　形容詞：真-新しい，お-若い，un-natural，dis-honest

　例外的に，英語の名詞や形容詞に付いて動詞を作る en-（enrich, encourage）や，日本語の名詞に付いて形容名詞を作る「不-」（「不人気な」cf.「*人気な」）など品詞を変える接頭辞もありますが，数は限られます。
　それに対して，接尾辞は多くの場合，次の例からもわかるように，語の品詞を変えます。

(47) a.　名詞：　　[[聞き]_V -手]_N，[[歩き]_V -方]_N，[[甘]_A -さ]_N，
　　　　　　　　　[[kind]_A -ness]_N，[[work]_V -er]_N，
　　 b.　形容詞：　[[ウソ]_N -っぽい]_A，[[飽き]_V-っぽい]_A，
　　　　　　　　　[[child]_N -ish]_A，[[care_N -ful]_A，[[act]_V -ive]_A

c. 動詞：　　[[弱]$_A$ -まる]$_V$, [[うれし]$_A$ -がる]$_V$,
　　　　　　　　[[weak]$_A$ -en]$_V$, [[normal]$_A$ -ize]$_V$, [[hospital]$_N$ -ize]$_V$

たとえば（47a）の「-さ」や -ness といった接尾辞は，それ自体が特定の意味をもつというより，形容詞を名詞に変えることが主な役割です。また，（47b）の「-っぽい」は名詞と動詞に付いて形容詞を作り，（47c）の -ize は形容詞と名詞に付いて動詞を作るというように，（46）で見た接頭辞の場合とは逆に，派生語全体は同じ品詞になることに注意してください。

　このように，接頭辞は基本的に派生語の品詞を決定しないのに対して，接尾辞は品詞を決定します。このことは，接尾辞が普通の語と同じように品詞をもつ（たとえば -ness は名詞で「-っぽい」は形容詞）と仮定すれば，右側主要部規則によってこの両者の違いが説明できるのです。

　さらに，次のような複雑語の活用形も下線を引いた右側主要部が決定していると考えられます。

(48) a.　businessman / businessmen, businessperson / businesspeople
　　 b.　mistake /mistook, undergo / underwent

（48a）の businessman の複数形は businessmans ではなく，右側要素の man が不規則活用をするために複合語全体が不規則活用となります。ジェンダー平等の観点からそれに置き換わって使われるようになった businessperson も，右側要素の person の複数形は不規則活用で people となります。（48b）においても右側要素である動詞の不規則活用（take/took, go/went）が語全体に受け継がれています。

　ここまで，主要部という概念と右側主要部規則によって複合語や派生語の構造と意味が予測できることを見てきました。しかし，複合語の中には主要部をもたないと考えられる次のような例も存在します。

(49) a.　scarecrow（かかし），carryall（大きなカバン）
　　 b.　walkman（ウォークマン），low life（ならず者）

(49a) の scarecrow は「かかし＝カラス（crow）をおどす（scare）もの」という意味でカラスの一種ではないので，右側要素である crow が主要部とはいえません。carryall（何でも入れられる大きなバッグ）も同様です。また，(49b) の walkman は携帯音楽プレイヤーの商品名で人間を表すわけではないので，右側要素 man が主要部ではありませんし，low life は犯罪者や堕落した人間を指すため life が主要部とはいえません。興味深いことに，walkman は (48a) の businessmen と同じ不規則活用ではなく，walkmans と規則活用をします。さらに，life の複数形は lives と子音の変化を含む不規則活用ですが，low life の複数形は low lifes です。これらの事実は，(49b) の複合語の右側要素が主要部ではないために man や life の不規則活用という性質が受け継がれないことを示していると考えられます。このように主要部をもたない複合語を〈外心複合語（exocentric compound）〉と呼んで (45) のような主要部のある内心複合語と区別します。

　右側主要部規則のもう一つの例外は，前述の「親子」「手足」のような並列複合語で，日本語以外では韓国語（son-pal（手足））にもあります。この場合，要素同士が対等に結びついているため，どちらかが主要部だとは言えません。並列複合語には「おやこ」のように連濁（コラム1参照）が起きないことや（cf.「里子(さとご)」），前に見たように二叉構造制約に従わない例（「朝昼晩」など）があることは，これらの右側要素が主要部ではないことと関係していると言えます。また英語やスペイン語には writer-director（「作者と演出家」ではなく「作家兼演出家」）のように二つの要素の結合で一つの対象を指す複合語もあります。この種の複合語も三つ以上の要素の複合が可能です（cf. actor-writer-director（俳優兼脚本家兼演出家））。

2.2.4. 語の再帰性

> ☞語は原則として制限なく長くすることができます。

　言語表現では，いったん作った表現に要素を付け足してさらに長い表現を作ることができます。このような性質を〈再帰性（recursiveness）〉と呼びます。たとえば名詞句の修飾では，次のように関係節を繰り返し足していくこ

とができます。

(50) [[[[the boy] who kicked the dog] that chased the cat] that scared the mouse] that ate the cheese] ...

実際の発話では，長すぎる表現は理解がむずかしくなるため関係節の数には限りがありますが，原則としては制限なく長くすることが可能です。再帰性は，句や文のレベルの特徴としてよくあげられる性質で，人間言語の重要な特性である創造性，つまり規則を使って新しい文をどんどん作り出すことを可能にするものです。

この再帰性は，語のレベルにおいても見ることができます。たとえば名詞の複合語の場合，次のようにどんどん語を足すことでさらに長い語にしていくことが可能です。

(51) a. [[[[[[student [film society]] committee] member] meeting] agenda] sheet] template] ...
　　 b. [[[[[[[[[ピーナッツ誕生]60周年]記念]商品]販売]促進]キャンペーン]ポスター]作成]チーム]メンバー]…

(51)の例は両方とも，右側の] による区切りのどこで切っても語として使えるものですが，そこにさらに新しい語を加えることができます。長い複合語を作ることで有名なドイツ語では，次の例がいちばん長い語（79文字）としてギネスブック（1996年）に登録されたこともあるほどです。

(52) Donaudampfschiffahrtselektrizitätenhauptbetriebswerkbauunterbeamtengesellschaft（ドナウ気船電気事業主要工場建設下部役員組合）

また，(53)のように複数の接辞を付けて長い語を作ったり，(54)のように同じ語や接辞を反復して付加することも可能です。

(53) a. anti-inter-nation-al-iz-ation-ism（反国際化主義）
　　 b. 勉強–させ–られ–すぎ–やす–さ
(54) a. The great-great-great-great-great-grandfather of George Washington slept here.（American Heritage.com）
　　 b. ひいひいひいひいおばあさん
　　 c. （人気ドラマの）再々々々放送

　このように語のレベルにも再帰性が観察できるということは，語には句や文と同様に規則によって形成されるものがあることを示していると言えます。

　この章では語が句や文と異なる性質をもつ側面と，似た性質をもつ側面との二面性を見せることを見てきました。2.1. では，語がレキシコンに記憶されることから生じる語彙性として，意味の特殊化や阻止現象，語彙的ギャップなどが見られること，語がひとまとまりになることから語彙的緊密性があり，照応形や活用形などの統語的要素や統語レベルで作られる句が語の中に入ることができないこと，さらに語形成には統語現象には見られない音韻・形態・意味的な制約が課されることを見ました。2.2. では複数の要素から成る語の内部構造の特性について詳しく見てきました。その結果，語の構造には句の構造と同じような階層構造が見られ，その特徴は二叉構造の制約や右側主要部規則といった原則によって一般化できることがわかりました。また，語は句や文と同様に再帰性によって長い表現を作ることができることも見ました。語の構造にこのような原則と特性が存在することは，複雑語が単に複数の要素から成るだけではなく，その結びつき方には一定の〈文法〉があることを示しています。

 考えてみよう

◆ 2.1.6. 語彙的緊密性の項で見た arms race のように複数形が複合語に入る例をさらにあげてみましょう。なぜこのような例が許されるのかについて，

語とレキシコンの関係に基づいて説明してみましょう。

◆ 次の例は，語の性質についてのどの原則にとって問題となるでしょうか。
1. 打ち水（をする）　　2. 耳鼻咽喉科　　3. 太っ腹
4. 菜の花畑　　5. enlarge　　6. over-the-counter drug
7. US-Japan-South Korea partnership

 さらに深く知りたい人に

・英語の形態論・語形成についての入門書

Plag, Ingo. (2018) *Word-Formation in English* (2nd Edition). Cambridge: Cambridge University Press.

・英語以外の言語も含めた形態論・語形成についての入門書

Booij, Geert. (2012) *The Grammar of Words* (3rd Edition). Oxford: Oxford University Press.

Lieber, Rochelle. (2021) *Introducing Morphology* (3rd Edition). Cambridge: Cambridge University Press.

・日本語の語形成とレキシコンについての主要なトピックの概説書

Kageyama, Taro and Hideki Kishimoto. (eds.) (2016) *Handbook of Japanese Lexicon and Word Formation*. Berlin: Mouton de Gruyter.

コラム1　連濁と母音交替

　〈連濁〉とは，「飴玉(あめだま)」「筆箱(ふでばこ)」のように，複合語の右側要素の語頭の子音が濁音化する現象です。連濁は，複数の語がひとまとまりの語を作っていることを音韻的に示す，いわば語と語をくっつける糊のようなはたらきをしているもので，語より大きい単位である句には起こりません(e.g., 焼き魚(ざかな)／焼いた魚(さかな)，青空(あおぞら)／青い空(そら))。そのため，連濁の有無は，語や形態素の連鎖が一語になっているかどうかを見分ける手がかりになります。ただし，連濁にはいくつかの条件があるので，注意が必要です。

　連濁は右側要素が名詞や形容詞である複合語に多く見られ(e.g., 子グマ，日傘(ひがさ)，落ち葉(ば)，腹黒(はらぐろ)い，根深(ねぶか)い，円高(えんだか)，肉太(にくぶと))，「動詞＋動詞」型の複合動詞の場合には起こりにくい (e.g., 叩き切る，押したおす，沸き立(た)つ) という特徴があります。また，語種による制約もあり，基本的に和語に限定されます。漢語は一部の語しか連濁せず (e.g., 同窓会館(どうそうかいかん)，黒糖(こくとう)，和服(ふく)，公用車(こうようしゃ) cf. 角砂糖(かくざとう)，親会社(おやがいしゃ))，外来語は例外なく連濁しません (e.g., 生ハム，綿シャツ，軽トラック)。これ以外に，連濁を起こしにくい語 (e.g., 姫(ひめ)，紐(ひも)) もありますが，特に右側要素が和語名詞である複合語では，連濁はかなり高い頻度で起こります。(ただし，人名や地名の連濁は，普通の複合語より予測しにくい傾向があります (e.g., 山崎(やまさき)／山崎(やまざき))。)

　複合語の構造との関係で見ると，並列複合語には連濁が起こらず (e.g., 親子(おやこ)，白黒(しろくろ)，草木(くさき) cf. 里子(さとご)，色黒(いろぐろ)，苗木(なえぎ))，さらに，右側要素に濁音が含まれる複合語では連濁が起きないという，〈ライマンの法則〉と呼ばれる一般化があります (e.g., 星影(ほしかげ)，鉄サビ，生卵(なまたまご))。そして，右側要素が複合語である場合にも連濁は起こらないので，モンシロチョウ（紋のついたシロチョウ）は［モン［シロチョウ］］という構造のため連濁しないのに対して，オジロワシ（尾が白いワシ［［オジロ］ワシ］）は連濁します (窪薗1995)。

　複合語では，左側要素の最後の母音が別の母音と替わる〈母音交替〉

という現象も見られます。次の例を見てください。

(1) e→a： 雨傘, 爪先, 稲穂, 手綱, 目蓋, 声色, 風上, 胸元, 酒蔵,
船乗り, 上顎
(2) i→o： 木陰, 木立, 木漏れ日, 木枯らし, 火影, 火照り

これらの母音交替のうち, (1) の交替は例が多いのに対して, (2) は限られた語にしか起こりません。これらの交替は連濁と一緒に起こることもありますが (e.g., 雨傘, 木枯らし), 連濁が起こらない場合もあります (e.g., 稲穂, 風上)。また, 同じ語であっても右側要素によって母音交替を起こす場合と起こさない場合があり (e.g., 雨女／雨蛙), 連濁より予測が難しいと言えます。

　さらに, 助詞の「の」が入った句の形式をもつ表現に母音交替が観察される場合がありますが (e.g., 天の川, 目の当たり, 木の葉, 木の実), これらは, 意味が語彙化していたり, 普通の句とは異なる性質を示す (「大きな木の葉」は木ではなく葉が大きい cf.「大きな木の葉」) (2.1. 参照) など, この形のままレキシコンに登録されていると考えられる証拠があります (影山 1999)。

3章 「語の文法」に有用な道具

> ① fast lane や fast food の fast とは何が速いのでしょうか。
> ② Tom almost killed Jerry. という文にはどういう曖昧性がありますか。また，動詞が変わって Tom almost kissed Jerry. となるとこの曖昧性がなくなるのはなぜでしょうか。(Tom と Jerry はアメリカのアニメキャラクターのネコとネズミの名前です。)

【キーワード】クオリア構造，LCS（語彙概念構造），項構造

3.1. 言語情報として必要な名詞の意味

> ☞語の意味として言語現象に影響するものを取り出すことが重要ですが，従来「文法に関わらない」と考えられてきた一般的な知識も実は影響をもつことがわかっています。

「語の文法」においても文レベルの文法と同様，レキシコンの役割は非常に重要なものです。では，レキシコンに記載されるべき情報とはどのようなものでしょうか。レキシコンとは，百科事典とは異なり，個々の語について何もかも記載するのではなく，発音・意味・用例などその語を正しく使用するのに必要な情報，すなわち言語情報のみを記載するものだと言えるでしょう。しかし実際に辞書をひいてみると，語の意味にはかなり詳しい情報が与えられています。たとえば，「犬」という単語を『広辞苑（第七版）』で引いてみると，最初の項目だけでも以下のように書かれています。

- イヌ科の哺乳類
- よく人になれ，嗅覚と聴覚が発達し，狩猟用・番用・軍用・警察用・労役用・愛玩用として広く飼養される家畜

・品種も日本在来の日本犬のほか多数あり，大きさ・毛色・形もさまざまである

『広辞苑』というのは本来言葉の辞典ですが，この記述には単に「犬」という単語の意味だけでなく，百科事典的な情報もかなり含まれていますね。こういった情報が本当に<u>言語情報</u>として必要なのでしょうか。この章では，単語の意味のうち「語の文法」に必要な情報とはどのようなものか，またそれをどのように形式化することができるかについて簡単に解説しておきたいと思います。

生成文法では，A boy is sleeping. という正文に対して !A stone is sleeping. という文のおかしさは，英語の文法規則に違反しているというのではなく，動詞の〈選択制限（selectional restriction）〉を満たさないことによると説明しています。（文法規則に反することを表す＊印が付く非文とは区別して，このような意味的におかしな表現には！を付けることにします。）語のレベルでも，2.1. で見たように，「＊冷やしみ，＊暖ためみ」には＊が付くのに対して，たとえば，「！眠り石」は意味的におかしい表現だと考えられ，！を付けます。つまりこれらの文や語のおかしさは，主語が動物でなければ成り立たない意味をもつ動詞が stone や石を主語にしていることが不適切だというだけで，石も人間のように動いたり考えたりできるファンタジーの世界に移してこの文を用いればまったく問題がないということです。ここで必要となる名詞についての情報は，boy は人であり動物だが，stone や石はそうでないということであり，この違いは従来 [± human] や [± animate] という〈意味素性（semantic features）〉によって表されてきました。しかし，これらの意味素性だけでは，冒頭の設問①の fast lane と fast food の違いについて説明するにはまったく不十分です。fast lane とは速く走るための車線のことであり，fast food とは注文してすぐに食べることができる食品のことですが，このような解釈にはそれぞれの名詞が表す物体についての世間一般の常識が必要でしょう。つまり，lane に関わる「速度」とは何を指すのか，food についてどのような行いが伴うのか，といった知識のことです。このようないわば百科事典的な知識は，従来，文法では扱わないものとされていましたが，第2部で見るように，既存の単語から新たな概念を表す単語を作り出す語形成の世界においては，と

りわけそのような知識が重要な役割を果たしているのです。

・クオリア構造

> ☞百科事典的知識も含んだ単語の意味を記述することにより，言語表現の容認性や解釈に文化的背景が影響することも説明することができます。

　では，[± human] のような単純な意味素性では表せない，単語についての百科事典的知識はどのように表記し，文法にとりこめばよいのでしょうか。Pustejovsky（1995）は名詞についてのそのような知識を以下に示す〈クオリア構造（Qualia Structure）〉（〈特質構造〉とも呼ばれる）によって表示することを提案しました。これは，以下のような四つのクオリアに分けられ表示されます。

（1）a.　形式クオリア（Formal Qualia）
　　　　　外的分類：物体を他の物体から識別する特徴
　　 b.　構成クオリア（Constitutive Qualia）
　　　　　内的構成：物体とそれを構成する部分の関係
　　 c.　目的クオリア（Telic Qualia）
　　　　　目的・機能：物体の目的や機能
　　 d.　主体クオリア（Agentive Qualia）
　　　　　成り立ち：物体の起源や発生に関する要因

(cf. 小野 2005: 24)

　これらの内容を簡単に解説しておきましょう。まず，〈形式クオリア〉は，その事物がどのようなタイプに分類されるかについての知識を表したものです。上で示した [± human] や [± animate] によって表されていた情報はここで表されることになります。たとえば，fox や「犬」ならそれは生物で動物であり，さらに下位分類すると哺乳類であるといった，事物をカテゴリー化する際に用いられる知識がこの形式クオリアに相当します。外見上の形や色など

もこのクオリアに含まれます。それに対してその事物がどのような部分や成分からできているか，あるいは逆に，その事物が何の部分であるかという情報を表すのが〈構成クオリア〉です。たとえば，hand や「手」なら，「5 本の指と手のひらから成る」という情報であり，handle や「取っ手」なら，「道具・器具や家具の一部」だといったことが記載されます。つぎに，〈目的クオリア〉では，人工物ならその典型的な目的や機能，自然物ならどのような典型的な習性を示すかということが記載されます。たとえば，bottle や「瓶」は「何かを保存する」，car や「自動車」は「（乗ったものが）移動する」，moon や「月」は「夜，天空に出て光を放つ」といった情報がここに表記されることになります。瓶は何かを叩くために使うこともあるでしょうし，月は毎晩空に昇っていても見えないこともありますが，私たちがそれらの物体が本来もつ機能や目的だと認識している事柄がクオリア構造に含まれるのです。最後の〈主体クオリア〉は，事物の成り立ちやそれが生じた原因を示すもので，たとえば，ash や「灰」については「ものを燃やす」，novel や「小説」なら「文章を書く」，cheese や「チーズ」については，「乳を酵素で凝固させる」ことによって出来上がるといったように，それぞれの物体の成り立ちについての常識的な知識が表されることになります。

　さて，このような4種類のクオリア構造の情報はどのように文法に役立つのでしょうか。たとえば，冒頭の設問①の fast についての質問ですが，fast は行為や動きの速さを表す形容詞で，私たちはそれが fast lane の場合には「車を走らせる」という行為を修飾していることを当然知っていますが，そのことを形式的に表すには，lane（車線）という名詞の意味の中に「人が車を走らせる」という行為を明示的に示す必要があるのです。これは，名詞の意味をクオリア構造で表せば簡単です。lane の目的クオリアとして「人が車を走らせる」という情報が明記されることになるからです。いっぽう，fast food が注文後すばやく出してくれる食品を表すのは，food の成り立ちを表す主体クオリアに記されている「作る」とか「調理する」という行為に fast がかかる解釈が得られるからだと言えるでしょう。

　このようにクオリア構造に記載される情報には，その名詞が表す物体について普遍的に成り立つ事柄も多いですが，個別言語が属する文化に依存する

ものも含まれる可能性があります．たとえば，日本語で「犬食い」「ワシづかみ」「タヌキ寝入り」のような表現があるように，他の言語，たとえば英語にも piggish, wolfish, foxy のように動物の名前を含んだ表現はたくさんありますが，これらに含まれている動物の名前が表す意味は必ずしも同じとは言えません．これらの語はその動物についてのそれぞれの言語圏における通念とされている特徴を基盤として作られているのです．たとえば wolf は貪欲で残忍であるとか，鷲がどのように獲物を足でつかむかについての知識は，英語圏と日本語圏に共通のものとして，それぞれクオリア構造の構成クオリアや形式クオリアで表記されていると考えてもよいでしょう．しかし，「犬食い」のもととなっている，「だまって一心に餌を食べる」という犬の習性についての認識や「タヌキ寝入り」のもとになっている，狸が「化けて人をだます」という伝説的習性についての知識は英語圏にはないでしょう．面白いことに，同様に人をだますと言われているキツネについては，英語圏でも fox が「人をだます」とされていてこの知識がもとになって foxy が「狡猾な」という意味で使われているのです．このようなそれぞれの文化に固有の知識も言語表現に利用されているとすれば，クオリア構造に記載すべきでしょう．ただ，どの役割に分類される情報なのかについては，四つのクオリア構造の区別がなかなか難しい部分も多く，その明確な区別についての基準が待たれるところです．しかし，本書で扱おうとする問題にはどのクオリア構造に分類される情報であるかということはほとんど影響がありませんので，この分類についてはあまり神経質にならずに考えていきたいと思います．

3.2. 動詞の意味を LCS で表す意義

> ☞動詞の意味については，個々の動詞が述語となって文を作る場合に，どのような要素と共起してどのような構造の文となるかが明確になるように記述することが重要です．

さて，名詞の意味についてはクオリア構造の導入によってかなり細やかな意味解釈が可能になりますが，動詞についてはどうでしょうか．たとえば，冒

頭の設問②に出した（2a）のような文に生じる（2b）（2c）のような曖昧性を説明するには，動詞の意味のどのような性質に注目すればよいでしょうか。

（2）a. Tom almost killed Jerry.
　　　　 トムはもう少しでジェリーを殺すところだった。
　　　b. Tom almost did something such that, had he done it, Jerry would have died from it.
　　　c. Tom did something that caused Jerry to become almost dead.

　上に示す曖昧性は almost や「もう少しで」の解釈が動詞の表す意味のうちどこにかかっているかの違いによります。（2b）では，「トムはもしやっていたらおそらくジェリーが死んだであろうような行為をもう少しでやるところだった」というように almost がジェリーへの働きかけのみにかかる解釈がなされているのに対して，（2c）では almost が修飾するのはジェリーが死ぬという状態変化の部分だと解釈されて「トムのやった行為はジェリーにあわや致命傷となる傷を与えた」という意味でとられています。いずれの解釈も本来は kill が含意する「ジェリーが死んだ」ことがキャンセルされている点では共通していますが，（2b）ではトムは何もしていないのに対し，（2c）では実際にジェリーに何らかの働きかけをしているという違いがあります。
　このように考えると，kill という一語の動詞が表す意味はいくつかの部分に分割することができる出来事であることがわかります。そして，almost のような副詞はその部分だけを取り出して修飾することができるため，上記のような曖昧性が生じるのです。これを図示すると以下のようになります。

（3）【トムのジェリーへの働きかけ】→【ジェリーが死に至る状態変化】
　　　　　　　　↑　　　　【因果関係】　　　　　　　　↑
　　　　　almost ⇒（2b）　　　　　　　　　almost ⇒（2c）

　kill のように目的語への働きかけのみならずその状態変化まで表す動詞は〈達成動詞（詳しくは 3.3.）〉と呼ばれる意味クラスに属しますが，達成動詞

に分類される他動詞には，共通に（3）のような意味表示が適用でき，【対象への働きかけ】によって【対象における状態変化】が引き起こされるというように，複数の事象の〈因果連鎖（causal chain）〉によって動詞の意味が構成されていると考えることができます。

　このように動詞の中には形態上は一つの単語であっても意味的には複雑な構造をもつものがあることを認めると，これ以外にも様々な言語事実が説明できるようになります。語彙意味論では，これらの下位事象を担う抽象的な述語として，それぞれ ACT-ON（働きかけ），CAUSE（因果関係），BECOME（変化）を仮定しています。これらを用いて（3）の意味構造を表すと（4）のようになります。

（4）[[T ACT-ON J]　CAUSE　[J BECOME [J BE AT-DEAD]]]
　　　　①　　　　　　　　　　　②

（T=Tom, J=Jerry）

　トムがジェリーに働きかけた何らかの行為①が，ジェリーが死にいたるという状態変化②をひき起こしたということが表されています。②の中にはさらにジェリーが死んでいるという状態を表す部分（BE AT-DEAD）が埋め込まれています。このように，多くの動詞に一般化できる抽象的な意味述語を用いて文の意味を階層構造で表したものが〈概念構造（Conceptual Structure）〉で，個々の動詞の意味を概念構造で表したものを特に〈語彙概念構造（Lexical Conceptual Structure）〉と呼んでいます。広く用いられている LCS というのは語彙概念構造の省略形です。本書でもこの省略形を使用します。

　ここでまず注意したいのは，ジェリーがどうなったかという結果状態が [BE AT-DEAD] というように AT という本来は空間的位置関係を表す前置詞を利用した述語によって表されていることです。つまり LCS による動詞の意味分析では物体のおかれている状態を，物体がおかれている空間的位置として捉えるのです。このことは，空間的位置を表すものとして出現したと考えられる英語の前置詞が，at peace（心が安らいでいる），in love（恋をしている），on duty（勤務中）のように抽象的な状態を表す意味に拡張されていることから

認知科学的にも支持されています。また，以下のような動詞の多義性もそれぞれ異なる意味構造を仮定せずに統一的に表すことができるという利点もあります。

（5）a. Harry kept the bird in the cage.
　　 b. He kept the money (for future use).
　　　　（彼は（将来のために）そのお金をとっておいた）
　　 c. I kept my car in good condition.　　（私は車をいつも整備していた）

（5a）は目的語の空間的位置を保つことを表しているのに対して，（5b）は所有関係（お金とそれが所属している人の関係）の維持，（5c）は状態を保つことを意味しているのですが，三つの文で用いられている keep はいずれも「目的語をある場所や状態に保つ」という意味において共通していますから，以下のような LCS で表すことができます。

（6）a. [[Harry ACT-ON Bird] CAUSE [Bird STAY [Bird BE IN-Cage]]]
　　 b. [[He ACT-ON Money] CAUSE [Money STAY [Money BE AT-He]]]
　　 c. [[I ACT-ON Car] CAUSE [Car STAY [Car BE IN-Good condition]]]
　　 d. keep : [[x ACT-ON y] CAUSE [y STAY [y BE AT/IN-z]]]

(cf. Jackendoff 1990: 25–26)

結果状態を表す部分はそれが空間的位置であれ抽象的状態であれ，後に続く表現によって at や in, on が使い分けられますが，三つの文に使われている keep の LCS は [[x ACT-ON y] CAUSE [y STAY [y BE AT/IN-z]]] 一つに統一することができるのがわかるでしょう（ただし，z の前の前置詞で表す概念は変わり得るものとします）。この LCS では keep の「以前からの状態をそのまま保つ」という意味を表せるように，STAY を用いることによって目的語がある状態を保っているという結果が表されています。

　ここで kill と keep の LCS を比較してみましょう。上述のように（4）では BECOME が用いられていた位置に（6）では STAY が用いられています。これ

は，以下のように両者のアスペクトが異なることを反映するものです。(7b) で for 3 hours が表しているのは，結果事象の継続時間で，STAY があるからこそ可能になっているのです。ここで言うアスペクトとは，動詞が表す出来事の継続性や瞬時性，〈完結性（telicity）〉についての性質（（語彙的）アスペクト素性と呼ばれることがある）のことで，文中での進行形や完了形とは少し異なる概念を表していますので注意してください。

(7) a.　*Tom killed Jerry for 3 hours.
　　 b.　Harry kept the bird in a cage for 3 hours.

　もう一点（4）と（6）の大きな違いは，結果状態を表す部分が前者では動詞に固有の意味として [AT-DEAD] という〈定項（constant）〉（小型大文字で表記）によって埋められていて常に一定であるのに対して，後者では，(6d) に示す keep の LCS で言えば [AT/IN-z] のように，〈変項（variable）〉を含む形になっているため，文中で共起する語がもつ語彙概念によってこの z が埋められるということです。変項というのは，数学の関数でいえば変数に該当するもので，統語構造上で共起する要素によって満たされることによってはじめて動詞の意味が完結するというもののことです。これを，統語論では〈項（argument）〉と呼んでいます。〈項構造（argument structure）〉とは，動詞が統語的にどのような項を必要とするかを表したものです。文全体の意味は，動詞の LCS を出発点として LCS に含まれている変項の部分，すなわち項に，主語や目的語，補語として現れる要素の意味が代入されることによって表されることになります。(4) と (6) の LCS の違いは，kill が目的語のみをとる他動詞であり keep は (5a) (5c) のように目的語以外に前置詞句の補部をとる動詞だという統語的性質の違いに反映されることになります。（ただし，所有関係を表す keep は，主語の手元に持っておくという意味で用いられることが多く，その場合は (6b) に示すように z は x と同じ人物となりますから統語的には表されません。）

　以上のように，LCS とは単に動詞の意味を記述した意味構造というものではなく，動詞のアスペクトや項構造にきちんと対応するような意味記述になっ

ているのです。生成文法では，主動詞の項構造に従ってすべての項が適切な統語的位置に実現されなければ適格な文構造が得られないと考えられています（Chomsky (1981) で〈θ基準 (θ-criterion)〉と呼ばれた制約です）。ACT の主語位置にある x は一般的には〈動作主 (Agent)〉と呼ばれるもの，BE の主語にあたる y は〈対象 (Theme)〉，AT や IN に後続する z は〈着点 (Goal)〉や〈場所項 (Location)〉と呼ばれている項に対応し，これらは，一般に〈主題役 (thematic role)〉と言われているものです。後で述べるように，動詞の統語的性質としては，それがとる項がどのような主題役すなわち LCS においてどのような意味述語の項であるかということが非常に重要なのですが，主題役の情報は，このように LCS という意味記述を想定することによって項構造には盛り込む必要がなくなるのです。

3.3. 動詞の意味クラスによる差異と LCS による分析

> ☞ LCS を見れば，その動詞のアスペクト的性質や，動詞の意味に結果状態が含まれるかどうかもわかります。

主な動詞の意味クラスとそれに対応する LCS を以下に示しておきましょう。上述のように状態を表す [AT-z] の部分については z がその動詞に固有の意味を表す定項の場合もあります。ただし，研究者によって LCS に用いる意味関数や表記の仕方は様々ですので，ここに示すのはその一例だと思ってください。たとえば，変項を [ACT-ON (x,y)] のように表す場合もありますし，BECOME を 1 項述語と考え [[BECOME [y BE AT-z]] のような表記をする場合もあります。本書では基本的には (8)–(12) のような表記を使っていくことにします。(10) (12) については，die, kill のような状態変化を表す動詞の場合，z が (4) に示したように定項になることに注意してください。

(8) 状態動詞（be, have, resemble など）　　　　　　　[y BE AT-z]
(9) 働きかけ（活動）動詞（kiss, hit, dance, work など）　[x ACT (ON-y)]
(10) 到達動詞（reach, die, lose など）　　　　　　[y BECOME [y BE AT-z]]

(11) 移動動詞（go, walk, crawl など）　　　[y MOVE (FROM/VIA/TO z)]
(12) 達成動詞（kill, paint, put など）
　　　　　　　　　　　　[[x ACT-ON y] CAUSE [y BECOME [y BE AT-z]]]

　アスペクトの観点から言えば，BE は状態，ACT は継続する行為，BECOME は終結点をもつ変化を表します。終結点の有無は〈完結性（telicity）〉と呼ばれる，動詞意味論において非常に重要な性質ですが，上のような意味構造を書くことによって完結性がある（telic）かどうかも示すことができるのです。(9) のタイプの動詞は for an hour のような幅のある時間副詞で修飾できますが，(10) のタイプの動詞には for an hour による修飾が容認されず，完結までにかかる時間を表す in an hour の方が用いられます。(12) のタイプの動詞についても，普通は (10) と同じ性質を示しますが，特に進行形などにすると (e.g., John was painting the wall for an hour.)，[x ACT-ON y] の部分を修飾するものとしての解釈が容易になって，for an hour も容認されるようになります。MOVE については，意味述語自体は継続する動きを表しますが，どのような表現が共起するかによって性質が異なります。(13) に示すように，単独では継続相を示し for an hour で修飾できるのに，たとえば着点を表す to～と共起すると in an hour で修飾される完結した出来事を表すようになります。いっぽう，同じ前置詞句でも (15a) の along the river のように経路（VIA で表す）が現れても完結性をもつようにはなりません。このように，移動動詞については，随意的にとる項として LCS においては括弧付きで表されている要素のうちどれが付加されるかによってアスペクトが変わると考えれば，(13)–(15) に示すような事実は，LCS によって説明することができるでしょう。

(13) a.　John walks for an hour every morning.
　　 b.　John walked to school {*for an hour / in an hour}.
(14) a.　*The baby crawled in a few minutes.
　　 b.　The baby crawled to the bed in a few minutes.
(15) a.　Mary ran along the river for ten minutes.
　　 b.　*Mary ran away from home for ten minutes.

(8)–(12)を見渡してみて気付くのは，(10)は(8)を基盤としたものであり，(12)は(9)と(10)を因果関係によって結合したもっとも複雑な意味構造であるということです。同じ他動詞であってもkissのような動詞は(9)のようにシンプルな意味構造をもっていることにも注意してください。冒頭の設問②で出したTom almost kissed Jerry.や対応する日本語「トムはもう少しでジェリーにキスするところだった」という文には(2)で見たTom almost killed Jerry.で生じるような曖昧性はなく，「キスしようとしたがやめた」ということしか表しません。これは，kissの意味構造の単純さによるものだということができます。すなわち以下に示すように(9)のLCSにはalmostが修飾できる事象が働きかけの部分一つしか存在しないからです。

(16) Tom almost kissed Jerry.　　[Tom ACT-ON Jerry]

almost

また(10)を埋め込んだ形の(12)のLCSを仮定することは，(17)に示すように，達成動詞には必ず(10)で表される出来事が起こったという含意があるという事実も自動的に導くものともなります。

(17) a.　Tom killed Jerry. ⇒ Jerry died.
　　　　トムはジェリーを殺した。⇒ ジェリーは死んだ。
　　b.　Harry put the bird in a cage. ⇒ The bird was in a cage.
　　　　ハリーは小鳥をかごにいれた。⇒ 小鳥はかごの中にいた。

☞ LCSを用いた意味記述によって，英語の自他交替が可能な動詞がどのような性質なのかを説明することもできます。

さらに(18)に示すように，英語の達成動詞の多くに自動詞と他動詞の両方の用法があるということの理由を説明するのにも，LCSは非常に有効な説明の道具立てとなります。

(18) a. John melted the ice.　The ice melted.
　　 b. Harry broke the vase.　The vase broke.
　　 c. Mary opened the door.　The door opened.

(18) にあげたような英語の他動詞はどれも kill と同じ (12) のタイプの LCS をもつ動詞です。これらが自他交替をするのは，自動詞からの他動詞化によるのか，その逆方向なのかは議論があるところですが，影山 (1996) や Levin & Rappaport Hovav (1995) の分析によれば，後者が妥当な見方だとされています。彼らの分析ではこれらの動詞の LCS はもともと (12) のタイプだと仮定されており，それが x と y が別のものとして認識されない〈自発的変化〉の解釈が成り立つ場合に (19) に示すように，その一部である (4) の②にあたる状態変化部分が取り出され，その結果 (10) のタイプの自動詞として用いられるという説明が可能となります。いっぽう，kiss, hit, touch, strike といった他動詞には対応する自動詞用法がありませんが，この理由もこれらが (9) のように単純な LCS をもつということで説明できます。

(19) a. 他動詞 open の LCS:
　　　　[[x ACT-ON y] CAUSE [y BECOME [y BE AT-$_{\text{OPEN}}$]]]
　　 b. 自動詞 open の LCS:　　　　↓
　　　　　　　　[y BECOME [y BE AT-$_{\text{OPEN}}$]]

　日本語では全く同じ形で自他両方に用いられるものは和語の動詞にはほとんどありませんが (「ひらく」など)，「実現する」「拡大する」「回転する」「正常化する」のようにサ変動詞の中にはたくさん見つかります。これらについても英語と同じように LCS を用いた分析を適用することができるでしょう。また，「溶かす・溶ける」「壊す・壊れる」のように語幹が同じで形態変化が起こるものについても，同様の分析を応用できるでしょう (詳しくは影山 (1996: 4 章))。
　(8)–(12) には当てはまらないタイプの動詞としては，まず，「作る」「建てる」，make, build のような作成動詞があります。作成動詞は語彙的アスペク

トから見ると達成動詞の一種ですが，結果状態は，目的語の変化ではなく出現です。そこで本書では，金水（1994），影山（1996）らの考え方に倣って，作成動詞の LCS を以下のように仮定しておきます。(12) との違いは，動詞の目的語にあたる y が，原因事象には存在せず，結果事象においてこの世界に存在しているという状態にあることのみが書かれていること，また，そのために変化を表す BECOME の主語位置も空であることです。(作成動詞と通常の達成動詞との違いを表すには，BECOME は一つしか項をとらない場合と，二つの項をとる場合があると仮定しておく必要があることになります。)

(20) 作成動詞（make, build など）
　　　[[x ACT] CAUSE [BECOME [y BE IN-$_{\text{WORLD}}$]]]

また，「恐れる」「悲しむ」，fear, surprise のような心理状態や心理変化を表す動詞や，「考える」「思う」，think, consider といった思考動詞については，用いるべき意味述語も定まっておらず，これらの LCS については研究者の間で同意が得られているとは言えませんが，少なくとも fear, think, consider などの主語は，ある心理状態にある人間なので，〈経験者（Experiencer)〉と呼ばれ，LCS においては，それを EXPERIENCE という意味述語の主語として記述するということについては異論がなかろうと思われます。

3.4. 2種類の自動詞を区別する LCS と項構造――非対格仮説

> ☞統語論で広く認められている非対格自動詞と非能格自動詞という区別も LCS による動詞の意味記述によって明確に表すことができます。

　3.3. では，目的語を一つとる他動詞で一見同じ性質をもつように思われるものにも，kill と kiss のように，そのLCS の違いによって異なる統語的ふるまいを見せるものがあることを見ました。実は自動詞にも表面的には同じように見えても異なる性質をもつ2種類のタイプが区別されることがわかっています。これらは，一般に〈非能格（unergative）動詞〉と〈非対格（unaccusative）

動詞〉と呼ばれていて，生成文法を中心とした先行研究においてその統語的性質の違いは，様々な言語において指摘されてきました。たとえば，〈結果述語〉と呼ばれる副詞は他動詞文では直接目的語のみを修飾できることが知られていますが，(21)(22)は，非対格自動詞の場合に限って主語の結果状態を修飾することができることを示しています（ただし，(22)のcf.として示したように，英語の非能格自動詞の場合は，再帰代名詞などを目的語位置に表せば可能ですが，この場合は目的語の結果状態を表すと理解されます）。また，(23)(24)は，疑似受身（前置詞の目的語を主語にする受身）や間接受身（いわゆる迷惑受身）のような特殊な受身文が，非能格自動詞には可能だが非対格自動詞には容認されないことを示しています（影山 1996 を参照）。

(21) 非対格自動詞（結果構文）
  a. The glass broke to pieces. コップが粉々に割れた。
  b. The pond froze solid. 池がカチカチに凍った。
 cf. 他動詞
   a. John broke the glass to pieces.
   b. Mary froze the food solid.

(22) 非能格自動詞（結果構文）
  a. *The teacher talked hoarse. *先生はしわがれ声にしゃべった。
  b. *She danced down.（「踊って倒れた」の意味）
    （cf. The teacher talked himself hoarse.）
  *彼女はへとへとに踊った。

(23) 非対格自動詞（擬似受身・間接受身）
  a. *This desk has been fallen on by dust.（「この机はほこりが落ちている」の意味） （cf. Dust has fallen on this desk.）
  b. *大地震に起こられて，動転した。

(24) 非能格自動詞（擬似受身・間接受身）
  a. This hall has been played in by many famous pianists.
   （このホールはたくさんの有名なピアニストが演奏したことがある）
    （cf. Many famous pianists have played in this hall.）

b. 隣人に遅くまで騒がれて，迷惑した。

このような両者の違いは，生成文法においては主語の統語的性質の違いに帰せられています。すなわち，(21)(23)は非対格自動詞の主語が他動詞の目的語と同じ位置づけができることを示しており，また，(22)(24)からは，非能格自動詞が一種の他動性をもつことがわかるというのです。このことは，非対格自動詞の場合にはもともと主語位置に項がなく，目的語の位置に生成された項が表層構造では主語の位置に移動しているという仮説につながります。さらに，生成文法では，非対格自動詞はその名の通り対格を付与することができないため，目的語の位置に表された項がそのままでは認可されず，主格をもらうために主語の位置に移動するのだという説明をしています。この分析を簡略化して図示すると以下のようになります。

(25) 非能格自動詞文の統語構造　　　非対格自動詞文の統語構造

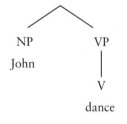
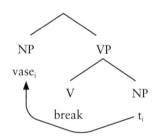

このような仮説は〈非対格仮説（unaccusative hypothesis）〉と呼ばれています。ではどのような動詞が非対格あるいは非能格だといえるのでしょうか？この問題についての統語論の説明は，(26)のような項構造の違いによるというものです。

(26) 各タイプの動詞の項構造
　　a. 非能格自動詞： x < >　（xを主語の位置に生成）
　　b. 非対格自動詞：　　<y>　（yを目的語の位置に生成）
　　c. 他動詞：　　　　x <y>　（xを主語位置，yを目的語位置に生成）

すなわち，非対格自動詞の場合は表層の主語が目的語と同じ位置づけがなされ，(26b)のような項構造が与えられるというのです。このように目的語と同じ位置づけがなされる項を〈直接内項 (direct internal argument)〉と呼んでいます。いっぽう，(26a)に示すように非能格自動詞の項構造には内項がなく，括弧の外に表される〈外項 (external argument)〉しかありません。〈外項〉とは，他動詞の主語や非能格自動詞の主語のように基底構造（移動操作が適用される前の構造）において VP の外に生成される項のことを意味します。項構造において外項と内項との区別は非常に重要なものとなります。というのは，統語論では，動詞の語彙項目において指定されている項構造をもとに一般的なリンキングの規則（外項を主語位置に，直接内項を動詞の姉妹の位置に結び付けるといった規則）によって動詞が作る文の構造が決まると考えられており，この前提のもとに (25) のような分析をし，2 種類の自動詞の違いを説明しているからです。しかし，そもそも動詞の項構造がどのように決定されるのかについては，統語論からは何の答も得られません。語彙意味論では，(25) のような構造の違いは LCS を反映するものとして説明しています。つまり，(8)–(12) に示した LCS の中の x，すなわち ACT の主語に対応するものは項構造における外項と対応し，y，すなわち BE や BECOME, MOVE の主語に対応するものは直接内項と対応しており，LCS が項構造に反映されることにより間接的に統語構造を決定すると考えるのです。3.3. の最後に述べた心理動詞や思考動詞における EXPERIENCE の主語にあたる経験者も原則として外項に対応すると考えられています。

　以上のように，動詞の意味を LCS によって表す分析によって，上で見たような 2 種類の自動詞に見られる統語的ふるまいの違いが，単に項構造の違いによるものというので終わるのではなく，さらにその違いをその動詞の意味に還元して説明することができるようになります。また，2 節で見た自動詞と他動詞両方の用法を兼ね備えている動詞を見ても，この分析の妥当性は支持されます。なぜなら，これらの動詞では，他動詞用法における目的語と自動詞用法の主語とが LCS において同じ項 y に対応しており，非対格自動詞の主語が直接内項であると言う非対格仮説と合致しているからです。本書でこれから扱う語の文法にもこの非能格と非対格の区別が重要な役割を果たすこ

とがあり，語形成にもこの仮説が有効であることがわかります。さらに，この仮説は，我々が動詞について個々に意味と統語的性質の両方を憶えているというよりも，意味さえわかれば，ある程度その用法がわかるという直感にも合うものだと言えるでしょう。このことは，幼児の母語習得を説明する場合にも有効なものとなると考えられます。

　以上，動詞の意味をLCSという意味構造で表すことの有効性を見てきました。ここで重要なことは，LCSに表される意味は動詞が作る文の構造やアスペクト素性などの動詞の統語的性質を決定する中核部分のみであるということです。その意味において，1節で見た名詞の意味記述に用いるクオリア構造とは大きく異なると言えるでしょう。クオリア構造には，文の構造を決定するような情報ばかりではなく，百科事典的知識に属するような情報も含まれており，それらは，その単語が文中でどのような要素と共起するかによって取捨選択され利用されているのです。本書では，LCSとクオリア構造がそれぞれ語形成に関わる様々な現象を説明する際の道具立てとしてどのように有効であるかを示していきます。

 考えてみよう

◆ old woman には曖昧性がないのに，old friend には曖昧性がある理由を名詞のクオリア構造を使って説明してください。

◆ 日本語の自動詞においても非対格自動詞と非能格自動詞とでは色々違った性質が見られます。以下のようにこの2種類の自動詞に，「ている」をつけた文が異なる解釈になる理由を考えてみましょう。
（i）ネコが走る。→　ネコが走っている。（非能格自動詞）
（ii）花瓶が割れる。→　花瓶が割れている。（非対格自動詞）

さらに深く知りたい人に

・語彙概念構造を用いた分析の有効性については

Jackendoff, Ray.（1990）*Semantic Structures*. Cambridge, Mass.: MIT Press.

影山太郎（1993）『文法と語形成』ひつじ書房.

影山太郎（1996）『動詞意味論―言語と認知の接点』くろしお出版.

影山太郎（2008）「語彙概念構造（LCS）入門」『レキシコンフォーラム』No.4 pp.239–264. ひつじ書房.

Levin, Beth and Malka Rappaport Hovav.（1995）*Unaccusativity: At the Syntax-Lexical Semantics Interface*. Cambridge, Mass.: MIT Press.

・クオリア構造を用いた分析の有効性については

影山太郎（1999）『形態論と意味』くろしお出版.

小野尚之（2008）「クオリア構造入門」『レキシコンフォーラム』No.4 pp.265–290. ひつじ書房.

コラム 2　日本語のアクセント──語と句の違い

　形態素の連鎖が一つの「語」になっているかどうかを見分ける手段として，音韻的情報を用いることができ，特に英語でも日本語でも，アクセントによって句と複合語を見分けることができます（英語については，4.3. 参照）。

　日本語東京方言（いわゆる共通語）ではピッチアクセント（高低アクセント）が用いられます。高低を文字の上下の線で表示すると，たとえば「雨」は「あめ」，「飴」は「あめ」と，アクセントで区別されます。このように，同じ品詞の語でもアクセントの違いで異なる語になるので，東京方言ではアクセントは各語の語彙情報として記憶されていると考えられます。高から低へ変化する箇所に〈アクセント核〉があると言い，このアクセント核は一つの語に最大一つという制約があります。アクセント核が語末にある場合は，後続する「が」「を」などの助詞が低になります（尾高型と呼ばれます）が，アクセント核がない場合は，後ろに「が」「を」などの助詞が続いても下がらない，いわゆる平板型のアクセントになります。たとえば，「花」は語末にアクセント核があり，「鼻」はアクセント核がないので、「花が」は「はなが」、「鼻が」は「はなが」となります。アクセント核を「'」で表示すると，「花」は「はな'」，「鼻」は「はな」となり，「箸」は「は'し」，「橋」は「はし'」，「端」は「はし」となります。

　句と複合語の区別ですが，「語にはアクセント核が最大一つ」という制約から，それぞれがアクセント核をもつ語を組み合わせて一つの複合語とする場合には，第一要素のアクセント核は失われて，アクセント核は一つになります。（複合語のどこにアクセント核が来るかについては，ここでは議論しませんが，〈複合語アクセント規則（Compound Accent Rule）〉によって決まると考えられています（窪薗 1995）。）たとえば，「秋」（あき）と「夏」（なつ）はアクセントパターンが異なりますが，「秋

祭り」「夏祭り」の複合語にすると，いずれも同じパターンになり（あきま'つり，なつま'つり），アクセント核は後部要素に置かれています。このため，単独の語であればアクセントで区別される語（たとえば「橋」と「箸」）が，複合語になるとアクセントでは区別できなくなる（「箸づくり」「橋づくり」）現象も見られます。これに対して，「秋の祭り」，「夏の祭り」のような句では，「秋」や「夏」のアクセントパターンが失われることはありませんし，「箸を作る」と「橋を作る」もアクセントで区別できます。このように，アクセント核が一つになっているかどうかで，一つの語になっているかどうかの判断ができます。

第 2 部

4章 「名詞＋名詞」の複合名詞

> 「土鍋」「鉄鍋」「石鍋」「中華鍋」「シチュー鍋」「牡丹鍋」「桜鍋」「牛鍋」「豆乳鍋」「片手鍋」「足鍋」…鍋にも色々ありますね。さて，食べられるのはどの「鍋」でしょう。

【キーワード】複合名詞，右側主要部規則，クオリア構造，語彙化

4.1. 複合名詞を作る二つの名詞の意味関係

　上にあげた「～鍋」というのは，名詞を二つ結合した複合語です。このような「名詞＋名詞」型の複合語は，日本語に限らず，多くの言語において頻繁に作り出され，また用いられる頻度も非常に高いのですが，それにはそれなりの理由があります。それは，結合する二つの単語の関係に文法的な制約がないということです。たとえば，英語の「名詞＋名詞」の複合について，Allen (1978) は，truck-man という例について，"truck-man = man who drives / mends / sells / buys...trucks" のように，その多様性を示しています。つまり，運転しようが，修理しようが，売買しようが，トラックと何らかの関係性がある人をこのように呼ぶことが可能だということです。

　そのうえで Allen (1978) は，複合名詞を作る二つの語の関係を捉える条件として，〈'IS A' 条件〉というものを提案しました。これは，'truck-man is a man' というように，複合語「N1＋N2」全体が表すものは，N2 の下位語であるという一般化を述べているものです。2.2.3. で述べたように，日本語で生産的に作り出される複合語の場合，右側の語が意味的にも文法的にも「主要部」となりますから（〈右側主要部規則〉），日本語の「名詞＋名詞」の複合語においても，この条件は守られることになります。たとえば，「ミツバチ」は「ハチ」の一種であり，いっぽう，「ハチミツ」は「蜜」の下位語というこ

とです。

　この条件をふまえれば,「〜鍋」という複合語は,「鍋」というカテゴリーに属すものであれば, 原則としてどのようなものでも表すことができることになります。たとえば,「慈善鍋」「社会鍋」というのは, 救世軍が貧者のための募金を集める鍋のことを指し, 本来とは異なる目的で鍋が使われているのですが, 確かにその道具は「鍋」のカテゴリーに属するものです。ただし,「鍋」には「鍋料理」の意味もあって, このカテゴリーに属する「〜鍋」という複合語も多く使われています。最近ではありきたりのものとは違った新しい鍋料理が発案されていて,「トマト鍋」「かぼちゃ鍋」といったものもあります。辞書に載っているものの中にもちょっと変わった「闇鍋」（各自持ち寄った食物を暗闇の中で鍋で煮て食べる遊び）といった複合語もあって,「鍋」という語が実に様々な意味関係で複合名詞を作っていることは確かです。

　さて, 2007年頃のことになりますが, ネット上で流行していた「ねこ鍋」というのは知っていますか？　また, ここ数年通販で人気がある「パンダ鍋」という語を聞いたことがありますか？　これらの単語を聞いたことがないという人は, それぞれこれらの複合語にどんな解釈を与えるでしょう。「ねこ鍋」のほうは, 鍋（もともとは土鍋）の中で身を丸くしている猫の様子を撮影した動画コンテンツのことです。「パンダ鍋」は, ある食品小売会社（株式会社キャメル珈琲）が数量限定で売り出した蓋にパンダの顔が描かれた小ぶりな土鍋のことです。これらの複合語の場合, 左側の名詞と「鍋」の間には単に空間的な近接関係があるというだけで, 本質的な関係はまったくありません。この例からもわかるように,「名詞＋名詞」の複合では非常に自由でゆるい関係によって二つの名詞が結びついているといえます。しかし, 以上のような情報を全く知らない人には, これらの言葉はちょっと嫌な響きをもつものではありませんでしたか？　これは, 私たちが初めて耳にする「〜鍋」という複合語に出会った時, 何らかの既存の知識に基づいてもっとも「ありそうな解釈」というものを導いてしまうことを示しています。

　原則としてどのような意味関係でも成立しうる名詞の複合語に, なぜそのような「ありそうな解釈」が導かれるのか, そのメカニズムを規定するために, 60年代から70年代の生成文法理論の考え方に沿って句構造から複合語を導

4章 「名詞＋名詞」の複合名詞　67

ねこ鍋

パンダ鍋
（オリジナル　パンダナンダ鍋（販売　カルディコーヒーファーム））

く統語規則を仮定した分析が提案されたことがありました。たとえば，Levi（1978）は二つの名詞の意味関係を表す CAUSE, HAVE, MAKE, USE, FOR といったいくつかの意味述語を想定し，これらを用いて意味を表した構造で複合名詞を説明することを考えました。この考え方では，たとえば，candy factory（お菓子工場）は [[candy-MAKE][factory]]，steam iron（スチームアイロン）は [[steam-USE][iron]] のような構造をもとにして，統語規則によって複合語が作られます。

　二つの名詞の関係は，文法的には何でもありで，コンテクスト次第だ，といって何ら法則性を見出さないという立場もあると思いますが，上のような規則によって部分的にでも何らかの法則性を示すことは意味があるでしょう。

しかし，このような make candy や use steam といった句の表現と複合語を関連させる分析では，4.3. で述べるような句構造と語との間に存在する本質的な違いを説明することができません。また，二つの名詞の関係をいくつかの意味述語によって表すというだけでは，それらの複数の解釈が常に容認される可能性があることになってしまいますが，実際にはそうではありません。使われる名詞の組み合わせによって，存在し得る数々の解釈の中でも，もっとも「ありそうな解釈」についての話者の直感に何らかの傾向が見出せるというのは，上で見た「〜鍋」の例でも理解できるでしょう。つまり，「名詞＋名詞」型の複合語についての分析は，原則としてコンテクストさえあればどのような解釈も許すという結びつきであることを認めるいっぽうで，コンテクストに依存することなく，使われる名詞の意味によって予測可能な「ありそうな解釈」を説明できるものが求められているのです。次の節では，この予測できるもっとも「ありそうな解釈」というのがどのような知識に基づいて導かれているのかを説明する分析を考えてみましょう。

4.2. クオリア構造を用いた分析

冒頭の設問にあげた例をもう一度見てみましょう。これらの例を「鍋」という右側の名詞（N2）と左側の名詞（N1）との間に成り立っている意味関係で分類すると，以下のような区分けをすることができます。

（1）「土鍋」「鉄鍋」「石鍋」：N1 が鍋の材質
（2）「中華鍋」「シチュー鍋」：N1 が鍋で作る料理
（3）「片手鍋」「足鍋」：N1 が鍋の部分を構成する付属物
（4）「牡丹鍋」「牛鍋」「桜鍋」「豆乳鍋」：N1 が鍋料理の材料

これらの例の中でなじみが薄いのは，「牡丹鍋」「桜鍋」と「足鍋」でしょうか。それでも，「牡丹」がイノシシ肉，「桜」が馬肉の隠語であるとわかれば，「牡丹鍋」「桜鍋」は（4）のグループに入ると理解することはそれほど難しくないでしょう。いっぽう，「足鍋」というのは古代中国で使われていた鼎(かなえ)

のような「足（普通は三つ）のついた鍋」のことを表しますが，おそらくそういった実物の鍋を見たことがある人は少ないでしょうから，正しい解釈はかなり難しいでしょう。もし，その意味を無理やりでも何か書くようにと強制されたとしたら，「足がついた鍋」以外に「足を入れる鍋」という解釈もあり得るでしょう。では，上の例にはあげなかった「燗鍋（かん）」という単語はどうでしょう？これもあまり耳にしない単語ですが，こちらの方は，漢字表記を見れば，多くの人が「酒の燗をするときに使う鍋」という正解を出すことができるのではないでしょうか。このように，同じように初めて出会う複合語であっても，ありそうな解釈として日本語話者が予測する意味はある程度決まってくるのはなぜでしょう。また，耳慣れない単語でも「燗鍋」と「足鍋」を比べると，前者の意味のほうが予測しやすいというような違いがあるのはなぜでしょうか。

　これらの疑問に対する答えを探すには，主要部である「鍋」の意味を構成している意味要素に分解する必要があります。その前に，まず，(1)–(4) の中で，「鍋」が調理器具の意味を表しているのは (1)(2)(3) で，(4) においては，「鍋」は料理の名前か，あるいはそれが拡張されて鍋料理をする行為を表すものとして使われているという区別をしておかねばなりません。ここで興味深いのは，「鍋」がどちらの意味を表すかによって，結合できる N1 がある程度決まってくることです。たとえば，料理の名前を表す「鍋」には，器具としての「鍋」の材質や構成物を表す名詞と結合することはないという点です。つまり，鉄の鍋を使った「鍋料理」のことを「鉄鍋」とは呼ばないのです。むしろ，「鍋」が料理を表す場合の N1 は，ほとんどの場合，鍋料理に使う材料（具材または出汁（だし））となる食品を表しています。(4) の例以外にも「鮟鱇鍋（あんこう）」「牡蠣鍋」「鯨鍋」「蛤鍋」「ミルク鍋」など，色々な材料を使った鍋料理の名前が見つかります。いっぽう，調理器具としての「鍋」を表す複合語においては，N1 が表す意味範囲が広がります。もっとも例が多く見つかるのが (2) の N1 が鍋で作る料理を表すもので，その次が (1) の材質を表すものです。これ以外に「浅なべ」「寸胴鍋」などのように，鍋の形状などを表す形容詞の語幹や形容名詞を結合することもできます。このような「鍋」の意味による複合名詞の分布の違いは，「〜鍋」という複合語の解釈が，

「鍋」という単語とか文字を基盤にしているのではなく，「鍋」が表す意味内容とそれについての知識をもとにして解釈されていることを示しています。

では，まず，調理用具としての「鍋」について我々はどのような知識をもっているといえるでしょうか。参考のために，『広辞苑（第七版）』に記載されていることを引用しておきましょう。

<u>食物を煮たりいためたりする器</u>。金属製または石製・陶製で，底が比較的浅く，口が開き，蓋・把手（とって）・つるなどを付ける。

レキシコンにも，これと同じような知識が蓄えられていると考えられます。そして，「〜鍋」という複合語は，その「鍋」の一種として，より特定されている下位概念を表すわけですから，その解釈というのは，N1 が，このような辞書に蓄えられている鍋の特徴や属性のどの部分について特定化しているのかを解釈していることになるのです。具体的には，まず，下線部に相当する目的をより特定し，何を，あるいは，どんな調理をするために作られている鍋なのか，第二に，波線部のその材質は何か，第三には点線部のどのような形状なのか，ということになります。この三点がそれぞれ，上の（2）（1）（3）に対応していることになります。

このような，語の意味に関する百科事典的な知識は，従来言語学の中では純粋な文法には関わらないものとして，あまり重視されてきませんでした。しかし，3.1. で述べたように，このような単語についての意味情報もクオリア構造という表示によって文法の中に取り込むことができるようになり，語形成の分析にも活用されるようになりました。クオリア構造を語彙の意味記述に導入した Pustejovsky (1995) は，名詞を修飾する形容詞の解釈を名詞のクオリア構造によって，明確に表すことができることを示しました。たとえば，a good knife（良いナイフ）とは，「よく切れるナイフ」のことですが，これは，knife のクオリア構造に書かれている「ナイフは切るための道具」であるという情報が選び出され good はその部分を修飾しているということです。本章で扱っている複合語も，N1 が N2 を修飾している関係にあるので，同じような分析が適用できるのです。では，「〜鍋」の解釈がどのように導かれるか，まず，調理器具「鍋」の意味を①として，クオリア構造の四つのクオリアに分解して表してみましょう。

（5）「鍋」①のクオリア構造
　　　形式クオリア：人工物，調理器具。
　　　構成クオリア：底と開口部，蓋，把手，（つる）をもつ場合もある。火
　　　　　　　　　　に耐える素材（金属，石，陶器など）。
　　　目的クオリア：食物を煮たりいためたりして加熱し，調理する。
　　　主体クオリア：火に耐える素材を加工して製作する。

　（1）に分類した「土鍋」「石鍋」「鉄鍋」では，N1 が構成クオリア内の材質を特定化している複合語です。（2）に分類した「中華鍋」「シチュー鍋」はどのような料理を作るのかという目的クオリアを特定しています。これ以外に「燗鍋」や「天ぷら鍋」などもこのグループになります。左側の要素が純粋な名詞ではありませんが，「揚げ鍋」「炒り鍋」「蒸し鍋」なども，動詞の連用形によって目的クオリアを表している例になります（以降動詞連用形も含めて N1 と呼ぶことにします）。次に（3）に分類した「片手鍋」「足鍋」というのは，形状を現す N1 によって構成クオリアが特定されたものです。（5）の構成クオリアに書かれている情報は一般的な鍋に共通の特徴で，そこに含まれている情報ならあえて表す必要がありませんから，たとえば「#把手(とって)鍋」という複合語は作られません。左側の名詞によって特定する必要があるのは，クオリア構造に書かれている情報では特定できない事柄のみなのです。したがって，単に把手があるということではなく，それが長く伸びた片方だけの把手なのか，それとも両側に二つ備わっているのかという区別をするために，「片手鍋」「両手鍋」という複合語は作られるのです。その他，サイズについて言及しているので，形式クオリアを特定した複合語だと考えられるものとして，「中型鍋」「小型鍋」などがあります。以上の例をまとめると，以下のように，「鍋」①からは，クオリア構造のどのクオリアを特定する名詞と結合しても複合語を作ることができることがわかります。主体クオリアを特定している例がほとんど見つからないのは，製造法を特定することが鍋の下位概念を表すものとして実際の生活に役立たないことが理由だと思われます。

(6)「鍋」①のクオリア構造の各クオリアの特定化によって作られる複合語
　　　形式クオリア：「中型鍋」「小型鍋」
　　　構成クオリア：「片手鍋」「両手鍋」「土鍋」「鉄鍋」「石鍋」
　　　目的クオリア：「シチュー鍋」「中華鍋」「天ぷら鍋」「蒸し鍋」
　　　主体クオリア：「打ち出し鍋」（鍋の内側を打ち出して，無数のへこみをつけてある鍋）

　次に，料理としての「鍋」を②として，このクオリア構造について考えてみましょう。

(7)「鍋」②のクオリア構造
　　　形式クオリア：人工物，料理。
　　　構成クオリア：スープまたは出汁と具を含む。
　　　目的クオリア：調理しながら調理したてを食べる。
　　　主体クオリア：食べる人が鍋を使って食卓で調理する。

　こちらの方は，目的クオリアや主体クオリアを規定するのが少し難しいのですが大体 (7) のように表すことができるでしょう。先に述べたように，鍋料理の意味を表す「〜鍋」という複合語においては，ほとんどの場合 N1 は料理の材料を表しています。これは，構成クオリアを特定していることになるでしょう。1章に出した「ののちゃん」の中で使われた「肉じゃが鍋」も，「肉じゃが」は鍋料理の材料として容易に解釈されると思います。多くの場合その具材を表す名詞が結合しますが，「ミルク鍋」や「豆乳鍋」などの場合は出汁の方が特定されています。では，「ちゃんこ鍋」というのも鍋料理の一種ですが，これはどのタイプになるでしょう。事典で調べてみると「ちゃんこ」というのは，相撲部屋の料理人のことを表すそうです。そうすると，この複合語において N1 は，主体クオリアの中の調理する人つまり動作主を特定していることになります。
　このように，二つの意味の「鍋」それぞれについて，クオリア構造によってその百科事典的情報を整理してみると，「鍋」の語義においては必ずしも特

定されていない部分について，より特定化する情報を与えることが「〜鍋」という複合名詞における N1 の機能だということになります。逆に，N1 にどのような名詞が現れているかによって，「鍋」の意味のほうも決定されていることにも注意してください。N1 が料理の材料を表す食物であれば，おのずと「鍋」は②の意味で解釈され，N1 が調理の内容や調理器具の材質を表すものであれば①の意味で解釈されているのです。つまり，N1 の意味と「鍋」のクオリア構造内のどれかのクオリアがうまく適合するように合成され，その結果として「〜鍋」の意味が理解されているということになります。

　したがって，冒頭の設問で，「牛」のように食品（食材）を表す名詞が結合している場合は，「鍋」②の食べられる鍋だと解釈されます。つまり，ここで出した例の中で，食べられるのは「牡丹鍋，桜鍋，牛鍋」です。「シチュー鍋」は食べられる「シチュー」が結合しているのに，なぜ食べられないのか，ちょっと不思議に思われるかもしれませんが，これも，上に述べたような解釈のプロセスによって説明できます。つまり，「鍋」が食べられる料理の意味②で解釈されるためには，N1 は単に食べられるものというのではなく，鍋料理の材料になるものでなくてはなりません。「シチュー」は材料ではなく，料理の名前ですから，これは，「鍋」①の目的クオリアを特定するものとして解釈されることになるのです。この点において，先ほどの「肉じゃが鍋」は特異な例だということになります。ののちゃんのお母さんは，前日の残り物の，本来はそれ自体が料理である「肉じゃが」を鍋料理の材料にしているのです。ここにこの漫画の面白さがあるのですね。

　さて，ここで，先にあげた「ねこ鍋」「パンダ鍋」について，多くの人がちょっと嫌な想像をしてしまった理由を考えてみましょう。このような想像は，以下のようなプロセスで導かれると考えられます。まず，これらの語において「鍋」が①の意味ではないという判断がなされます。なぜそのような判断がなされるかといえば，（5）のクオリア構造の中で動物の名前によって特定され得る要素が見つからないからです。しいて言えば，猫やパンダ用の鍋という目的クオリアを特定したものという解釈になるでしょうが，これらはどうも納得しにくいものなのではないでしょうか。そこで，このような判断をした人は，②の意味のクオリア構造の中から「ねこ」や「パンダ」が特定で

きそうな要素を探すわけです。そうすると，構成クオリアに行き当たります。しかも，この部分を特定する「〜鍋」という複合語形成は非常に生産性が高く，また，日常頻繁に使用されるので，多くの人が「ねこ鍋」「パンダ鍋」もそのグループに属するものとしてこれらの動物が材料に使われている鍋料理だと解釈してしまうのです。これらの語の実際用いられている解釈においては，「ねこ」や「パンダ」は「鍋」①の一部を成すものとして構成クオリアを特定したものだということになるでしょうが，これは本来「鍋」のクオリア構造からは予測できない関係性ですから，この解釈はこれらの写真を見て初めて理解される，非常にコンテクスト依存度の高いものなのです。このように構成要素がいずれも単純な名詞から成る複合名詞は，ありそうな解釈を導き出すということはできるとしても，構成語の意味から必ずしも解釈が特定され得るものではありません。この点において，同じ複合でも，10章11章で取り上げる右側の名詞が動詞から派生した語，〈動詞由来複合語（deverbal compound）〉とは大きく違っています。10章で述べるように，動詞由来複合語の場合には，もとの動詞の性質や複合する語の意味によって，一定の解釈を導くことができるからです。しかしながら，動詞からの派生名詞であっても，「名詞＋名詞」型の複合名詞を作る場合もないとは言えませんし，表面的にはその違いが判別できませんので，複合名詞には常に，本章で示すような解釈メカニズムもあり得ることを憶えておいてください。

　では，「燗鍋」と「足鍋」の例で指摘したような解釈の難しさの違いはどのように説明できるのでしょう？　いずれも①の意味の「鍋」を表しているのですが，前者は酒の燗をするためのものですから目的クオリアの特定化，後者は足がついているという構成クオリアに言及しています。一般に，道具のような人工物は，何らかの目的をもって人が作り出したものですから，クオリア構造の中でも目的クオリアに記載されている情報はとりわけ重要な情報だと考えられます。したがって，左側に名詞を結合してその下位範疇であるものを特定する場合も，その道具の目的をより特定するという場合が多いのです。たとえば，「はさみ」なら「木バサミ」「花バサミ」「紙バサミ」などがありますし，「皿」には「ケーキ皿」「デザート皿」「菓子皿」「薬味皿」「灰皿」など多くの例がその目的を特定した複合語です。したがって，「燗鍋」

も「燗」とは酒を徳利にいれて鍋で温めることだと知っている人なら容易にその意味を予測できる複合語なのです。これに比べると，人工物の構成クオリアというのはそれほど重要な情報ではないうえ，鍋に足がついているということは，鍋①の構成クオリアに記された情報からは予測されない特徴ですから，「足鍋」の正しい意味というのはその実物を知っている人でなければなかなか推測できないのです。

　これまでは，N2が人工物の例を見てきましたが，それ以外の例についても考えてみましょう。たとえば，「教師」のようなある職業の人を表す語についてはどのような複合語が作られているでしょうか。「英語教師」「ピアノ教師」「家庭教師」「高校教師」「外国人教師」などありますが，「教師」の意味の中でもっとも重要なのは「何かを教える」ということでしょう。これは，人の役割あるいは機能を表す情報であり，クオリア構造の中では目的クオリアに分類されると考えられます。「英語教師」「ピアノ教師」など，この役割を特定した「～教師」複合語は頻繁に使われるものです。「家庭教師」「高校教師」のほうは，どこで教えるかを特定したものですが，これもこの「何かを教える」という機能に付随する目的クオリアに記載される情報だと考えられます。では，「外国人教師」「女性教師」はどうでしょう。これは，「教師」というのが人間としてどのようなカテゴリーに分類されるかを示す形式クオリアにおいて特定したものと言えるでしょう。

（8）「教師」のクオリア構造と各クオリアの特定化によって作られる複合語
　　　形式クオリア：人間，職業。
　　　　　　「外国人教師」「女性教師」
　　　目的クオリア：何かをある場所で教えることを職業とする。
　　　　　　「英語教師」「ピアノ教師」「高校教師」

　自然物の場合はどうなるでしょう？　漢語の例になってしまいますが，たとえば，「湖」には「三日月湖」のようにN1が形状を表す形式クオリアを特定しているものや，「氷河湖」のようにどのように作られたか，その主体クオリアを特定しているものがあります。「塩水湖」「淡水湖」の場合は，「湖」の

構成クオリアに書かれている「水をたたえる」という情報の「水」の性質がさらに特定されているものになります。

(9) 「湖」のクオリア構造と各クオリアの特定化によって作られる複合語
　　　形式クオリア：周囲を陸地で囲まれた水塊。
　　　　　　　　　「三日月湖」
　　　構成クオリア：水をたたえる。
　　　　　　　　　「塩水湖」「淡水湖」
　　　主体クオリア：陥没などによって生じた地形。
　　　　　　　　　「氷河湖」「ダム湖」

　以上のような分析は、日本語以外の「名詞＋名詞」型複合語にも同じように適用することができます。たとえば、英語では、「皿」を表す plate、「湖」を表す lake を主要部とする複合語が、同様に以下のように分類できます。

(10)　形式クオリア：square plate, scallop shell plate（貝型の皿）
　　　　　　　　　oxbow lake（三日月湖 oxbow とは牛のくびきにつけるU字形の木枠）
　　　構成クオリア：paper plate, metal plate, picture plate, salt lake
　　　目的クオリア：cake plate, Christmas plate
　　　主体クオリア：glacier lake（氷河湖）

　このように、どのような意味関係でも二つの名詞を結合して作ることが可能な「名詞＋名詞」型の複合語ではありますが、主要部の名詞をより特定する情報を与えて下位語を作り出すという要請に合致するものほど新しく生み出されやすく、また頻繁に使用されるということが言えます。逆に主要部の名詞のクオリア構造内で与えられている情報の特定化とはみなされない要素と結合した複合語は、コンテクストの助けを借りて初めて解釈が可能になるものということです。このような「名詞＋名詞」型複合語の意味解釈や生産性については、従来すべて語用論の問題として片付けられていたのですが、ク

オリア構造を用いた分析によって，どこまでが語彙本来の意味から予測できる解釈なのか，どういう理由でコンテクスト依存度が高いのかといったことを明示的に説明することができるようになりました。このように，クオリア構造を用いる語彙の意味表記は，私たちが二つの名詞の結合によって新たに語を作り出したり，また，そのような複合語を解釈したりする際に，既存の語の意味やそれが表す概念に関する様々な情報を総動員して二つの語の意味関係を導いているプロセスを説明するのに非常に有効な道具立てだと言うことができます。

4.3. 複合名詞と句構造

さて，英語では以下のように表面的には同じに見える二つの単語の結合による表現が，本質的に異なる性質をもつことがよく知られています。

(11) a.　darkroom「暗室」／dark room「暗い部屋」
　　　b.　blackbird「ツグミ」／black bird　「黒い鳥」

上のペアはいずれも全体では物の名前を表す名詞には違いないのですが，左側の表現のみが〈複合名詞（compound noun）〉です。これに対して右側の表現は形容詞が修飾語として名詞に付加されているもので，全体としては語ではなく名詞句ということになります。この違いは，一つには（11a）（11b）のように綴りに現れる可能性があります。英語の場合句構造を作る表現は語の単位で分かち書きをするからです。1語のまとまりを成すことを表すために，head-hunting（人材スカウト，または，政敵打倒工作），day-liner（日中定期運行の乗り物），country-dance（カントリーダンス）のようにハイフンでつなぐこともよくあります。ただし，この逆，すなわち語ならば必ず1語として書かれるということはいえず，複合名詞でも分かち書きされている場合もあるので，決定的な区別の基準ではありません。それでは，なぜこの両者は異なると言えるのでしょう。以下に複合名詞と名詞句を区別するいくつかの違いをあげておきましょう。

まず，一つは発音の違いがあげられます。英語の場合，複合名詞では一般に左側の語にアクセントが置かれるのに対して，左側の語が修飾語の場合，すなわち全体で句を作っているときには右側の名詞にもっとも強いアクセントが置かれます。(12)には対比のために左側の要素が形容詞のものをあげていますが，名詞であっても dóg food のように同じアクセント型になります。

(12) a.　dárkroom「暗室」／ dark róom「暗い部屋」
　　 b.　bláckbird「ツグミ」／ black bírd「黒い鳥」

日本語では，複合語になると，複合語アクセントが適用されるだけでなく，二つの語の境界でしばしば(13a)のような〈連濁〉と呼ばれる現象や(13b)のような母音交替が起こります(コラム1を参照)。これらは，二つの語が音形の上で一つのまとまった単位を成すことを示すものだと考えられています。

(13) a.　日傘（ひ＋が さ），水鳥（みず＋ど り），紙皿（かみ＋ざ ら）
　　 b.　雨水（あま＋みず），風車（かざ＋ぐるま），胸元（むな＋もと）

複合語が一つのまとまった単位を成すというのは，意味の上でも二つの語の足し算ではなく，その語全体で新たな意味をもつ可能性があるということに現れます。たとえば，「花見」というのは花壇に咲いているチューリップを見ることは表せず，「桜の花を見る行事」に限定して使われますし，blackboard や「黒板」は，単に黒い板を指すものではなく，チョークで文字を書いて教具や事務用として使う板のことを表します。このような語の意味の変化は，〈語彙化〉という現象によるもので，その複合語が一つのまとまった項目として心の中の辞書に記憶されていることを表しています（2.1.2.参照）。

複合語のまとまりは，文法的にもひとかたまりの単位として扱われる〈語彙的緊密性〉と呼ばれる性質にも見られます（2.1.6.を参照）。つまり，もともとは二つの単語から成っているものですが，いったん「複合語」として成立すると，その内部構造は見えなくなるということです。したがって，2章で

も見たように，文法的な活用語尾，たとえば，複数語尾や日本語の時制要素「た」，また助詞などは必ず複合語全体に付き，左側の要素に付くということはあり得ません（2章（18）（19）参照）。

(14) a.　book shelf ／*books shelf, book shelves
　　 b.　干しがき／*干したがき　　（cf. 干した柿）
　　 c.　親子げんか／*親と子げんか　（cf. 親と子のけんか）

　内部構造が見えない緊密性のために，当然複合語の一部を語の外に取り出して強調することもできません。

(15) a.　John drank orange juice.
　　　　 → *Orange, John drank [_juice]. (cf. Orange juice, John drank.)
　　 b.　健は腕時計を買った。
　　　　 → *健は時計を買った，腕。(cf. 健は買った，腕時計。)

　また，いったん複合名詞として成立すると左側の要素のみを修飾することはできません。たとえば，左側が形容詞でも（16a）のようにそれを強調する表現をつけることはできないし，（16b）のような修飾語が左側の要素のみにかかる解釈は容認できません。

(16) a.　darkroom / *very darkroom，青空 /*とても青空
　　 b.　*[幼い子供]服，*[養殖の魚]料理，*[マグロを取る船]乗り

ただし，日本語では複合語の一部のみを修飾する要素が現れることもしばしばあります。このことについての詳細は13章を参照してください。
　このように，複合語は二つの自立語から成っているとはいえ，両者は意味的にも音韻的にも，そして文法的にも，緊密な関係で結ばれており，文中では内部構造が見えない一つのかたまりとしてふるまっているのです。

考えてみよう

◆「漬物石」「碁石」「小石」「庭石」「海石」の意味をクオリア構造を使って説明してみましょう。

◆「ミツバチ」と「蜂蜜」や「壁土」と「土壁」のように同じ名詞の組み合わせでもその順序によって全く違った意味になる複合語のペアを探してみましょう。

◆「ナイフ」を右側要素とする複合語の例をあげて，左側要素がどのように解釈されるかをクオリア構造を使って考えてみましょう。どのクオリアの特定化をしているものが多いでしょうか。

 さらに深く知りたい人に

Johnston, Michael and Federica Busa. (1999) Qualia Structure and the Compositional Interpretation of Compounds. In Viegas, Evelyne (ed.) *Breadth and Depth of Semantic Lexicons*, pp.167–187. Amsterdam: Kluwer Academic Publishers.
　英語では複合名詞で表されるものがイタリア語では、二つの名詞が前置詞を介して結合された形で表現される。英語とイタリア語の対応関係を参考にして、クオリア構造を用いて複合名詞の解釈を導く分析の妥当性が示されている。

竝木崇康 (2013)「複合語と派生語」『レキシコンフォーラム』No.6: pp.43–57.
　入門者向けに複合と派生の違いについてわかりやすく説明すると同時に，複合語を生産的に形成していた語が接辞化する現象についての興味深い論考もある。

小野尚之 (2008)「クオリア構造入門」『レキシコンフォーラム』No.4: pp.265–290.
　入門者向けにクオリア構造とは何かわかりやすく説明されており、また、クオリア構造が言語事実の説明において有効な事例を紹介している。

由本陽子 (2011)『レキシコンに潜む文法とダイナミズム』開拓社.
　「名詞＋名詞」型の複合語については6章で述べている。

5章　名詞から動詞への転換

> 英語では bottle（瓶），mop（モップ），butter（バター），weed（雑草）といった名詞をそのまま動詞として使うことができますが，それぞれどんな意味になるでしょうか。

【キーワード】転換，クオリア構造，LCS（語彙概念構造）

5.1.　名詞から動詞の意味が生み出されるメカニズム

　英語の動詞には，名詞と同形のものが非常に多く，paint, cook, love のように動詞としても名詞としても同じくらい頻繁に用いられるものもたくさんあります。これらの単語は，辞書では，同じ項目に動詞と名詞の二つの用法があるとして記載されていますが，語形成論では，いずれかを基本形と考え〈転換 (conversion)〉という規則によって形成されると考えています。どちらが基本形かを区別する基準は，歴史的な証拠もあるでしょうが，その意味を定義するのにどちらかを用いなければ他方を定義しにくいという場合，前者の方を基本形とするという意味的な基準が有効だと考えられています（竝木 1985: 87-88）。たとえば，この基準から考えると，paint, chain, comb のようなものは名詞が基本形，love, promise, cook, walk などは動詞が基本形だということになるでしょう。本章では，英語の転換においてもっとも生産性が高いとされる名詞から動詞への転換について見ていきたいと思います。つまり，物を表す名詞をもとに，その物が何らかのかたちで関わっている行為や出来事を表す動詞が作られている場合です。名詞を転換して作られている動詞を〈名詞転換動詞〉と呼びますが，本章では略して転換動詞と呼ぶことにします。

　上の設問であげた英語の名詞がどのように用いられるのか，具体例で見てみましょう。

（1） a. Mary bottled marmalade for preservation.
　　　　（メアリは保存のためにマーマレードを瓶に詰めた）
　　 b. John mopped the floor.
　　　　（ジョンは床をモップで拭いた）
　　 c. Butter the bread when you make a sandwich.
　　　　（サンドウィッチを作るときはパンにバターを塗りなさい）
　　 d. John weeded the garden.
　　　　（ジョンは庭の雑草を取り除いた）

　これらの例を見て気づくことは，名詞転換動詞が表している行為は，もとの名詞が何らかの形で参与しているという点で共通しているものの，その役割は様々であり，また，それに伴って転換動詞が表す行為のタイプも様々であるということです。たとえば，（1a）の bottle は，目的語の位置変化を表す動詞となっていて，名詞 bottle はその着点を表しています。（1b）の mop は働きかけの動詞で，名詞 mop はその道具を表します。（1c）（1d）では，転換動詞はもとの名詞が表す物（butter や weed）を付けたり除いたりする行為を表しています。後で見るように，転換動詞の意味は，文脈によって変わることもあり得ますが，辞書に記載されているものも多いことからわかるように，ほぼ固定されていると言えます。たとえば，瓶（bottle）は肉をやわらかくするために叩く時に道具として使ったりしますが，bottle を「肉を瓶で叩く」という意味の動詞として用いることは，文脈の助けがない限り難しいようです。なぜ，個々の意味がそのように固定されるということが起こるのでしょうか。
　この疑問に対しては，後に詳しく述べるように，bottle の用途として典型的なものは，何かを入れる容器としての使い方であって，肉を叩くことは辞書に記載される世界知識には含まれないからだという説明が可能です。名詞から動詞への転換という語形成は現在も生産性が高く，辞書に記載されていないものでも日々新たに作り出され，また即興でも使用されており，それにもかかわらずある程度意味が固定され，話者の間でほとんど支障なく理解されていることが観察されます。新しい機器や道具が発明されてその物を表す名前

がつけられると，多くの場合その動詞用法も生まれます。最近の身近な例では，e-mail, google（Google で検索する）などがあげられますが，前者はすでに『リーダーズ英和辞典（第 2 版）』に動詞用法が出ています。また，もとになる名詞は，google もそうですが，普通名詞に限らず，固有名詞でもかまいません。日本語にも借用されている「ボイコット」boycott や「サンドウィッチ」sandwich が，Boycott と Earl of Sandwich（英国の Sandwich 伯爵）に由来する名詞であることは良く知られていることで，これらも転換動詞となっていますが，最近の身近な例では，大手のコーヒーショップ Starbucks が動詞用法を獲得しています。「彼らは今どこ？（Where are they?）」という質問の答えとして They are Starbucking. と答えるといったように Starbuck が一人前の動詞として使われているのですが，ネット上の辞書（www.urbandictionary.com）には，動作主を表す -er（9 章参照）が付いた Starbucker も掲載されていて，その動詞用法の定着度がわかります。ちなみに，Starbuck は「Starbucks でコーヒーを飲みながら仕事をしたりして時間を過ごす」といった意味を表します。このように固有名詞をもとにした動詞が世間に受け入れられるのは，多くの人にとってその固有名詞が表すものの特性やイメージが共通しているからでしょう。そして，その共通の認識を基盤として転換動詞の意味も多くの人が共通に理解できるものに固定されていくのだと考えられます。もとの名詞が普通名詞の場合も同じです。日々新たに生み出される転換動詞は，辞書にその意味が記載されていなくとも，もとの名詞の意味を知る話者には共通の意味で理解され受け入れられるのだと考えてよいでしょう。

　では，その名詞の意味を基盤として動詞の意味が導かれるというのは，どのようなメカニズムによるのでしょうか。これは固有名詞がもとになっている転換動詞を考えれば理解しやすいことですが，平たく言えば，その名詞が表す物についての百科事典的知識からその物に特徴的な行為が認められれば，それが動詞用法の意味として用いられるようになるということでしょう。先にあげた例で言えば，butter は食品に風味を加えることが典型的な用途であり，bottle は何かを保存する容器，mop は床を掃除するための道具，weed は庭に生えていれば除去すべき植物のことであるというように，話者が一般に共有している物体についての知識がそれぞれの名詞の意味としてレキシコン

に蓄えられており，それが動詞用法の基盤となり，そのおかげでそれぞれの転換動詞の意味は文脈がなくてもこれらの知識に従って共通の理解が得られているのです。bottle が「肉を瓶で叩く」という意味で使われないのは決して偶然ではなく，瓶の用途としてそれが第一には思い浮かばないという理由があるからです。したがって，転換動詞の意味決定のメカニズムを形式化するには，このような名詞が表す物についての一般常識ともいえる情報を記載したレキシコンを想定する必要があります。その有望な道具立てが，4章でも用いた〈クオリア構造〉ですが，本章ではさらにクオリア構造を使うことにより，転換動詞の意味と用法を決定する LCS（語彙概念構造）が自然に導かれるような分析が可能になることを示していきたいと思います。

5.2. 転換とは

　ここで〈転換〉という語形成規則について少し説明しておきましょう。既存の単語をもとにして新たな語を作る形態的操作として多くの言語で広く用いられているのは，1章で導入した接頭辞や接尾辞を付加すること（〈接辞付加（affixation）〉）による〈派生（derivation）〉や二つの単語をそのまま結合する〈複合（compounding）〉です。それに対して転換は，英語のように各品詞に特徴的な形態的制約がない言語において発達している語形成だと言えます。たとえば，日本語では，動詞の語尾の形態が決まっているので，英語のように名詞をそのまま動詞として使うことはできません。日本語の名詞転換動詞に相当するものを作ろうと思えば，「メモる，事故る，愚痴る」や「電話する，ランチする」のように「-る」や「する」を結合させなければなりません（「メモる」等の活用についてはコラム 3 参照）。英語にはそのような操作が不要なおかげで，名詞から動詞への転換が非常に自由に，また頻繁に起こり，生産的な語形成規則として存在しているのでしょう。

　ただし，先行研究においては、転換という語形成規則を認めない立場に立つ学者もいて、たとえば Marchand (1969) のように，転換を接辞付加の一種と考え，〈ゼロ派生（zero derivation）〉として分析する場合もあります。すなわち，動詞 mop は，形には現れないゼロの接尾辞 φ を名詞 mop につける

ことによって派生され，[[mop] $_N$-φ] $_V$ のような構造をもつと考えるのです。

この考え方は，語構造について〈主要部〉という概念が想定される場合には，2.2. で紹介した〈右側主要部規則〉によって強く支持されることになります。というのは，もしこの語形成が品詞の転換に過ぎなければ，転換動詞の語構造は主要部をもたないことになってしまいます（cf. [[mop] $_N$] $_V$）が，ゼロ派生として分析すれば，右側に音形はもたないけれども品詞を動詞に決定する性質をもつゼロ接辞が付加されることになり，この規則に違反しない語構造となるからです。

どちらの分析を採用するかについては経験的な証拠が見つけにくいのですが，いずれの分析をとるとしても，名詞から動詞への転換は，単に語法の問題ということではなく，派生や複合と同じ原理のもとに統制される語形成の規則であるという立場には変わりはなく，この立場に間違いはありません。その一つの証拠は，語形成一般に成り立つ〈阻止〉（2.1. 参照）という現象が転換にも見られることです。阻止とは，すでに存在する語によって，新しく規則によって作られた語の方が排除されるという現象でした。英語の名詞から動詞への転換にも，(2a) のように阻止がはたらいていることがわかります。また，(2b) のような〈形態的阻止〉と呼ばれる現象も観察されます。

(2) a. *Jack carred to New York. ← Jack drove to New York.
　　b. *John United'd to Los Angeles. (cf. John UA'd to Los Angeles.)
　　　　（United, UA は United Airlines の略称）

(2a) の car からは，既存の drive（車で行く）という語と同義の解釈しか導き出せず，そのために新たな動詞形成は容認されません。(2b) では，形態上 -ed を含む名詞 United が動詞に転換されると，-ed 形を作る場合同じ形態素が二重に付加されてしまうために容認されないという例です。これらの制限は語形成規則一般に見られるものであり，名詞から動詞への転換もその一つであることを示していると言えます。

転換によって新たな語が作られているということは，転換によってもとの名詞の音に変化が生じる場合があることからもわかります。たとえば，house

[haus] → house [hauz], shelf → shelve のような例です。このような音の変化を説明するにも，単に品詞の変更ということではなく，動詞を作り出すゼロ形態素の付加を仮定するほうが妥当だとする考え方があるのも納得できます。

以上のように，英語の名詞から動詞への転換という操作は，新しく単語を作り出す語形成規則の一つとして位置づけるべきものであり，単に一つの単語に動詞と名詞の二つの用法が存在しているという現象ではないのです。

5.3. 名詞のクオリア構造と転換動詞のLCS

それでは，名詞のクオリア構造のどの部分から転換動詞の意味が導かれているのか考えてみましょう。一般に，道具・機器（mop, chain, knife, bike, phone など），容器や施設・場所（bottle, pocket, jail, shelf など），食品（butter, sugar, pepper など）といった人工物を指す名詞においては，その名詞がどのような目的で作られているかという情報が注目されて転換動詞が作られていると考えられます。すなわち，クオリア構造の目的クオリアに記載されている情報がもとになって動詞の意味が導かれているのです。

具体例でこのことを示しましょう。まず，転換動詞の中でもっとも生産性が高い，もとの名詞が道具を表すものから見てみましょう。

（3）x mops (the floor)：(x が床を) モップで拭く
　　　　【行為 WITH $_{MOP}$】
　　「x がモップを使って床に働きかける」

このタイプの名詞転換動詞は，もとの名詞 α が手段を表すもの（WITH α のように表される）として【行為】の意味構造内に代入されて形成されると考えられます。これは，意味構造における操作としては特別のものではありません。(4a) のような一般の働きかけを表す動詞 hit などが with 句と共起する場合は，文を作った時点で道具を表す名詞概念（bat）を代入しますが，同じ操作をレキシコンで行うというだけです。また，(3) のような意味構造は名詞転換動詞に限らず動詞の意味において想定すべきものでもあります。その

良い例が，kick という動詞で，「蹴る」という意味には（4b）のように「足」を使う行為であるという指定が必要ですから，（3）と同様の意味構造が考えられるのです。

（4） a.　x hits a ball with a bat.
　　　b.　x kicks (a ball)（x がボールを蹴る）
　　　　　【行為 WITH _{FOOT}】
　　　　　「x が足を使ってボールに働きかける」

　このように，因果連鎖（cf. 3 章）を用いた動詞の意味構造の中に，個々の単語に固有の意味を盛り込むのは，それらがその動詞の文法的性質に影響を与えるからです。たとえば，kick であれば足をもっているものしか主語になれず，!The snake kicked John. といった文が不適格であるという事実が上の意味構造によって適切に説明できるのです。このような情報は，動詞の〈選択制限（selectional restriction）〉と呼ばれるものですが，Jackendoff（1990）は，（4b）のように動詞の意味構造にこれを盛り込むことによってこの選択制限を説明することを提案しています。すなわち，文中で共起する要素は，動詞の意味と合成する際，すでに動詞の意味構造内で特定されている概念と矛盾を生じないものでなければならないという制約を仮定することにより，選択制限が導かれるということです。

　話が少し脇にそれましたが，動詞 mop が（3）のような意味構造をもつとして，この意味構造は何をもとに決定されているのでしょうか。先に述べたように，個々の名詞の意味情報からどのようなタイプの動詞が作られるかが予測できるのは，もとの名詞のクオリア構造が利用されているからだと考えられます。名詞 mop のクオリア構造としては，以下のようなものが想定できるでしょう。

（5） mop（N）のクオリア構造
　　　形式クオリア：人工物，掃除器具。
　　　構成クオリア：部分として雑巾と把手をもつ。

目的クオリア：床などを拭く。［x ACT-ON y WITH z（=mop）］

　先述の通り，人工物，特に道具を表す名詞の場合，目的クオリアを基盤として転換動詞の意味が決定されていると考えられます。すなわち，mop を例とすると，目的クオリアである清掃の意味を【行為 WITH $_{MOP}$】（LCS で記述すれば［x ACT-ON y WITH z（=mop）］）のように記述しておけば，自動的に（3）の動詞 mop の意味構造が導かれ，またこれに伴い「拭く」という解釈も得られるのです。このように，名詞のクオリア構造に何らかの動詞概念が見つかれば，それをそのまま転換動詞の意味として利用することができ，そのような名詞から動詞への転換は非常に簡単な操作であるために，このタイプの転換の生産性は高くなると説明することができます。

　この分析によって，同じ道具を表す名詞からの転換でも，もとの名詞のクオリア構造に含まれている動詞概念によって，様々なタイプの動詞が作られることも説明できます。trap（罠で捕まえる），net（網で捕まえる）など捕獲を表す転換動詞の場合は，(6a)のように結果状態まで含意する達成動詞の意味構造をもっています。また，車など乗り物を表す名詞からは，働きかけではなく，(6b)のような【移動】を表し，to school のような行き先を表す補語がつく動詞が作られます。chain（鎖）や staple（ホッチキスの針）などからは，固定を表す動詞が，saw（のこぎり），scissors（はさみ）からは切断を表す動詞を作ることができます。このような多様な意味も，これらの道具の目的クオリアから自然に導かれると考えられます。

（6）a.　net fish　（魚を網で捕らえる）
　　　　　【行為 ON fish WITH $_{NET}$】→ 【変化】＋【状態】
　　　　　「網を使って魚に働きかける」　　「魚が網にかかっている」
　　　b.　bike to school　（自転車で学校に行く）
　　　　　【移動 BY $_{BIKE}$】　・・・→【状態】
　　　　　「自転車を使って移動する」　「学校に着いている」
　　　c.　chain the dog (to the pole)　（犬を鎖で柱につなぐ）

　　　　【行為 ON dog WITH $_{\text{CHAIN}}$】→【変化】+【状態】
　　　　「鎖を使って犬に働きかける」　「犬が柱に鎖でつながれている」
　　d.　saw the tree down/away（木をのこぎりで{切り倒す／切って除く}）
　　　　【行為 ON tree WITH $_{\text{SAW}}$】→　【変化】　+【状態】
　　　　「のこぎりを使って木に働きかける」「木が切られて{倒れている／除かれている}」

　このように道具名詞を動詞にする場合，解釈も LCS も多様性があるのですが，あくまでもとの名詞が道具として修飾できるような行為，または移動を含む意味構造でなければならないという点では共通しています。
　では，道具以外の物を表す名詞から作られる動詞はどうでしょうか。(1a) の bottle は，容器として作られた人工物です。そこで，目的クオリアには「(人 x が) 何か y を入れて保存する」【行為】→【変化】+【状態 IN $_{\text{BOTTLE}}$】(LCS で記述すれば [[x ACT-ON y] CAUSE [y BECOME [y BE IN z(=bottle)]]]) といった情報が記載されていると考えられます。(1a) はその情報をそのまま動詞概念として利用しているものと言えます。容器でなくても，kennel（犬小屋），jail（牢獄），seat（椅子）といったものも同じように「何かを入れる／置く」ということが目的クオリアに記されており，その情報を利用して以下のような動詞として用いることができます。

(7) a.　John kenneled the dog.　　（John は犬を小屋にいれた）
　　b.　They jailed the prisoner.　（彼らは囚人を投獄した）
　　c.　She seated the child.　　（彼女は子供を椅子に座らせた）

　また，(1c) の butter のように，何かに付けてそのものに影響を与えることが目的とされる物体からも転換動詞が多く作られます。同類のものに (8) にあげたような例があります。これらの場合もやはりその目的クオリアに記された LCS が利用されていると考えられます。

(8) a. She powdered the nose. (彼女は鼻に粉おしろいをはたいた)
　　b. Please sign the check. (小切手にサインをしてください)
　　c. They bricked the path. (彼らはその通路にレンガをしいた)

　これに対して数は少ないですが，(1d) の weed のように，何かから取り除いてそのものに影響を与えるという意味の転換動詞もあります。類例としては，skin（皮をはぐ），shell（殻/さやをむく），milk（ミルクを搾り出す）などがあります。これらのもとになっている名詞には目的は想定できませんが，私たちの常識として，これらの物体は本来何かの一部であったり，何かに付着しているもので，これらを分離することが人間の役に立つといった類のものです。たとえば，それぞれ (9) のような場合，peanut の一部である shell や cow の体内にある milk についてそれらを取り除くあるいは取り出す行為が我々の日常において意味のある行為であることを知っているからこそ，これらの転換動詞が問題なく使用されるのでしょう。

(9) a. Mary shelled the peanuts. (メアリはピーナッツの殻をむいた)
　　b. John milked the cow. 　　 (ジョンは牛の搾乳をした)

　同じ milk でもコーヒーを目的語として milk coffee と言った場合には，(1c) の butter と同じように「コーヒーにミルクを入れる」という正反対の意味に解釈されることからもわかるように，我々の生活において意味のある行為については，共起する目的語によって，異なる解釈がなされる場合があるのですが，その解釈は常に，もとになる名詞に関する百科事典的な情報が基盤になっていると考えられます。(ただし，アメリカ人に聞いてみると，この用法はおそらく (9b) の意味での動詞 milk が定着していることが原因であまり使われないようです。)
　この他，人の役割や役職を表す名詞からの転換動詞も道具名詞の類例として考えることができます。

(10) a.　A Japanese refereed the game.（日本人がその試合の審判を務めた）
　　 b.　John is tutoring the boys.（ジョンは少年たちの指導をしている）
　　 c.　Mary nursed her husband back to health.
　　　　（メアリは夫の看病をして健康を回復させた）

　これらの人を表す名詞が動詞として用いられる場合には，その機能や役割を記述する目的クオリアが利用されていると考えられます。たとえば，refereeなら「試合や論文の審判・審査をする」という情報があるので，これを利用して，【行為 AS REFEREE】のように表される転換動詞が作られているのです。(10c) の例からもわかるように，必ずしも主語がもとの名詞が表す職業や役割を恒常的にもつ人であるとは限らず，単にその役割として（=AS）行動するという意味で用いられる場合も多いので，このような LCS はその解釈を適切に示すものと言えるでしょう。動物を表す名詞からの転換動詞では，He pigged out on pizza.（彼は豚のようにピザをむさぼり食った）のように，動物の習性や特徴に注目して「～のように振舞う」という意味の動詞が作られている例が多く見つかります（fox, wolf, dog, etc.）。物の習性や特徴は目的クオリアに記される情報だと考えられますが，これを利用して作られた動詞の意味としては，上と同じ【行為 AS PIG/FOX/...】を想定することができます。
　これ以外にも，転換動詞には (11) に示すように多様な意味のものが存在します。

(11) a.　powder the aspirin, pile the money, loop the rope, cash the check
　　　　（目的語を～にする）
　　 b.　summer in Paris, winter in California, weekend at the cabin
　　　　（～を過ごす）
　　 c.　pup, whelp, foal（～（動物の赤ちゃん）を生む）
　　 d.　rain, snow, hail（～（雨，雪，霰）が降る）
　　 e.　lunch (on a hotdog)（（ホットドッグで）昼食をとる）

いずれの場合ももとの名詞が表す物体についての百科事典的な知識や話者の

間で共有されている様々な情報が基盤となって動詞が作られているという点では共通していますが、これらはほとんど辞書に記載されているものに限られていて、どんどん新しく生み出されるものではありません。先述の通り、(5) に示した名詞が目的クオリアなどに LCS を含んでいるような場合は、それをそのまま利用して簡単に動詞概念が作られるため、新たに転換動詞を作りやすいと考えられます。いっぽう、たとえば、cash や summer という名詞のクオリア構造のどこを見ても「換金する」「時間を過ごす」といった意味は見当たりません。(11a)(11b) のように the check という目的語や、in Paris といった場所句と共起することによってその意味が始めて確定できるのです。このように考えれば、生産性の高い転換動詞のタイプがどのような名詞からどのような動詞を作り出すものであるかを説明することができるのです。

5.4. 転換動詞の用法と語用論的意味

　前の節では、転換動詞の意味構造がもとの名詞のクオリア構造に含まれる動詞概念を利用して作られることを見てきました。ここで注意しておきたい点が二つあります。まず、転換動詞の意味構造に代入されている名詞概念は、名詞そのものとは異なり、もはや外界に存在する物を指示する機能がないということです。たとえば、mop the floor という場合の mop はどれか特定のモップを指すということはありません。これは、dog と food を結合して dog food という複合語を作った場合、たとえば自分の飼い犬のような特定の dog の食べ物を表すということができないのと同じことです (2.1.6. 参照)。第二には (3) や (6) に表した意味構造は転換動詞の意味の原型を表しているだけで、実際の使用においては、代入された名詞概念は元の意味とは異なる解釈がなされることがあるということです。わかりやすい例をあげれば、動詞 ship は本来 ship (「船」) を手段とした輸送を表すもので、【移動 BY $_{SHIP}$】のような意味をもつと考えられますが、現在では鉄道やトラック、飛行機による輸送をも表すようになっています。これは転換動詞が〈語彙化〉(2.1.2. 参照) した結果 SHIP の意味に拡張が起こっていることによります。

　このように、動詞に転換した名詞はもとの名詞が表す物体を指し示すこと

ができないため，その名詞が表す物体を具体的に表したい場合や実世界の物に特定したい場合には，それに対応する名詞概念を文中に表出することがあります。

(12) a.　She combed her hair <u>with her fingers.</u>
　　　　（彼女は手櫛で髪をとかした）
　　b.　They ship goods <u>by express train</u>.
　　　　（彼らは貨物を急行列車で輸送する）
(13) a.　*She combed her hair with a comb.
　　b.　*She combed her hair with something.

　たとえば (12) では，道具や手段を表す名詞が動詞の意味構造に代入されているにもかかわらず，下線部分に with や by を伴った道具や手段を表す句が文中にも表されています。これは，(13a) に示すようにもとの名詞と同一物を表すならダブって表すことはできない要素ですが，転換動詞が語彙化した結果，代入したもとの名詞概念がもはや comb や ship を表さなくても容認されるようになっているがゆえに可能なのです。影山 (1997, 1999) は，このような意味構造内にすでに存在する要素をさらに補足する目的で文中に表現したものを〈外部表示〉と呼んでいます。興味深いことに Jackendoff (1990: 165) も述べる通り，これらの外部表示の表現形式は，意味構造内（LCS）での位置づけを反映していると考えられます。つまり，外部表示が with や by を伴うことは，意味構造でその名詞概念が道具または手段として位置づけられていることの証拠となると考えられるのです。
　同じ論理で (14) を説明すれば，butter の転換動詞の意味構造には，butter が目的語としてではなく，(14c) のように WITH で表されるような要素として代入されているということになります。

(14) a.　We buttered the bread with cheap margarine.
　　　　　　　　　　　　　　　　　　　(Jackendoff 1990: 164)

b. *We buttered cheap margarine on the bread.
    (私たちはパンに安物のマーガリンを塗った)
c. 【行為 ON bread】→【変化】+【状態 WITH $_{BUTTER}$】
    「パンに働きかける」   「パンにバター風味が付いている」

　このように分析すると，転換動詞の意味構造においてもとの名詞は大抵 WITH や BY を伴った付加詞として代入されていることがわかります。影山 (1997) では，もとの名詞が動詞の中核的意味を決定する主語や目的語といった項として代入されることはなく，あくまでも付加詞として代入されて動詞の意味構造は作られているという一般化を示しています。ただし，(11) のような例を見ると，この一般化だけでは捉えられない事実もあり，さらなる検討が必要です。

5.5. 転換動詞の用法

　この節では，名詞からの転換で作られた動詞が自動詞になるのか他動詞になるのか，またどのような補語をとるのか，といった統語的性質がどのように決定されているのかという問題について考えてみましょう。
　この問題は，3章で述べたように，動詞の統語的性質が動詞の意味構造を表す LCS を基盤として決定されているという仮説に従えば，おのずと解決が見出せるでしょう。すなわち，前節で示したようにもとの名詞のクオリア構造から転換動詞の意味構造を導くメカニズムさえあれば，その意味構造を基盤として動詞の自他や項構造が決定できるのです。たとえば，(5)(6) のうち mop, net, chain, saw は何かに作用する行為を表すので他動詞となり，bike は【移動】の意味構造をもち，人間が移動することが目的とされているので，行き先を表す場所句（to 句）をとる自動詞となりますが，ship は同じ移動の手段でも貨物の輸送も目的として重要な情報ですから，to 句以外に輸送する物体を目的語としてとることもできることが正しく予測できます。
　さらに，転換動詞を LCS によって表すことで，動詞のアスペクトも正しく予測することができます。たとえば，bike や mop はそれぞれ【移動】と

【行為】を表す LCS をもつ転換動詞であり，そこに結果含意がありませんから，活動動詞としてのアスペクト素性を示しますが，bottle, butter など結果状態を含む LCS をもつ場合は達成動詞としての性質を示すことが容易に説明できるのです。

5.6. 日本語との比較

　最後に日本語で名詞を転換して動詞を作る語形成がないのか，考えてみましょう。日本語では，形態的制限によって名詞をそのまま動詞として使うことができませんから，〈軽動詞（light verb）〉と呼ばれる意味内容をほとんどもたない動詞「する」と結合したり，少し名詞を短縮したうえで「-る」のみを結合して動詞を作ります。ただし，(15) のようなものは，もとの名詞そのものが (15b) に示すように「～時間」といった出来事を修飾する表現と共起できることから，名詞がもともと出来事の意味を表しており，本当の意味での名詞から動詞への転換にはあたりません。

(15) a.　報告する，電話する，料理する，お茶する，コピーする
　　 b.　3 時間に及ぶ電話，30 分の報告，コピーに 1 時間かかった

　これに対して (16) のもとになっている名詞には (17) に示すようにこれらの修飾語はなじまず，これらが物体の名前を表す名詞であることがわかります。

(16) a.　（ご飯に）ラップする，メールする，涙する，（額に）汗する
　　 b.　タクる（タクシーで移動する），スタバる（スターバックスでお茶をする），メモる（メモにとる）
(17) a.　*1 分のメールを送った。
　　 b.　*1 時間の汗の後…　（cf. 1 時間汗を流した後…）
　　 c.　*10 分のラップ，*1 時間のメモ

さて，日本語の場合，英語に見られたような生産性の違いについての傾向，すなわち，道具のように何らかの目的が明確に記述できるような物体を表す名詞の方が動詞を作りやすい，といったことはないようです。たとえば，Tsujimura and Davis (2011) の観察によれば，特に若者ことばにおいては，「-る」と結合して動詞を作る名詞が表すものは実に多様性に富んでおり，擬声語や擬態語（〈オノマトペ〉）さえも生産的に「-る」との結合が見られます。状態を表す動詞は作ることができませんし，「ピンポン」からは「ピンる」がOK でも「*ピンポンる」は認めないなど，意味的・音韻的な制限はあるようですが，コンテクストの助けを借りてあらゆる名詞から動詞を作ることができるということです。

(18) a. コクる（告白する），テロる（テロが起こる），ジャズる（さわぐ），オケる（カラオケで歌う），カンコる（閑古鳥が鳴く），マクる（マクドナルドに行く）
　　 b. ぐずる（ぐずぐず言う），ちびる，にこる（にこにこ笑う），ブルる（携帯電話のマナーモードが鳴る）

　しかしながら，日本語のこれらの動詞の意味がどのように解釈されるかについては，英語の転換動詞と同様に，5.3. で示したようなもとの名詞のクオリア構造がその意味の情報源となっていると言えるでしょう。「タクる」などは，英語の bike と同様に「タクシー」の目的クオリアに記述されている移動の意味構造が利用されています。また，(18b) のオノマトペから作られている動詞の場合は，そのオノマトペがどのような行為や活動の描写に用いられるものかについての世界知識が利用されていると考えられるでしょう。
　ここで，面白いのは，「涙する」という動詞の用い方です。「涙」は動物の目から流れ出る液体ですが，人間については，特に「何かによって感情に変化が起こった」ことが原因で流れ出るという情報が重要ではないでしょうか。これは，クオリア構造でいえば，主体クオリアに記載されていると考えられます。「涙する」が，(19b) のように物理的な原因で涙を流すことには用いられないのは，この情報と合致しないからであり，この動詞が「涙」の主体

クオリアを利用して作られた動詞であることを証明するものと言えるでしょう。

(19) a. 選手たちの全力投球のプレイに涙した。
　　 b. ＊玉ねぎを切って涙した。

　このように，日本語の「名詞＋する」「名詞＋る」という形の動詞も，名詞のクオリア構造に含まれる情報をもとにして意味構造が形成され，それを基盤として用法も決定されていると考えられます。

 考えてみよう

◆次の英語の名詞が動詞に転換される場合，どのような意味になり，どのように用いられるか調べてみましょう。
　　　fork, rocket, water, cube, dog

◆「ググる」は他動詞，「マクる」は自動詞として使われるのはなぜか，その理由を説明してみましょう。

◆(ia)(iia)に示すように house や church から (ib)(iib) のようにそれらが項として解釈されるような意味を表す動詞を作ることはできません。その理由を考えてみましょう。
　(i) a. ＊They housed on the hill. （彼らはその丘に家を建てた）
　　 b. They built houses on the hill.
　(ii) a. ＊She churched her money. (cf. She banked her money.)
　　 b. She gave her money to the church.

さらに深く知りたい人に

影山太郎 (1999)『形態論と意味』くろしお出版.
　転換動詞の意味を概念構造によって表す分析が，第6章に示されている。
由本陽子・影山太郎 (2011)「名詞が動詞に変わるとき」影山太郎 (編)『日英対照：名詞の意味と構文』第7章，pp.178–207. 大修館書店.
　特に英語の転換動詞の形成メカニズムと作られた動詞の性質について詳しい説明がある。
由本陽子 (2011)『レキシコンに潜む文法とダイナミズム』開拓社.
　名詞のクオリア構造から転換動詞の意味を導く入門者向けの分析が第7章に示されている。

コラム3　日本語動詞の形態素分析

　日本語の動詞は，活用の種類によって，五段活用動詞と一段活用動詞の2種類に分けられます。（このほか，「する」，「来る」などの不規則な活用をする少数の語があります。）活用する語において，活用で変化しない部分を〈語幹〉と呼びます。2種類の活用の動詞で，どの部分が語幹であるか，見てみましょう。（変化しない部分に下線を引いてあります。）

	五段活用動詞	一段活用動詞
	飲む	食べる
未然	noma(nai)	tabe(nai)
連用	nomi(masu)	tabe(masu)
終止	nomu	taberu
仮定	nome(ba)	tabere(ba)
命令	nome	tabero

　変化しない部分は，五段活用の「飲む」ではnom，一段活用の「食べる」ではtabeであることがわかります。五段活用動詞は語幹が子音で終わるので，〈子音動詞〉，一段活用動詞は語幹が母音で終わるので，〈母音動詞〉と呼ばれることもあります。

　子音動詞は，「書く（kak），貸す（kas），立つ（tat），死ぬ（sin），飲む（nom），取る（tor），買う（kaw）」というように，様々な子音で終わる語があります。いっぽう，母音動詞の方は，「見る（mi），落ちる（oti），食べる（tabe），止める（tome）」のように，語幹末の母音はiとeの二通りしかありません。また，終止形のruの部分は活用語尾なので，母音動詞の終止形（辞書形）の語末はiru, eruのいずれかの形となります。子音動詞にも「握る，蹴る」のようにiru, eruで終わるものがありますが、この場合は，nigir, kerが語幹で，uが活用語尾です。終止形が同じで活用が異なるペア（「着る／切る」「寝る／練る」など）も存在します（cf. 着ない vs. 切らない，寝ない vs. 練らない）。

名詞や外来語（の一部），オノマトペなどから「事故る」「ググる」「バズる」などの新語の動詞が作られることがあります（5.2. 参照）。「ポチる」「オケる」などは，終止形を見ると iru, eru で終わるので，一段活用と五段活用，どちらの可能性もありそうですが，実際にはこのような新語動詞は五段活用になります（ポチった，ポチらない／*ポチた，*ポチない；オケった，オケらない／*オケた，*オケない）。これらは，「ポチ」「オケ」などの基体に動詞を作る接尾辞 -r が付加されて動詞語幹ができるので，-r までが語幹に含まれるため，子音動詞となるのです。

　受身形やサセ使役形は，この２種類の語幹に一定の接辞が付加すると考えると説明力のある分析ができます。学校文法では，受身形は，動詞の未然形に五段活用の動詞では「れる」が付き，一段活用の動詞には「られる」が付くと考えられています。しかし，このような分析では，なぜ活用形の違いによって異なるのか，なぜ逆の選択（五段活用動詞に「られる」が，一段活用動詞に「れる」が付く選択）は許されないのか，説明ができません。しかも，サセ使役形でも同様の選択が観察され，五段活用の動詞には「せる」が，一段活用の動詞には「させる」が付き，逆の選択は許されませんので，この選択のパターンは偶然であるとは考えにくいのです。

	五段活用動詞	一段活用動詞
受身（れる／られる）	書かれる／*書かられる	*食べれる／食べられる
使役（せる／させる）	書かせる／*書かさせる	*食べせる／食べさせる

　これに対して，受身の接辞を -(r)are，サセ使役の接辞を -(s)ase と考え，これが語幹に接続すると分析すれば，接辞の形の選択は，日本語では子音の連続が許されないという一般的な制約により，子音動詞には -are, -ase が付加され，母音動詞では子音の連続が生じないので -rare, -sase が付加されると説明できます。つまり，kak-rare, kak-sase という，子音の連続が許されないので，kak-are, kak-ase という形が選択されると考えることになり，明確な理由のある選択だということになるのです。

6章　形容詞の性質と形容詞から作られる動詞

> 次のうち，より自然な表現はどちらでしょうか。
> また，それはなぜでしょうか。
> ①　a) 人気が高まる　　b) 天井が高まる
> ②　a) ボーナスをうれしがる　　b) ボーナスを少ながる

【キーワード】接辞，一時的状態，属性，段階性，形容詞由来動詞，状態変化，自他交替，主観性

6.1. 形容詞が表す状態の意味特性

　上の設問の「高まる」や「うれしがる」は，形容詞「高い」と「うれしい」から作られた動詞です。形容詞と動詞はどこが違うのでしょうか。日本語には「高い」のように活用をする形容詞と，「静か」のように活用をせずに「だ」をともなって述語を作る形容名詞があります（1章参照）。（以下，本章では，特に記載がない場合は，形容詞と形容名詞の両方を「形容詞」と呼びます。）活用する形容詞の現在形は「-い」で終わり，動詞とは異なる活用形をもちます。

（1）形容詞：高い，高かった，高くない，高ければ
　　　動詞：高まる，高まった，高まらない，高まれば

　次に，意味について見てみると，形容詞は基本的に人や物の状態を表すのに対して，動詞は行為や出来事を表します。動詞にも have や resemble など状態を表すものがありますが（3.3. 参照），少数にすぎません。上の例でも，「高い」は状態を表すのに対して，「高まる」は「高い状態に変化する」とい

う出来事を表します。

　形容詞が表す状態にはどのような種類があるのでしょうか。本章では，形容詞が関わる語形成について述べますが，まず形容詞が表す状態の意味について主な特徴を見ましょう。

6.1.1. 一時的状態と属性の違い

　形容詞が表す状態は，時間が限定される〈一時的状態〉と，時間と共に変化しない〈属性〉とに大きく分けられます。たとえば次の例を見てください。

（2）a.　ジョンは忙しい。
　　　b.　ジョンは賢い。

「ジョンが忙しい」というのは，一時的な状態であって，今日忙しいからといって，明日も忙しいかどうかはわかりません。一時的であることを強調したければ，「今は忙しい」ということもできます。それに対して，「ジョンが賢い」というのは，今もこれからも基本的に変わらないジョンの性質なので，「今，ジョンは賢い」と言うためには，一時的な賢さを可能にする特殊な文脈を必要とします。このように，「忙しい」が表すような一時的状態と「賢い」のように時間と共に簡単に変化しない属性が，区別できます。属性は，ジョンという人間を他の人間と比べたときに見られる特徴なので，それを表す述語を〈個体レベル述語（individual-level predicate）〉と呼び，ジョンの時間で区切られた側面に見られる一時的状態を表す述語を〈場面レベル述語（stage-level predicate）〉と呼ぶこともあります（Carlson 1977 など）。次にそれぞれの代表的な形容詞の例をあげます。

（3）a.　一時的状態
　　　　　忙しい，うるさい，眠い，痛い，うれしい，つらい，欲しい
　　　　　available, hungry, sleepy, busy, awake, sober, tired, present
　　　b.　属性
　　　　　賢い，優しい，腹黒い，面白い，正しい，美しい，丸い

intelligent, kind, tall, big, beautiful, interesting

ただし，同じ形容詞でも，それが含まれる文の主語や文脈によってどちらを表すかが異なる場合もあります。

（4）a.　今，この俳優は人気が高い。
　　　b.　*今，この部屋は天井が高い。

（4a）の人気が高い状態というのは時間と共に変化しますが，（4b）の天井の高さは，通常は時間と共に変化することはありません。このように一時的状態か属性かという区別は，形容詞だけでは決まらないこともあるので，注意が必要です。

6.1.2.　段階性と極限値

次に，形容詞の意味に含まれる重要な概念の一つとして〈段階性（gradability）〉（〈尺度性〉ともいう）があります。形容詞の中で段階性をもつものは，それが表す性質に程度の大小が見られるため，「とても」や「少し」など程度を表す副詞で修飾したり（「とても優しい」），程度を比較する構文（John is taller than Bill.）に現れることができます。多くの形容詞は（5）に例示するように段階性をもちますが，中には（6）のように段階性をもたない形容詞もあり，程度を表す副詞を付けると不自然な表現になります。（これらは，日本語では形容名詞に限られる傾向があります。）

（5）a.　very cold, a little warm, less happy, more difficult
　　　b.　とても大きい，すごく暗い，もっと遠い，よりむずかしい
（6）a.　*very impossible, *a little available, *more dead
　　　b.　*とても完全だ，*少しまっ平らだ，*もっと不可能だ

さらに，形容詞が表す性質は，ある一定の限度以上にはならない，つまり極限値をもつ場合と，限度なしに値が変化する場合との2種類に分けられま

す（Hay et al. 1999）。

（7） a.　極限値あり： empty, full, flat, dry, dark, stable
　　　　　　　　　　　 静か，平ら，新しい，暗い
　　　 b.　極限値なし： long, short, fast, slow, wide, narrow, cool
　　　　　　　　　　　 大きい，高い，厚い，寒い，小さい，速い

（7a）の empty は完全に空っぽになればそれが限界で，それ以上になることは考えられませんが，（7b）の長さ（long），速さ（fast），温度（cool）などは，たとえば，非常に長い線や非常に速い乗り物があったとしても，それ以上は長くまたは速くならないという限界を示すことはできません。この違いは，（8）に示すように completely や「完全に」という副詞と自然に共起できるかによって区別できます。

（8） a.　The tank is completely empty.
　　　　　　completely full, completely flat, completely stable
　　　 b.　聴衆は完全に静かになった。
　　　　　　完全に平らな面，完全に暗い状態
　　　 c.　*The soup is completely cool.
　　　　　　*completely short, *completely fast, *completely wide
　　　 d.　*この箱は完全に大きい。
　　　　　　*完全に速い，*完全に寒い，*完全に広い

つまり，completely や「完全に」と共起できる形容詞（8a）（8b）は極限値をもつのに対して，共起できない形容詞（8c）（8d）は極限値をもたないと言えます。

　この極限値の有無という意味的な特徴は，日本語の「真-」という接辞を付加できるかどうかに関わります。「真-」（無声子音の前では「真っ-」になることもある）は，主に名詞に付く接頭辞ですが（e.g., 真水，真冬，真昼），少数の形容詞にも付きます。さらに，「真-」は，同じ意味カテゴリーに属する

語でも付加することができたりできなかったりします。

(9) a. 色：真っ赤，真っ白，真っ青，真緑／*真紫，*真桃色，*真鼠色
　　 b. 時間：真昼，真夜中，真っ最中，真夏，真冬／*真朝，*真春
　　 c. 属性：真新しい，真っ暗，真っ平ら，真正直／*真古い，*真明るい，*真っ賢い，*真斜め

　これらの対比から，「真-」が名詞や形容詞に付くと，「完全に～である」という意味になることがわかります。本章で見てきた形容詞の特徴に基づき，「真-」を付加することができる形容詞は，その段階性に極限値，つまり上限をもつものという一般化ができます。たとえば，「新しい」という属性には「発生と同時」もしくは「全くの未使用」という上限があるので「真新しい」はまさにその状態を指しますが，「古い」には上限がありません。つまり，過去にさかのぼってこれ以上古くはなれないというポイントは存在しないため，「*真古い」とは言えないのです。同じことが「真っ暗」と「*真明るい」や「真っ平ら」と「*真斜め」の対比についても言えます。

6.2. 形容詞をもとに作られる状態変化の動詞

　形容詞から作られる動詞を〈形容詞由来動詞（deadjectival verb）〉と呼びます。英語の形容詞由来動詞には，次のように接辞なしで品詞が変わる〈転換〉（5章参照）によるのものと，-en や -ify, -ize, en- などの接辞付加によるものとがあります。

(10) a. 転換：clear, empty, narrow, quiet, slow, thin, dry
　　 b. -en: brighten, darken, deepen, lighten, quicken, redden, sweeten, thicken
　　 c. -ify: justify, humidify, purify, simplify, solidify
　　 d. -ize: formalize, internationalize, legalize, modernize
　　 e. en-: enrich, enlarge, ennoble, enbitter

英語には（10）のような形容詞由来動詞が多く存在します。また，少数ですが，形容詞の比較級の形がもとになった動詞（lower, better, worsen）や，形容詞由来名詞が接辞によって動詞となる場合（heighten, lengthen）も見られます。

いっぽう，日本語では（10）に対応するような形容詞由来動詞は英語に比べて少数で，一部の形容詞の〈語幹〉（活用語尾の「-い」を除いた部分）に「-まる，-める」という接辞を付加して（11a）（11b）の「高まる，高める」のような動詞を作ることができ，前者は語幹が子音で終わる動詞（taka-mar）で五段活用，後者は母音で終わる動詞（taka-me）で一段活用をします（コラム3参照）。さらに，和語以外では，一字の漢字から成る拘束形態素で形容詞的な意味を表すものや，形容名詞として使われる漢語や外来語に「-化」という接辞を付加して，比較的自由に動名詞を作ることができます。

(11) a. －まる：高まる，深まる，固まる，早まる，丸まる，弱まる，強まる，広まる
 b. －める：高める，深める，固める，早める，丸める，弱める，強める，広める
 c. －化：強化，悪化，深化，俗化，多様化，正常化，単純化，グローバル化，スリム化，カジュアル化

これらの形容詞由来動詞に共通して見られる意味的な特徴は，もとになる形容詞が表す状態や属性に変化する，あるいは変化させるという〈状態変化〉を表すということです。次の形容詞 empty をもとにした転換動詞 empty を含む例文を見てください。

(12) a. The bathtub is empty.（形容詞）
 b. John emptied the bathtub.（他動詞）
 c. The bathtub emptied.（自動詞）

形容詞由来動詞 empty は，(12b) では「空の状態（empty）にする」という

意味，(12c) では「空の状態 (empty) になる」という意味を表します。形容詞に接辞を付加してできる動詞（darken, simplify, modernize など）も，やはり形容詞が表す状態に変化する（させる）という意味をもちます。同様に，日本語でも (13) の形容詞由来動詞「弱まる／弱める」は，「弱い」という状態に変化する，または変化させることを表します。

(13) a.　テレビの音量が弱まる。
　　　b.　テレビの音量を弱める。

　この状態変化という形容詞由来動詞の意味の特徴には，もとになる形容詞の性質や解釈が大きく関わっています。英語では多くの形容詞から動詞が作られますが，Dixon (1982) によると，物理的な特徴，つまり温度や色などを表す形容詞 (cool, green など) は動詞になりやすく，人間の性質を表す形容詞 (proud, modest など) は動詞になりにくいとされています。温度や色などは時間と共に変化しやすいことが多いため，そのような意味を表す形容詞が状態変化を表す動詞になりやすく，人間の性質で proud（誇り高い）のように時間と共に変化しにくい属性は，動詞になりにくいと考えられます。この「時間と共に変化する／しない」という特徴は，6.1.1. で見た一時的状態と属性の違いにあたります。つまり，一時的状態を表す形容詞は動詞になりやすく，属性を表す形容詞は動詞になりにくいという傾向が見られます（Levin and Rappaport Hovav 1995: 96）。たとえば，fat（太っている）という形容詞には接辞 -en が付加された fatten（太る）という動詞がありますが，同じく身体的特徴を表す tall の場合は，「身長が高くなる」という意味の形容詞由来動詞 tall/tallen は存在しません。この違いは，体重は変化しやすいので一時的状態と認識されるのに対して，身長は少なくとも大人の場合は変化しないので，tall という形容詞が一般に属性と見なされるためと説明できます。
　冒頭の設問の例文①における「高まる」の a と b での容認性の違いも，これと同じ理由によって説明できます。6.1.1. の (4a)(4b) でも述べたように，「人気が高い」は時間と共に変化する性質なので一時的状態ですが，「天井が高い」は属性と捉えられます。そのため，一時的状態の「高い」を動詞にし

て「人気が高まる」とは言えるのに対して，属性の「高い」をもとにした動詞を含む「! 天井が高まる」という表現は不自然になるのです．

6.3. 形容詞由来動詞の意味と自他交替

6.3.1. 英語の形容詞由来動詞のLCS

形容詞と形容詞由来動詞の関係は，LCSを使うことによって明確に示すことができます（LCSの詳細は3章参照）．まず他動詞 stabilize の例を見ましょう．

(14) a. The doctor stabilized the patient's condition.
　　 b. [[x ACT-ON y] CAUSE [y BECOME [y BE AT- STABLE]]]
　　　　（x: the doctor, y: the patient's condition）

(14a) の例文の意味は (14b) のLCSのように表すことができます．動詞 stabilize が表す「安定化させる」という意味は，(14b) に破線で示した [x ACT-ON y] という医者（x）による患者の病状（y）への働きかけと，下線で示した患者の病状（y）の状態変化（[y BECOME [y BE AT- STABLE]]）という二つの部分から成り，それらは，前者が後者を引き起こす（CAUSE）という因果関係をもちます．つまり，(14b) のLCSは医者が患者の病状に働きかけることによって患者の病状が安定するという意味を表し，動詞 stabilize は3章で見た〈達成動詞〉に分類されます．このLCSでは，形容詞 stable が動詞のLCS内の結果状態（[y BE AT- STABLE]）を特定する定項として挿入されるのに対して，接辞である -ize は「ある結果状態にする」という達成動詞全体の意味を表し，両者が合わさって達成動詞としての stabilize の意味が構成されることがわかります．これは，(10b)(10c)(10e) にあげた他の接辞（-en, -ify, en-）によって派生される形容詞由来動詞についても同様にあてはまりますし，(10a) の接辞によらない clear, slow などの動詞も同じ意味特徴をもちます．(14b) のようなLCS表記によって，これらの形容詞由来動詞が同じ達成動詞のふるまいをすることが捉えられるわけです．

さて，stabilize は（15a）に示すように，〈自他交替〉（3.3. 参照）によって自動詞としての用法ももち，その LCS は次のようになります。

(15) a.　The patient's condition stabilized.
　　 b.　[y BECOME [y BE AT- STABLE]]
　　　　 (y: the patient's condition)

（15b）の LCS は，（14b）の他動詞 stabilize の LCS の下線部分，つまり状態変化を表す部分に相当するので，形容詞 stable は自動詞 stabilize においても他動詞の場合とまったく同じように定項として結果状態を特定し，（15a）が「患者の病状が安定する」という状態変化を表すことを示します。動詞の自他交替には形態的変化がある場合とない場合がありますが，英語の形容詞由来動詞では同じ形が用いられます。
　このように，形容詞由来動詞の意味を LCS で表記することで，形容詞に -ize を付加するという形態的な操作が形容詞から動詞を派生するという品詞の変化のみならず，動詞化接辞の -ize が状態変化の意味を担い，基体である形容詞の意味が LCS に組み込まれて派生動詞が表す変化の結果状態を表すという，派生動詞の意味の成り立ちを予測することができます。これは語形成の分析に LCS を用いる利点だと言えます。
　ここで見た形容詞由来動詞の自動詞と他動詞が同形で表されるという英語の特徴は，3.3. で見たように単純動詞の melt や break などにも見られ，他動詞が達成動詞，自動詞が到達動詞である点もよく似ています。3.3. ではそれらの動詞の自他交替形のうちどちらを基本とするかは議論が分かれると述べた上で，他動詞を基本とする考え方を紹介しました。形容詞由来動詞の自他交替には，(14) のような他動詞の LCS が基本であることを示唆する証拠が見られます。それは，形容詞由来動詞には，下の (16) のように他動詞と自動詞の両方の用法をもつもの，あるいは (17) に示すように他動詞としての用法が優勢で自動詞としてはあまり使われないものが多く存在するいっぽうで，自動詞のみの用法をもつ形容詞由来動詞は見つからないという事実です。これは，普通の動詞の自他交替では，arrive や die のように自動詞用法のみの

状態変化を表す動詞が存在するのとは，対照的だと言えます（影山 1996）。

(16) a. John dried his hair.
　　 b. His hair dried.
　　 c. ［自他両方］lower, slow, dry, cool, brighten, deepen, quicken, widen, worsen, purify, solidify

(17) a. John perfected his driving technique.
　　 b. *John's driving technique perfected.
　　 c. The State of California legalized marijuana.
　　 d. *Marijuana legalized in California.
　　 e. ［他動詞が優勢］busy, blind, humble, ready, gladden, sadden, simplify, formalize, legalize

　自他両用の (16) と他動詞用法のみの (17) の違いを説明するための重要なポイントは，3.3. で open の自他交替の要因としてあげた〈自発的変化〉という特徴です。つまり，(16c) の動詞が表す変化は，たとえば (16b) の dry の場合の，髪が乾くという変化のように，対象の性質から自然に起きうると認識されるものです。それに対して，(17) の動詞が表す変化は，外的な力が加わらなければ起こらないと認識される変化だと言えます。たとえば (17a) では，運転技術を完璧にする (perfect) には行為者が必要で，技術が自然に完璧になることはありえません。このような場合には (17b) のように自動詞として使えないわけです。英語の形容詞由来動詞は，このように他動詞が基本であると言えます。（自発変化を LCS で記述する方法については，影山（1996）を参照。）

6.3.2. 日本語の形容詞由来動詞の自動詞と他動詞の交替

　日本語の形容詞由来動詞は，6.2. で見たように英語ほど数が多くないものの，「高まる／高める」のように自動詞と他動詞の区別が接辞「−まる／−める」によって標示されます。これらの動詞も英語の形容詞由来動詞と同じく「（形容詞が表す状態）になる／する」という意味を表しますが，その自他交

替には，(16)(17)で見た英語の場合とは異なる意味特徴を示す，次のようなものが含まれます（杉岡 2002）。

まず，形容詞「早い」と「狭い」から派生した他動詞と自動詞の例を見ましょう。

(18) a.　議長が会議の日程を早めた。
　　 b.　会議の日程が早まった。
(19) a.　市当局が地下鉄工事のために道路の幅を狭めた。
　　 b.　地下鉄工事のために道路の幅が狭まった。

(18a)と(19a)の他動詞は，動作主などの外的要因の働きかけによる状態変化を表します。(18b)と(19b)は自動詞ですが，自然に起きた自発的な変化ではなく，行為者によって外からもたらされた変化を表します。つまり，「会議の日程が早まった」のは「早めた」結果だと言えます。そのため，(18b)と(19b)は「日程が早められた」「道路の幅が狭められた」という受身文と意味があまり変わりません。同様の特徴は，次のような状態変化動詞の自動詞と他動詞の交替にも見られます。

(20) a.　学生が街頭で募金を集めた。
　　 b.　募金が集まった。

(20b)の文では，募金は集める人の働きがなければ集まらないので，自動詞「集まる」は動作主が引き起こした変化であるということを示唆します。

これに対して，同じ「-まる」が付く形容詞由来動詞には，より自発的な変化を表すものもあります。次の例は，自然に起こる変化，あるいはそう認識されたものを表します。

(21) a.　風がゆっくりと弱まった。
　　 b.　ローソクが消えて夜の闇が深まった。

これらの自動詞文に対して，(22) のように動作主や外的要因を主語にした他動詞文は容認されません。

(22) a. *高気圧が張り出して風を弱めた。
　　 b. *彼はローソクを消して夜の闇を深めた。

つまり，自発的な変化を表す自動詞は，動作主や外的要因を主語とする状態変化の他動詞との一般的な自他交替を示さないわけです。
　そのいっぽうで，中には (21) の自動詞文に対応する他動詞文が可能なケースがあります。

(23) a. 　風が徐々に勢いを弱めた。
　　 b. 　夜がその闇をいちだんと深めた。

このタイプの他動詞文の特徴としては，まず (23) が「風の勢いが弱まった」「夜の闇が深まった」という自動詞文と同じ意味を表すことがあげられます。さらに，動詞の目的語（「勢い」や「闇」）は，主語（「風」や「夜」）の一部またはその性質になっていて，多くの場合「X（主語）の Y」（「風の勢い」，「夜の闇」）という表現の Y にあたるものです。したがって，これらの他動詞文では主語と目的語が基本的に同一の対象を指し，「自らを変化させる」という再帰的な意味をもつということができます。それで (21) のような自動詞文が表す自発的な変化と意味が基本的に同じになるのです。対照的に，(19b) のように動作主による変化を示唆する自動詞文に対して，次の(24b) のような再帰的な意味をもつ他動詞文を作ることはできません。

(24) a. 　地下鉄工事のために道路の幅が狭まった。(=19b)
　　 b. *地下鉄工事で道路が幅を狭めた。

　このように，接辞「-まる／-める」が付加されてできる日本語の形容詞由来動詞が表す状態変化には，動作主による変化と自発的な変化の 2 種類が含

まれ，前者（(18)(19)）は他動詞を中心とした自動詞との交替を示すのに対して，後者（(21)(23)）では自動詞を中心とした他動詞との交替が可能であると言えます。

6.4. 形容詞の性質と形容詞由来動詞のアスペクト

3.3. で見たように，die, open, break など状態変化を表す到達動詞が表す事象は，そこで変化が完了するという〈完結性（telicity）〉をもちます。そのため，終結点までの時間を表す副詞句（in ＋時間表現）をとることができるのに対して（e.g., The shop will close in 30 minutes.），事象の継続時間を表す副詞句（for ＋時間表現）は，一般的な文脈では到達動詞と共に現れて変化の継続を表すことはできません（e.g., *He arrived for 3 hours.）。ただし，到達動詞を含む文の中には結果状態の継続時間を表す時間表現が可能な場合もありますが（e.g., The train stopped for 10 minutes. （10 分間停車した））, ここではその解釈は除外して考えます。

それでは，形容詞由来動詞のアスペクトはどうなっているのでしょうか。6.3. で述べたように，形容詞由来動詞は状態変化を表すので，到達動詞 die などと同じ完結性を示すと予測され，実際に次の (25) の die と (26) の empty は for 時間句を取れません。しかし，形容詞由来動詞を含む文には到達動詞と同じアスペクトを示す (26) に加えて，異なるアスペクトを示す (27b) のような例があることが指摘されています（Dowty 1979 など）。

(25) a.　He died in ten minutes.
　　 b.　*He died for ten minutes.
(26) a.　The tank emptied in ten minutes.
　　 b.　*The tank emptied for ten minutes.
(27) a.　The soup cooled in ten minutes.
　　 b.　The soup cooled for ten minutes.

まず，(26) の形容詞由来動詞 empty の場合は，6.3. の (15) で見た stabilize

と同様，もとの形容詞の意味を結果状態とする到達動詞の LCS で表されます。

(28) empty: [y BECOME[y BE AT- EMPTY]]

形容詞 empty は 6.1. の（7）で見たように極限値をもつので，それに由来する動詞 empty の LCS（28）が表す状態変化は「完全に空である（completely empty)」という結果状態が終結点として特定されます。そのため，動詞 empty を含む文が表す事象は完結性をもち，(26a) のように終結点に至るまでの時間を表す時間副詞 in ten minutes で修飾できるのです。さらに，(26b) のように継続を表す時間副詞（for ten minutes: タンクの中身が 10 分間流出し続けたという解釈）は，同じ完結性の理由から一般的な文脈では不自然となります。

　これに対して，形容詞由来動詞 cool を含む（27）では (27b) のように継続時間を表す副詞句 for ten minutes が共起できるのはなぜでしょうか。実は，(27b) で cool が表す状態変化は，cool でない状態から cool である状態に瞬間的になるのではなく，時間の経過と共に起こる段階的な変化，つまり温度が徐々に下がるという変化だと考えられ，Dowty (1979) はこのような動詞を〈段階性到達動詞（degree achievement verb)〉と呼んで一般的な到達動詞と区別しています。さらに，cool という温度を表す形容詞は，6.1. で述べたように極限値をもたず（(8c) 参照），変化の途中における状態（たとえばスープが冷め始めて 5 分後の状態）も cool という形容詞で表せます。これは (26) の完結性をもつ動詞 empty には見られない特徴で，empty が表す状態変化の途中段階，たとえば半分空になった状態は empty という形容詞では表せません。したがって，(27) が表すスープの温度が徐々に下がっていく変化は，状態変化（BECOME）ではなく，一つの地点から別の地点，つまり「より cool な状態」という一定の方向に向かう抽象的かつ継続的な「移動」と考えられ（cf. "continuously changing temperature toward the direction of coolness" Jackendoff 1990: 95），LCS の表記では MOVE という意味述語（3.3. の（12）参照）を使って次のように示すことができます。

(29) cool: [y MOVE [$_{\text{PATH}}$ TOWARD [$_{\text{PROPERTY}}$ COOL]]]

　普通の移動動詞では経路や着点が場所であるのに対して，形容詞由来動詞の場合は，実際に空間移動を表す移動動詞とは違い，属性を表す尺度上の移動なので，(29) ではそれを PROPERTY というラベルで表しています。3.3. では，移動を表す意味述語 MOVE がそれ自体は完結性をもたず，その後に続く前置詞（たとえば TO）によって完結性をもちうることを見ましたが，ここで用いた MOVE は cool で表される状態への一定の方向（PATH）に沿って段階的に変化していく過程を表すため，事象全体は完結性をもちません。そして，普通の移動動詞で Mary walked toward home for ten minutes. のようにその過程において walk という行為が 10 分間続くことを表せるのと同様に，(27b) の cool と継続を表す時間副詞（for ten minutes）が共起できることになります。

　では，(27a) の完結性を表す時間副詞（in ten minutes）と共に現れる cool については，どのように考えればいいでしょうか。これは，本来は極限値をもたない cool のような形容詞も，文脈により一定の温度 α（たとえば室温の 20℃）を終結点と解釈することで説明できます。すると，その α を結果状態とする状態変化の解釈をもち（[y BECOME[y BE AT-$_{\text{COOL}}\alpha$]]），それによって (27a) のように in ten minutes という変化の完結までの時間を表す時間副詞での修飾が可能になるわけです。実際に (27a) の「スープが 10 分で冷めた」という意味の文が使える文脈を考えてみると，「室温，熱くない温度」などの一定の温度まで冷めるという状況を想定した場合に解釈可能になります。

　このように，形容詞由来動詞のアスペクトは 1 種類ではなく，もとの形容詞の段階性における極限値および文脈によって与えられる終結点の有無によって異なり，それを LCS を使うことで区別できます。ただし，形容詞の性質の違いがどのようなメカニズムで異なる LCS に反映されるのかは，今後の研究の課題です。（形容詞由来の段階的変化動詞についての形式意味論を使った詳細な記述については，Kennedy and Levin (2008) を参照。）次の節では，これ以外の形容詞の性質が形容詞由来動詞の可否やふるまいに与える影響について，日本語の例を使って見ていきます。

6.5. 形容詞の特性が派生動詞に与える影響

6.5.1. 接辞「-化」と形容詞が表す状態への価値判断

6.2. の (11c) で見たように，漢語接辞の「-化」は漢語や外来語に付いて状態変化を表す動名詞を作ります。さらに「-化」は「組織化」「アイドル化」のように名詞にも付加できますが，ここでは次のように形容詞的な表現に付く場合を取り上げます。

(30) a. 景気が悪化する。
　　 b. 会長が組織をスリム化した。

これらの例からもわかるように，「-化」が付加されてできた動名詞は「する」をともなってサ変動詞として使われ，これまで見てきた形容詞由来動詞と同じように，もとの形容詞や形容名詞が表す状態への変化を表します。そして，動名詞に付く「する」自体には自動詞と他動詞の区別がないため，「-化する」という形をとる動詞には，自動詞，他動詞，および自他両用の場合があります。

「-化する」が自動詞と他動詞のどちらになるかについては，それが表す変化について自然に起こるものと人為的に起こすもののどちらと認識されているか，すなわち，「-化」が付加する形容詞が表す状態に対する一般の認識や価値判断によるという観察があります（田窪 1986）。つまり，望ましくない状態への変化は，人間の意図に反して起こるので人為的に起こすという他動詞用法が考えにくく，自動詞になる傾向があります。反対に，他動詞は人間が意図的に働きかけて起こすことを表すので，望ましい変化が多いというわけです。この傾向を，実際の例で確かめてみましょう。

(31) a. 望ましくない変化（自動詞のみ）：悪化，激化，劣化，老化，軟弱化，貧弱化，過激化，幼稚化，無気力化，低俗化
　　 b. 景気が悪化する。／*増税が景気を悪化する。　cf. 悪化させる

(32) a. 望ましい変化（他動詞／自動詞）：単純化，自由化，正常化，多様化，簡略化，グローバル化，スリム化
b. 日本と中国が貿易を正常化した。／日中の貿易が正常化した。

(31b)からわかるように「悪化」のような望ましくない方向への変化は自動詞として使われ，外的要因による変化を表す場合は「悪化する」ではなく，「悪化させる」という使役形の動詞を使います。それに対して，(32)に示すように，「正常化」のような良い方向への変化は他動詞で使われ，動詞によっては自他交替（3.3. 参照）によって，自他両用となります。ただし，他動詞が基本でしかも人間の働きかけが関わることが強く意識される状態変化の場合，次のように自動詞としては使えないものもあります。

(33) a. 人為的変化（他動詞）：強化，美化，正当化，理想化，神聖化
b. 政府が戦争を美化した。／*戦争が美化した。cf. 美化された

これらの事実から，特定の変化に対する私たちの認識や価値判断が，「−化」を付加して作られる動詞の自動詞または他動詞の用法を左右していることがうかがえます。

6.5.2. 形容詞の主観性と動詞化接辞「−がる」

ここまでは cool,「高い」,「弱い」など客観的な性質を表す形容詞からの派生動詞を中心に見てきましたが，形容詞には，次の(34a)に例をあげたように話者が内的に知覚・体験している状態（感情や感覚）を表す形容詞，つまり〈主観性（subjectivity）〉をもつものも存在します。「−がる」はこれらの形容詞について(34b)のような動詞を作ります。また，主観性をもつ形容詞の一部には(34c)のように「−む」という接辞が付加されて動詞になるものもありますが，数は少数です。

(34) a. 暑い，悲しい，苦しい，痛い，うるさい，さびしい，なつかしい，もったいない，ほしい，惜しい

b. 暑がる，悲しがる，苦しがる，痛がる，うるさがる，さびしがる，
　　　　なつかしがる，もったいながる，ほしがる，惜しがる
　　　c. 悲しむ，苦しむ，なつかしむ，惜しむ，いとおしむ，あやしむ

接辞「-がる」は，動詞に接辞が付いてできる次のような難易や願望を表す派生形容詞（13.5. 参照）にも付加することができます。

(35) a. 難易形容詞（動詞＋「-にくい」）：
　　　　書きにくい，歩きにくい　→　書きにくがる，歩きにくがる
　　　b. 願望の形容詞（動詞＋「-たい」）：
　　　　行きたい，ほめられたい　→　行きたがる，ほめられたがる

　形容詞・形容名詞への「-がる」の付加の可能性についてより詳しく調べてみると，感情，感覚，判断を表す形容詞と，客観的な属性を表す形容詞で大きく異なることがわかります（杉岡 2009a）。

(36) a. 感情・心理：うれしがる，面白がる，こわがる，嫌がる
　　　b. 生理的感覚：暑がる，痛がる，うるさがる，苦しがる
　　　c. 主観的判断：もったいながる，書きにくがる
　　　d. 大きさや量など：*大きがる，*長がる，*少ながる
　　　e. 客観的判断：*正しがる，*馬鹿がる，*真面目がる

　感覚や感情を表す形容詞は，経験者（3.4. 参照）を項としてとります。接辞「-がる」は，上の例からわかるように経験者が感じる感情や感覚を表出するという意味をもつ動詞を作るので，主観性という意味特徴を有する，つまり経験者の項をとる形容詞を選択すると考えられます。（「-がる」は，「強がる」のように「ある性質をもっているかのようにふるまう」という意味の動詞を作る場合もありますが，ここではそれは除外します。）客観的な性質を表す形容詞の項には経験者が存在しないので，この選択制限によって「高い」「正しい」のような形容詞には（37）に示すように「-がる」を付けると容認

されないことが説明できます。

(37) *天井を高がる。*論文の主張を正しがる。

冒頭の設問の②で「ボーナスをうれしがる」に対して「!ボーナスを少ながる」が不自然なのも，そのためです。また，(35)にあげた「書きにくい」などの難易形容詞と「行きたい」などの願望を表す形容詞の場合は，基体がどのような動詞であっても形容詞全体は主観性をもつので，「-がる」を付けて動詞にすることが可能になります。

　主観性をもつ形容詞の重要な特徴は，主語の人称が限られることです（寺村 1982）。これらの形容詞には(38a)のように話者（1人称）の内的感情を直接的に表すというはたらきがあるため，(38b)のように第三者（3人称）について現在形で使うことは一般的な文脈では不自然で，その場合は(38c)のように推量の「そうだ」，判断の「のだ」，伝聞の「らしい」などの助動詞を付けて，内的感情・感覚を外から見た推測や事実として表現するか，(39)のように「-がる」を付けた動詞を用います。

(38) a.　私はさびしい。私は友達がほしい。
　　 b.　*ジョンはさびしい。*彼は友達がほしい。
　　 c.　ジョンは｛さびしそうだ（ね）／さびしいようだ（ね）｝。
　　　　 彼は友達が｛ほしいんだ／ほしいらしい｝。
(39) a.　生徒達は暑がった。
　　 b.　ジョンはアメリカをなつかしがった。
　　 c.　観客は芝居を面白がった。
　　　　 cf. *私は｛暑がった／なつかしがった／面白がった｝。

　「形容詞＋がる」は，感覚や感情を表出するという意味をもつため，たとえば「暑がる」は，「暑いと感じて暑そうな様子をする」という意味になります。そのため，(39)は3人称の主語が自然に現れ，逆に1人称の主語は不自然になるのです。ちなみに，英語にはこのような主観的な形容詞から動詞を作る

接辞は存在せず，たとえば（39c）と同じ内容を表すためには find などの動詞を形容詞と共に使う必要があります。

(40) The audience found the play amusing.

　この「-がる」という接辞の付加は，主観性をもつ形容詞に対して非常に生産的であるという点で，他の形容詞から動詞を作る「-む」((34c))や 6.2. で見た状態変化動詞を作る接辞「-まる／-める」とは異なります。（生産性については 2.1. と 7 章参照。）さらに，「-がる」は，サセ使役や受身の接辞が付加された動詞を基体とする派生形容詞にも，新語の形容詞にも付加されます。

(41) a.　食べさせにくがる，行かせたがる，ほめられたがる
　　 b.　キモい，うざったい → キモがる，うざったがる

特に，「-がる」が（41a）のように，統語構造と関わる使役形や受身形の動詞を含む派生形容詞にも付くことは，「形容詞＋がる」という形の動詞をすべてレキシコンに登録する必要がなく（7.4. 参照），これらが統語構造において作られる可能性（13 章参照）を示していると言えます。

　この章では，形容詞から動詞を作る語形成を取り上げ，そのもとになる形容詞の性質と形容詞由来動詞の関係について見てきました。まず，形容詞のもつ段階性という特徴は形容詞由来動詞が表すアスペクトと関わり，その中には段階的な変化を表すことで非完結性を示すものがあります。次に，段階性の極限値の有無が，形容詞由来動詞の完結性を決定します。さらに，形容詞由来動詞が表す状態変化に自発性が認識される場合は，他動詞に加えて自動詞としての用法が可能になることも見ました。また，日本語には形容詞の表す状態への価値判断が動詞の自他に影響する「-化」や，主観性をもつ形容詞に選択的に付加される「-がる」などといった興味深い接辞があります。このように，形容詞の性質のさまざまな側面が，形容詞から作られる動詞を性格づけているのです。

6章 形容詞の性質と形容詞から作られる動詞　121

考えてみよう

◆ 英語の一時的状態を表す形容詞と属性を表す形容詞の例をなるべく多くあげ，それらを含む例文を作って，その違いを説明しましょう。

◆ 6.4. の英語の例の LCS を使った表示を参考にして，日本語の形容詞に「-まる」を付加して作られる動詞のアスペクトについて LCS を使って説明しましょう。

さらに深く知りたい人に

影山太郎（1996）『動詞意味論―言語と認知の接点』くろしお出版.
　6.3. で取り上げた自動詞と他動詞の交替について，4章に LCS を用いた詳しい分析がある。

Kennedy, Christopher and Beth Levin. (2008) Measure of Change: Adjectival Core of Degree Achievements. In Louse McNally and Christoper Kennedy. (eds.) *Adjectives and Adverbs*, pp. 156–182. Oxford: Oxford University Press.
　6.4. で取り上げた形容詞由来動詞のアスペクトについて形式意味論を用いた詳しい分析が示されている。

杉岡洋子（2009a）「形容詞から作られた動詞」影山太郎（編）『形容詞・副詞の意味と構文』6章, pp. 191–222. 大修館書店.
　本章の内容がさらに多くの例や詳しい説明と共に書かれている。

7章　接辞付加の規則性と順序

> ① 次の例のaとbにはどのような意味の違いがあるでしょうか。
>   a. activity　　b. activeness
> ② 次の例のaとbに容認性の違いはありますか。あるとすれば，なぜでしょうか。
>   (i) a. リンゴの甘さ　b. リンゴの甘み
>   (ii) a. 先生の採点の甘さが問題だ　b. 先生の採点の甘みが問題だ

【キーワード】生産性，規則性，接辞の順序，語彙化，レベル順序づけ

7.1. 名詞化接辞の生産性

　2章で見たように，語形成には句や文の形成には見られない語彙的ギャップがあり，そのため個々の語形成過程の生産性が大きな問題になります。語彙的ギャップ（#で表示：2.1.参照）の多い語形成は，すなわち生産性が低いということになります。たとえば，温度を表す表現で「あたたかみ」「ぬくみ」が実際に用いられる語であるのに対して，「#熱（あつ）み」「#暑み」「#涼しみ」は名詞として存在しません。また，同じcmなどの単位で測ることのできる数量を表す形容詞の中で，「厚い」には対応する名詞形「厚み」がありますが，「長い」に対応する「#長み」は用いられません。これらは，語として用いられない理由がないように思われるにもかかわらず，実際には用いられない語彙的ギャップであると考えられます。実際，「-み」が付加できる形容詞は，頻度の高い30語程度に限られており，「-み」付加の生産性はかなり低いと言ってよいでしょう。

　日本語の形容詞から名詞を作る接尾辞には，「-み」のほかに「高さ」「低さ」「厚さ」「長さ」などに見られる「-さ」があります。「-み」と異なり，「-

さ」は非常に高い生産性を示します。単純語の形容詞に付加できない語彙的ギャップが観察されないだけでなく、(1)–(3)に示すように、様々な複雑な形容詞や借用語、俗語的な新語にも付加される点で、「‐み」と対照的な性質を示します。

（1）心強い／心強さ，*心強み；奥深い／奥深さ，*奥深み
　　　（cf. 強み，深み）
（2）学者らしい／学者らしさ，*学者らしみ；
　　　子供っぽい／子供っぽさ，*子供っぽみ
（3）むずい／むずさ，?むずみ；キモい／キモさ，?キモみ

(1)の例は、「心強い」「奥深い」などの複合形容詞に、「‐さ」が付加できることを示しています。これに対して、cf. で示したように、複合語の主要部である「強い」「深い」という形容詞自体は「‐み」付加が可能な語であるにもかかわらず、これらの複合形容詞に「‐み」を付加することはできません。また、(2)は、「‐らしい」「‐っぽい」などの接辞を含む形容詞にも「‐さ」は付加できるのに対し、「‐み」は付加できないことを示しています。(1)と(2)の事実から複数の要素からなる複合語や派生語の形容詞に「‐み」は付加できないという一般化ができるので、これらの容認されない派生名詞は単なる語彙的ギャップ（#）ではなく非文法的（*）であると言えます。さらに、(3)は若者言葉などの新語に対しても、「‐さ」付加は許されるのに対し、「‐み」付加は許容されないことを示しています。最近のネット上の書き込みなどでは従来は存在しなかった「‐み」の付加による名詞が見られますが、若い人の口語的な文体における「‐み{がある／が深い}」などのいくつかの構文に限定され、さらに「わかりみ」のような動詞に付く例も見られることから、(1)–(3)に示した形容詞に付く「‐さ」と「‐み」の本来の生産性の対比がなくなったわけではありません。

　このように、「‐さ」と「‐み」を比較すると、形容詞に付加されて名詞を作るという同じ機能をもちながら、その生産性が著しく異なることがわかります。そして、同じ機能をもっていても生産性が異なる語形成過程が併存する

のは，日本語に限られる現象ではありません。たとえば英語でも，形容詞を名詞化する -ness と -ity や -th との間に同様の生産性の相違が見られます。-ity は主にラテン系（2.1. 参照）の形容詞に付加されますが，ラテン系の形容詞であってもすべてに付加されるわけではなく，たとえば（4）に示すように，同じ -ous というラテン系の接辞をもつ形容詞であっても，-ity 形名詞が存在するものとしないものとがあり，語彙的ギャップが存在することがわかります。また，（5）に示すように，-th の付加される形容詞はゲルマン系（2.1. 参照）に限られ，ごく少数です。これに対して，-ness は非常に高い生産性を示し，たとえば freedom があるために #freeness は用いないというような阻止（2.1.3. 参照）のために用いられない -ness 形はありますが，理由のない語彙的ギャップはほとんど見られません。

（4） curious / curiosity, generous / generosity, fabulous / fabulosity;
tremendous / #tremendosity, conscious / #consciosity
　　cf. tremendousness, consciousness
（5） wide / width, warm / warmth;
hard / #hardth, thick / #thickth
　　cf. hardness, thickness

7.2. 接辞付加の音韻的・形態的・意味的規則性

「−さ」や -ness の示す生産性の高さは，音韻・形態・意味の各側面に見られる〈規則性（regularity）〉に支えられているものと考えられます。ここで，規則性とは，構成要素（接辞付加では基体と接辞）の性質から，できあがる全体（派生語）の性質が予測できることを意味します。規則性の高い接辞付加は，構成要素を自由に組み合わせて派生語を作ることができるため，新語も含めて自由に適用できる生産性をもつと説明できそうです。この節では，規則性について詳しく見ていきます。

たとえば，英語の -ness と -ity, -th を比較すると，-ness は付加する基体に変化を与えないのに対し，-ity, -th は様々な音韻・形態上の変化を起こします。

（6a）ではアクセントの位置が -ity 付加によって変化しているのがわかりますが，（6b）に示すように -ness 付加ではそのような変化は起こりません。

(6) a.　cúrious / curiósity, fábulous / fabulósity
　　　 b.　árduous / árduousness, análogous / análogousness

また，（7a）では -ity 付加の際に -ous が削除される現象（〈切り取り (truncation)〉と呼ばれます）が，（8a）では -ity, -th の付加によって母音・子音の変化が，それぞれ起こっていますが，（7b）(8b) に示すように，-ness ではそのような変化は観察されません。

(7) a.　ambiguous / #ambiguosity / ambiguity, vacuous / #vacuosity / vacuity
　　　 b.　ambiguousness / *ambiguness, vacuousness / *vacuness
(8) a.　ethnic [eθnɪk] / ethnicity [eθnɪsəti]　([k] → [s])
　　　　　benign [bənaɪn] / benignity [bənɪgnəti] ([aɪ] → [ɪ], [n] → [gn])
　　　　　long [laŋ] / length [leŋ(k)θ] ([a] → [e], [ŋ] → [ŋ(k)])
　　　 b.　ethnicness [eθnɪknəs], benignness [bənaɪnnəs], longness [laŋnəs]

さらに，（9）に示すように，-ity は，独立の語として用いられない拘束形態素に付加される例があります（cf. に示したように，-ify などの他の接辞も付加されることから，これらの語もたとえば，dign と接辞 -ity に分解することが妥当だと考えられます）。いっぽう，-ness にはそのような例はありません。

(9) dignity, unity, quantity　　cf. dignify, unify, quantify

意味の上でも，-ness 付加による名詞は基体の意味から予測できる「〜であること，〜である程度」という構成的な意味をもつのに対して，-ity 付加による名詞では意味の特殊化が見られる例が散見されます（2.1. で見た〈語彙化〉参照）。たとえば，national（国家の）に -ity を付加した nationality が

「国籍」という意味になったり，special（特別な）に -ity を付加した speciality が「特産品」という意味になる，といった例です。冒頭の設問①についても，active（活発な）という形容詞に対して，activeness は「活発さ」という性質を表す意味になるのに対して，activity には「活動性」という意味のほかに「活動」という特殊化した意味があるという点で違うと答えられます。

　日本語の名詞化接辞「－さ」と「－み」についても，意味の規則性に差が見られます。たとえば，(10)(11) の例を見ると，「高み」や「明るみ」が場所だけを表すのに対し，「深み」は (12a) のような場所の意味以外に，(12b) のような性質を表す用法もあります。

(10) a.　高みにのぼる，高みから見渡す
　　　b.　!高みのある山
(11) a.　事実が明るみに出る
　　　b.　!明るみのある部屋
(12) a.　深みにはまる
　　　b.　深みのある色

　いっぽう，「－さ」名詞は，場所を表す意味では使えません。

(13) a.　!高さに登る
　　　b.　!明るさに出る
　　　c.　!深さにはまる

「－さ」名詞は，一般に基体の形容詞が表す「程度・状態」を表します。言い換えると，基体の意味を知っていれば，そこから派生する「－さ」名詞の意味は構成的に理解できます。これに対して，「－み」名詞は，形（「丸み」），味（「辛み，甘み」），匂い（「臭み」），場所（「高み，深み」）など，様々な意味をもち，(10)(11) と (12) の相違などは，必ずしも基体の意味と「－み」から構成的に予測できない面をもっています。すなわち，「－み」付加による派生語には 2.1. で見た語彙化が起こっていると言えます。

(10)–(13)の例ほど明らかではありませんが，他の「-み」と「-さ」の例でも，意味の違いが観察されます。次の例を考えてみましょう。

(14) a.　文字に丸みをつける
　　 b.　!文字に丸さをつける
(15) a.　!小包の重みを測る
　　 b.　小包の重さを測る

(14)の例では動詞が「つける」で，目的語には色や形など，認知の具体的な対象を表す名詞をとることができますが，このような文では「-さ」名詞よりも「-み」名詞の方が自然であると感じられます。いっぽう，(15)のようにハカリで計測できる「程度」のような意味では「-さ」名詞が選ばれます。

このような構成性の違いから，名詞形の意味の守備範囲の違いも説明できそうです。次の例を見てみましょう。

(16) a.　このリンゴは甘い／リンゴの甘さ，リンゴの甘み
　　 b.　採点が甘い／採点の甘さ，!採点の甘み（＝冒頭の設問②）
(17) a.　この柿は渋い／柿の渋さ，柿の渋み
　　 b.　彼は趣味が渋い／趣味の渋さ，!趣味の渋み

多くの形容詞は，(16a)(17a)の例のように具体的・物理的な意味のほかに，(16b)(17b)のような抽象的，あるいは比喩的な意味をもちます。そのような場合，(16)(17)に示したように，「-み」名詞は必ずしも基体の形容詞のすべての意味に対応するとは言えません。いっぽう，「-さ」名詞の方は，基体の形容詞が表すことのできるすべての意味に対応する名詞を規則的に作ることができます。冒頭の設問②については，(16)に示したように，「甘さ」は「甘い」の全ての意味（味覚，厳格さ）に対応するのに対し，「甘み」の方は「甘い」の一部の意味（厳格さ）に対応する意味を表すことができないと説明できます。(17)についても同様の説明が可能です。

ここまで，音韻，形態，意味のレベルでの規則性を見てきましたが，一般

に，生産性の低い語形成は上述のような様々な変化を引き起こす不規則性を伴うことが多いのに対し，生産性の高い語形成過程は，音韻的・形態的・意味的に変化を及ぼすことがない規則性をもっていると言えます。

特に，英語の -ness や日本語の「−さ」のような接辞の付加は，ほぼ完全な規則性を持っており，同時にほぼ完全な生産性を持っています。-ity や「−み」が固有の意味をもつ派生語を作っているのに対して，-ness や「−さ」は，純粋に品詞を変えるだけのはたらきをしていると言ってもよいかもしれません。

7.3. 英語接辞における二つのクラスの区別

ここまで，同じ名詞化の機能をもっていても規則性および生産性の異なる接辞が存在することを見てきました。音韻的・形態的・意味的に規則的であるか否かによって，接辞を二つの異なる〈クラス（class）〉に分けるという考え方があり，英語について多くの議論がなされてきました（Siegel 1974, Allen 1978, Selkirk 1982 など）。-th や -ity のように，音韻的な変化を引き起こし，意味的にも構成性を欠くような接辞を〈クラス 1〉，-ness のように，規則的な接辞を〈クラス 2〉と呼びます。

この二つのクラスの区別は，接尾辞だけでなく接頭辞にも適用されます。接尾辞の例は 7.2. で見ましたので，接頭辞の例として英語の否定の接頭辞の un- と in- ついて，見てみましょう。まず，音韻的には，(18) に示すように，in- の付加は基体のアクセントに影響を与えますが，un- の付加は基体のアクセントに変化を起こしません。アクセントの変化に関連して，(18a) では，母音の変化（弱化）も起こっていることに注意してください。

(18) fámous ([eɪ]) / ínfamous ([ə])，fínite ([aɪ]) / ínfinite ([ə])

また，(19) に示すように，in- の末尾子音 [n] は後続する子音によって変化（同化）を起こしますが，un- ではそのような変化が起こりません。

(19) a.　impossible / *inpossible, imbalance / *inbalance,
　　　　immature / *inmature, illegal / *inlegal, irregular / *inregular
　　b.　unproblematic / *umproblematic, unbounded / *umbounded,
　　　　unmarried / *ummarried, unlawful / *ullawful, unreal / *urreal

さらに，(20) に示すように，in- は拘束形態素に付加される例がありますが，un- にはありません。

(20) a.　insipid（風味のない），inept（無器用な），inert（不活性な）
　　　　(cf. #sipid, #ept, #ert)
　　b.　*unsipid, *unept, *unert

これらの事実から，in- はクラス 1，un- はクラス 2 の接辞であると考えられます。

　英語でそれぞれのクラスに属する接辞にどのようなものがあるかについては，細部では意見が異なる面もありますが，次のような分類におよそ同意があります。括弧内に派生語の例を示します。

(21) a.　クラス 1 の接辞の例
　　　　en- (enable), in- (inactive), -al (accidental), -ee (employee),
　　　　-ic (heroic), -ion (action), -ity (popularity), -ive (permissive),
　　　　-ous (spacious)
　　b.　クラス 2 の接辞の例
　　　　anti- (antiwar), non- (nonalcoholic), un- (unhappy),
　　　　-er (employer), -ful (thoughtful), -hood (childhood),
　　　　-less (worthless), -ness (kindness), -wise (clockwise)

　接辞の中には，一見すると同一の接辞であるのに，クラス 1，クラス 2 いずれの性質も示すことから，それぞれのクラスに属する二つの異なる接辞であると分析できるものがあります。一例として，動詞に付加されて形容詞を

作る -able の例を見てみましょう。この接辞は，基体動詞の直接内項にあたる名詞を主語として取り，「〜できる」という意味をもちます (9.5. 参照)。

(22) a.　You can move the shelf.
　　 b.　The shelf is movable.

この -able に，クラス 1 のものとクラス 2 のもの，両方が存在するということが論じられています (Aronoff 1976)。二つの -able があることは，表 7.1 に示すように，同じ基体をもっていても，異なる形の派生形がある例を見るとよくわかります。(-ible はクラス 1 の -able の異形態です。)

表 7.1　二つの -able

	基体	A(=クラス1)	B(=クラス2)
(a)	compáre	cómparable	compárable
(b)	perceive	perceptible	perceivable
(c)	cultivate	cultivable	cultivatable
(d)	divide	divisible	dividable

(a) では，A ではアクセント位置が基体と異なりますが，B ではそのような変化がありません。(b) では ceive の異形態 cept が A では現れていますが，B は基体と同じ形です。(c) では -ate の切り取りが，A で起こっていますが B では起こっていません。(d) では基体の末尾子音が A では [d] から [z] に変化していますが，B では変化がありません。つまり，A では音韻・形態上の様々な変化が生じているのに対して，B では規則性が高いことがわかります。さらに，Aronoff (1976) によれば，意味の規則性の相違も一部の例に見られます。たとえば (a) の例を見ると，A の cómparable は，構成的な「比較できる」という意味に加えて「同等の」という語彙化した意味をもちますが，B の compárable は，構成的な意味のみをもちます。同様に，(b) の例でも，A

の perceptible に否定の接頭辞を加えた imperceptible は，構成的な「認識できない」という意味のほかに「わずかな」という語彙化した意味をもつのに対して，B の perceivable に否定の接頭辞をつけた unperceivable は，構成的な意味のみをもちます。これらの観察から，A の -able/-ible はクラス 1，B の -able はクラス 2 の接辞であると分析できます。

このような整理をせずにデータを見たならば，-able はクラス 1 かクラス 2 か判別ができないので接辞のクラス分けには意味がないと考えてしまうかもしれません。しかし，表 7.1 のように，異なるクラスの二つの -able があると分析することによってデータを説明することができることがわかり，むしろクラス分けを支持する証拠となると言えます。

7.4. 英語における接辞付加の順序づけ仮説

7.3. で述べたような，音韻・形態・意味の種々の面で規則性の異なる二つのクラスの接辞が区別されることは，広く認められていますが，さらに，複数の接辞が付加される場合の，接辞付加の順序にその区別が関係するという主張があり，これを〈レベル順序づけ（level-ordering）〉の仮説と呼びます（Siegel 1974, Allen 1978）。クラス 1 の接辞の外側にクラス 2 の接辞が現れることは許されますが，逆にクラス 2 の接辞の外側に，クラス 1 の接辞が現れることは（後述する (30) のような一群の体系的な例外を除いて）許されないという観察に基づいて（具体例は下の (24) 参照），接辞付加規則の適用がクラス別に順序づけられると考えられているのです。

形容詞を作る接辞と，形容詞から名詞を作る接辞の例を見てみましょう。名詞を作る接辞は，すでに (6)–(9) で見たように，-ity はクラス 1，-ness はクラス 2 と分類できます。同様に，形容詞を作る接辞にも，クラス 1 のものとクラス 2 のものがあります。

(23) a.　permi<u>t</u> / permi<u>ss</u>ive ([t] → [s]); héro / heróic
　　 b.　thought / thoughtful; bóttom / bóttomless

(23a) の -ive や -ic の付加は，基体の子音やアクセントに変化を生じさせているのでクラス 1，(23b) の -ful や -less はそのような変化を見せないのでクラス 2 に分類できます。

ここで，形容詞化接辞の外側に，名詞化接辞が付加される (24) の例を見ると，接尾辞の順序にクラスによる制約がかかっていることがわかります。

(24) a.　［基体＋クラス 1］＋クラス 1

　　　　activity, productivity; atomicity, iconicity
　　b.　［基体＋クラス 1］＋クラス 2

　　　　permissiveness, attractiveness; graphicness, heroicness
　　c.　［基体＋クラス 2］＋クラス 2

　　　　thoughtfulness, artfulness; selflessness, helplessness
　　d.　*［基体＋クラス 2］＋クラス 1

　　　　*thoughtfulity, *artfulity; *selflessity, *helplessity

クラス 2 の接辞の外側にクラス 1 の接辞を付加することは (24d) に示したように，許されないのです。ここでは二つの接尾辞の例だけをあげましたが，接頭辞と接尾辞の例でも，たとえば in- と un- で以下のような相違が見られます。

(25) a.　unthoughtful, unselfless
　　b.　*inthoughtful, *inselfless

*unthought / *inthought や *unself / *inself が存在しないことから（この後の (30) についての議論も参照），これらの語は [un-/in-[thought-ful]]，[un-/in-[self-less]] という構造をもつと考えられます。そして，-ful や -less がクラス 2 の接尾辞であるため，(25b) のようにその外側にクラス 1 の in- が付加することはできないが，(25a) のようにクラス 2 の un- は付加できる，と説明できます。このように，クラス 1 の接辞よりもクラス 2 の接辞の方が後から付加され，そのために外側に現れる（すなわち，クラス 1 の接辞付加が先にレ

ベル I で起こり,クラス 2 の接辞付加はその後にレベル II で起こる)というのがレベル順序づけの仮説です。

さらに,(6) の cúrious / curiósity や (18) の fámous / ínfamous で見たように,クラス 1 の接辞付加はアクセント付与に影響を与える場合がありますが,これは,アクセント付与規則によってアクセントの位置が決まる際にクラス 1 の接辞がすでに付加されていると考えなければ説明ができません。いっぽう,クラス 2 の接辞がアクセントに影響を与えないということは,アクセント付与規則によってアクセントの位置が決まったあとでクラス 2 接辞の付加が起こると考えれば当然の帰結であると言えます。そのため,レベル順序づけの仮説は以下のような順序を提案しています。

(26) レベル I：クラス 1 接辞付加
　　　　↓
　　アクセント付与規則
　　　　↓
　　レベル II：クラス 2 接辞付加

また,(27) のような例を根拠に,複合もこの順序づけの中に位置づけて,複合はレベル II よりも後のレベル III で起こる(したがって,複合語の中に接辞が入ることはあるが,複合語の外側に接辞が付加されることはない)と考える立場もあります (Allen 1978)。(Allen は non- などいくつかの接頭辞は複合と同じレベルで付加されると分析しています。) たとえば,(27a) は複合形容詞に un- という接辞が付加できないこと,(27b) は複合名詞に -ful という接辞が付加できないことを示しています。

(27) a. 　*un-dishwasher-safe cf. non-dishwasher-safe, unsafe
　　　　　*un-shock-resistent, *un-class-conscious, *un-chocolate-covered
　　　b. 　*child-careful cf. careful
　　　　　*bed-restful, *jungle-lawful, *infant-healthful

いっぽう，Selkirk（1982）は複合語の外にクラス 2 の接辞が付加されていると分析できる（28）のような例を根拠に，複合とクラス 2 接辞付加は同じレベル II で適用されると論じています。この立場でも，クラス 1 接辞の付加はレベル I で適用されるので，（29）に示すように複合語の外側にクラス 1 の接辞が付加されることがないことは正しく予測されます。

(28) a.　un-self-sufficient, un-light-sensitive, un-germ-resistant
　　 b.　worn-out-ness, laid-back-ness, handout-less, standby-less
(29) a.　*in-self-sufficient（cf. insufficient），
　　　　 *in-light-sensitive（cf. insensitive）
　　 b.　*worn-out-ity, *laid-back-ity

このように，レベル順序づけにおいて複合をレベル II の後に位置づけられるか否かについては意見が分かれています。

さらに，クラス 1 とクラス 2 の接辞の関係についてもレベル順序づけの仮説では説明できない事実があることがわかっています。以下の例を見てみましょう。

(30) a.　ungrammaticality, unpopularity, unreality, unpredictability
　　 b.　[un-[grammatical-ity]]
　　 c.　[[un-grammatical]-ity]

(30a) の例のように，接頭辞と接尾辞を含む場合，どちらの接辞が内側についているか，すなわち（30b）（30c）の構造のどちらが正しいかは，自明ではありません。8 章で見るように，否定接辞の un- は形容詞に付加される性質をもっています。たとえば，（少数の例外を除いて）*unrisk, *unfame, *unvigor など，単一形態素の名詞に un- が付加される例が容認されないことから，un- は名詞には付加されないと考えられるのです。このような接辞の選択素性（2.1. 参照）を考えると，un- が名詞に付加される（30b）の構造ではなく，形容詞に付加される（30c）の構造が正しいと考えられます。しか

し，既に見たように，un- はレベル2の接頭辞，-ity はレベル1の接尾辞と分類されますから，レベル順序づけの仮説に従えば（30b）の構造が正しいと考えられることになります。すなわち，（30a）のような例がどのような構造をもつかについて，パラドックスが生じていることになります。このような現象は，（30b）（30c）のように語の内部構造を括弧づけで表すことが一般的に行われることから，〈括弧づけのパラドックス（bracketing paradox）〉と呼ばれます。

　このようなパラドックスは，ランダムに出現するのではありません。報告されているパラドックスの例のほとんどは，（30a）のようにクラス2の接頭辞とクラス1の接尾辞を含むものです。このことから，これらのパラドックスはレベル順序づけの仮説の根幹を揺るがすようなものではなく，何らかの説明が可能な現象だと考えられています。この点を捉えて試みられている様々な解決法（Spencer 1991: Ch.10 参照）にはここでは立ち入らないことにしますが，重要な点として，生産性・規則性の低い接辞と高い接辞に分類して考えると，前者の方が基体に近い内側に付加され，後者が外側に付加される傾向が強いということに注意しておいて下さい。

7.5.　英語の接辞の配列順序と言語処理

　では，なぜ生産性・規則性の高い接辞の方が外側に付加されるという一般化が見られるのでしょうか。この問いに，まだ確固たる答えはありませんが，一つの可能性として，言語処理を行う心理言語学的側面からのアプローチがあります。独立の接辞として基体から分離して認識されやすいかどうかの程度が，接辞からの距離に対応するという考え方で，接辞を二つのクラスに分類するレベル順序づけの仮説で扱うことのできる現象だけでなく，より広い範囲で接辞の付加順序に関わる言語事実を説明できると論じられています（Hay 2002, Plag 2018: Ch.7 など）。

　語や文を聞いたり見たりして理解するプロセスを〈言語処理（language processing）〉と呼びます。語の処理においては，レキシコンに記憶されている語を探す〈検索〉と，語を構成要素（形態素）に分解してそれぞれの要素の

情報を組み合わせて全体の情報を得る〈計算 (computation)〉とが関与していることがわかっています。複数の形態素から成る語を処理する際には，語全体の検索と構成要素からの計算とが同時進行的に進み，より早く成功する処理が使われると考えられます。happiness という語を処理する際に，happiness 自体をレキシコンで見つけるのと，happy と -ness から全体の情報を計算するのと，どちらが速いか，という問題だと理解して良いでしょう。その中で，構成要素の接辞が独立の接辞として理解されやすいほど切り離して考える計算がしやすく，したがって，計算処理の方が語全体を検索するよりもコストが少なく速く結果を得られる，ということになります。では，独立の接辞としての認識しやすさはどのような要因に左右されるでしょうか。いくつかの異なる要因がありますが，Hay (2002) では，大きくまとめると (i) 音の配列，(ii) 相対的頻度の2点が取り上げられています。

(i) は，それぞれの言語で，同一形態素内に並ぶことのできる音に制限があることを利用します。たとえば，英語では，形態素末に /lf/ という子音連鎖は可能ですが (e.g., self)，/pf/ という子音連鎖で終わる形態素はありえません。bowlful と pipeful では，どちらも同じ -ful という接辞が用いられていますが，形態素内で連鎖可能な /lf/ の場合に比べ，不可能な /pf/ の場合に /p/ と /f/ の間に切れ目を入れて理解する割合が高くなるということが実験でわかっています。つまり，bowlful よりも pipeful の場合の方が -ful が独立の接辞として認識されやすいということになります。

(ii) は，基体の頻度と派生語全体の頻度の比較です。たとえば，同じ -ment という接辞を用いていても，govern と government では，派生語の government の方が頻度が高いのですが，contain と containment では基体の contain の方が頻度が高いことがわかっています。前者のような場合は派生語全体がひとかたまりとして認識されやすいために -ment が独立の接辞と認識されにくく，後者のように基体の頻度の方が高い場合に，-ment を独立の接辞と認識する割合が高くなると考えられます。

独立の接辞として切り離して認識されやすいものが，ひとかたまりとして認識されやすい語の外側に付加されることはできるけれども，逆に独立のものとして認識されやすい接辞の外側に，独立に認識されにくい接辞が付加さ

れることは起こりにくいと考えられます。この考え方にしたがって，-ment と形容詞を作るクラス 1 の接尾辞 -al について少し考えてみましょう。Aronoff（1976: Ch.4）は，-ment の後ろに -al が付加される例が多く観察される（e.g., environmental, experimental）にもかかわらず，独立の動詞に -ment が付加された名詞の場合には，-al 付加が容認されないこと（e.g., *containmental, *discernmental）を指摘しています。つまり，-al は V と -ment とに分解して認識される語に付加されることはできないという一般化ができます。その例外となるのが governmental, judgmental といった語ですが，これらは派生名詞の方が基体動詞よりも高い頻度をもっており，そのため V-ment 形がひとかたまりの語として認識されるため，-al 付加が容認されると Hay（2002）は論じています。

　このような，同じ接辞でも独立に認識されるか否かの程度が異なるような例は，レベル順序づけの仮説では扱うことができませんが，接辞の独立性に基づく仮説では適切に説明することができます。いっぽう，接辞同士の相違を見た場合，接辞の独立性に基づく仮説は，レベル順序づけの仮説と同じではないけれどもよく似た効果をもちます。クラス 2 の接辞はクラス 1 のものに比べて，(21) のリストからもわかるように子音で始まる接尾辞が多く，(i) の要因について独立性が高くなりがちであると言えます。英語では，同一形態素内で並ぶことができない音というのは，ほとんどが子音の連鎖（上述の /pf/ など）であり，母音で始まる接辞の場合は直前の音との連鎖を妨げる要因がはたらくことは少ないからです。また高い生産性をもつ接辞は，その場限りの新造語を含め使用頻度の低い派生語を作る可能性が高いために，基体よりも低い頻度をもつ派生語が多くなり，(ii) の要因についても独立性が高くなりがちであると言え，したがってクラス 2 の方が外側に付加されやすいということを導くことができます。つまり，接辞の独立性に基づく考え方は，レベル順序づけで扱われるデータと，その範囲外にあるデータとを同じ原則で説明しようとしているのです。

　このような考え方は，理論的な研究で以前から指摘されてきた接辞の配列順序に関する一般化に，言語処理という心理言語学的な側面から考察を加えることによって新しい説明の可能性を見いだしたと言えます。

7.6. 日本語の接辞付加の順序づけ

7.4. で英語の接辞付加について見たレベル順序づけの仮説は，接辞によって生産性や規則性が異なり，それに伴って付加できる対象の複雑さや付加するレベルが異なるという事実を捉えようとするものですが，日本語の形容詞から名詞を作る接辞「-さ」と「-み」においても，生産性や意味の構成性の違いがあることを7.1. で見ました。さらに，(1)と(2)の例で示したように「-さ」は複合語や派生語にも自由に付加できるのに対して「-み」についてはそれができません（*心強み，*奥深み，*子供らしみ，*子供っぽみ）。特に，「-らしい」や「-っぽい」は，多くの名詞に付加できる高い生産性をもつ接辞なので，これらの外側に「-さ」が付加されるのに対し，「-み」が付加され得ないことは，英語の接辞付加におけるレベル順序づけと同様に，日本語にも語形成規則の適用に順序づけがあることを示唆します。7.1. でも述べたように「-さ」は意味の上でも構成的すなわち規則的であるのに「-み」はそうではないという違いも，この一般化と合致します。（日本語における接辞付加のレベルの問題については，影山（1993）などを参照。）

さらに，「-さ」は，「-み」とは違って，動詞に付加されて難易や傾向を表す形容詞を作る「-やすい」や「-にくい」などの接辞や願望を表す形容詞接辞「-たい」にも付加することができます。（これらの接辞の詳細は13.4.1. と13.4.2. を参照。）

(31) a.　読みにくさ／*読みにくみ
　　 b.　食べたさ／*食べたみ

「-やすい」や「-にくい」,「-たい」などの接辞は受身形や使役形を作る接辞「-られ」や「-させ」にも付きます。「-さ」はこれらの接辞付加の後で付加することができるので，「-み」とは違って(32b)のような複雑な名詞表現を作ることができます。

(32) a.　だまされやすい，食べさせられにくい，ほめられたい
　　 b.　だまされやすさ，食べさせられにくさ，ほめられたさ

受身形やサセ使役形は統語部門で派生されると考えられるため，この事実は「-さ」による名詞化は「-み」とは異なり，統語レベルにおいて適用されることが可能であることを示唆していると言えます。(統語レベルにおける語形成については，13章でさらに詳しく取り上げます。)

　類似した対比は，6.5.2.で見た形容詞から動詞を作る接辞「-がる」と「-む」にも見られます。「-がる」が作る動詞は，(i) 経験者がある心理状態や感覚を感じる，(ii) それが行為や様子に反映される，という意味をもち，経験者を主語とする動詞を作り，心理状態や感情，身体的感覚を表す形容詞に生産的に付加されます (e.g., 苦しがる，怖がる，暑がる，ひもじがる)。いっぽう，「-む」が作る動詞も経験者を主語にとりますが，その意味は上の (i) のみで，「-む」が付く形容詞は心理状態や感情を表すものの一部に限られます (e.g., 苦しむ, cf. *怖む, *暑む, *ひもじむ)。また，「傷が痛む（痛みを発する）」のように経験者主語をとらない用法をもつ例もあります。

　このように，「-がる」と「-む」の付加には，生産性と規則性の違いが観察できますが，「-がる」は，新造語 (ウザい／ウザがる, cf.#ウザむ) や (33a) のように複合語に付加することができる点でも「-む」と異なります。また，(32) の「-さ」付加同様に，受身形や使役形動詞を含む難易や願望を表す形容詞にも付加できるため ((33b))，統語レベルでの付加も可能であると考えられます。

(33) a.　暑苦しい／暑苦しがる，*暑苦しむ　(cf. 苦しむ)
　　　　 口惜しい／口惜しがる，*口惜しむ　(cf. 惜しむ)
　　 b.　読みにくがる，食べさせにくがる，ほめられたがる

　日本語の接辞には7.2.で英語の接辞について見たような音韻・形態における規則性の違いは見られませんが，ここでの観察から，意味の構成性（規則性）と生産性の違いが，接辞付加の順序づけに関連することがわかりました。

7.7. 規則性・生産性の心理的実在性

　ここまで見てきたように，接辞付加の生産性と規則性は相互に関連しています。規則性の高い接辞付加の場合，たとえば形容詞語幹に「−さ」を自由に付加して「(形容詞)である状態・程度」という意味をもつ派生名詞（e.g., 高さ，重さ）を作る，あるいは派生名詞の意味を理解する，という規則を用いた計算処理が頭の中ではたらくために，生産性が高いと考えることができます。いっぽう，さまざまな不規則性を見せる接辞付加の場合は，音韻・形態や意味の特殊化（語彙化）などの情報とともに派生名詞がそのままの形で（e.g., 高み）レキシコンに記憶される必要があるため，生産性が低くなると考えられます。

　この章で見たような，規則性・生産性の異なる2種類の接辞が，異なる脳内処理メカニズムを用いて処理されていることを示唆する実験結果も報告されています（伊藤・杉岡 2002）。たとえば，Hagiwara et al. (1999) は，「−さ」と「−み」という2種類の名詞化接辞の用い方が失語症のタイプによって異なることを示しました。ここでは，脳の左半球前頭葉のブローカ野を中心とする損傷があり，統語的な計算処理に困難があるとされる〈失文法失語〉の症状を示す患者と，左半球側頭葉下部に損傷があり，語彙に関わる記憶，すなわちレキシコンの機能に障害があると考えられる〈語義失語〉の症状を示す患者との比較を紹介します（脳の損傷部位と失語症の関係については萩原 (1998) 参照）。この実験では，実験用の新語（実際には存在しない語）として形容詞（e.g., まこい）を呈示し，それを名詞化する際に，「−さ」名詞と「−み」名詞のいずれかがより自然な文脈（7.2. (14) (15) 参照）において，どちらをより多く選択するかを調べました。その結果，失文法失語の患者では「−さ」名詞（e.g., まこさ）の選択率が低く，逆に語義失語患者では「−み」名詞（e.g., まこみ）の選択率が低かったと報告されています。文法機能に困難があると考えられる失文法失語患者が新語に対して「−さ」の付加ができないことは，この名詞化接辞付加が計算処理によるものであることを示唆します。いっぽう，レキシコンの機能に困難があるとされる語義失語患者が新語に対して「−み」の付加に困難を示すことは，「−み」の付く名詞（e.g., 強み）がレ

キシコンに記憶されており,「新語＋-み」という名詞（e.g., まこみ）は, その記憶に基づいたアナロジーを使って作られると考えれば, 説明ができます。

これは, 本章で見たような, 言語事実から論証されている接辞間の相違が, 心理・神経言語学的な実験研究によって心理的実在性をもつ可能性が示された例であると言えるでしょう。（理論的研究による提案の実験研究による検証については伊藤（2023）参照。）

 考えてみよう

◆7.4. でレベル順序づけと複合語の関係に言及しましたが, 複合がレベル2よりも後に起こるとする立場でも, 複合がクラス2接辞付加と同じレベルであるとする立場でも, 以下の (i) のような例は説明に困難が生じます。何が問題なのか,（ii）–（iii）を参考に考えてみてください。

(i)　atomic scientist, generative grammarian, set theoretic
　　（atomic scientist ≠ scientist who is atomic）
(ii)　grámmar / grammárian, théory / theorétic
(iii)　musi<u>c</u> / musi<u>c</u>ian, semanti<u>c</u> / semanti<u>c</u>ist

◆unhappy の比較級は unhappier で, *more unhappy ではありません。しかし, unhappier の構造には〈括弧づけのパラドックス〉が含まれていると考えられます（Pesetsky 1985）。このことについて, 以下の手順で考えてみましょう。

(i)　一般に, 英語の形容詞の比較級が（more ~ ではなく）-er という接尾辞で表される音韻的な条件は何でしょうか。
(ii)　unhappier の例は, その構成要素（un-, happy, -er）がどのような構造をもつと仮定すれば,（i）の条件を満たすと考えられるでしょうか。
(iii)　(ii) で考えた構造は, unhappier の意味を正しく表していると言えるでしょうか。

◆ この章では,「-さ」や「-がる」などが複合語の外に付加できることを見ましたが,他に複合語に付加できる日本語の接辞の例を探してみましょう。

さらに深く知りたい人に

Plag, Ingo. (2018) *Word-formation in English* (2nd Edition). Cambridge: Cambridge University Press.
　7 章で,接辞の順序づけをめぐる問題について詳しく論じられている。
Saarinen, Pauliina and Jennifer Hay. (2014) Affix Ordering in Derivation. In Rochelle Lieber and Pavol Štekauer (eds.) *The Oxford Handbook of Derivational Morphology*, pp.370–383. Oxford: Oxford University Press.
　接辞付加の順序づけについて(本章で紹介できなかったものを含め)いくつかの考え方を簡潔に紹介している。
伊藤たかね・杉岡洋子(2002)『語の仕組みと語形成』研究社.
　語という単位に見られる語彙性と規則性の二面性を軸に,日英語の様々な語形成を検討している。7.7. で取り上げた実験の詳しい紹介をはじめ,語形成の理論研究と実験研究の橋渡しも試みている。

8章　接頭辞付加による派生語の意味

> 以下の太字の単語はいずれも形容詞に否定の接辞がついていますが，容認性に違いが生じるのはなぜでしょう。
> ① John is neither happy nor **unhappy**.
> ② *Mary is neither Christian nor **non-Christian**.
> ③ John's behavior is neither decent nor **indecent**.
> ④⑤⑥の太字の単語は動詞に接頭辞が付加されたものですが，これらにおいて，接頭辞はもとの動詞の意味や統語的性質にどのような変化を与えているでしょうか。
> ④ John **untied** the string. / John tied the string.
> ⑤ We **oversimplified** the rule. / We simplified the rule.
> ⑥ John **overslept** my appointment. / *John slept my appointment.

【キーワード】反対概念と矛盾概念，段階性，阻止，下位範疇化素性

8.1. 接辞が表す意味と基体の意味

英語には，基体の品詞を変える接辞だけでなく，基体の意味を変えるはたらきをもつ接辞も豊富に存在します。たとえば，基体の意味を否定するようなはたらきをする接頭辞には，形容詞に付加されるものに限定したとしても冒頭の設問の例①②③にあげた un-, non- と in- 以外に，dis- (e.g., dishonest), a- (e.g., amoral) のように複数あり，その使い分けは特に非母語話者には難しいものです。これは，各接辞の否定のはたらきには微妙な違いがあり，また，それゆえ，付加される基体についての制約があるからです。また，後で見るように，同じ接辞でも，基体の性質によって，その解釈が微妙に異なる場合もあります。

動詞に付加される接頭辞についても同じことが言えます。冒頭の二つ目の設問の例④にあげた un- は①の形容詞に付加される un- とは異なる接辞として区別されてきましたが，話者の直感としてはいずれも同じように否定のはたらきをするものと見なせるでしょう。では，この動詞に付加される un- は何を否定していると言えるでしょうか。これも動詞の意味を明確にしなければ，説明ができません。また，冒頭の設問であげた例文⑤と⑥の over- について言えば，基体の動詞の意味によって何のゆき過ぎを表しているのか，その解釈が微妙に違うのがわかるでしょうか。

さらに，⑥の例からわかるように，動詞に付加される接頭辞は動詞の統語的性質にも大きな影響を与えることがあります。この場合は，原則自動詞である sleep を他動詞に変えているのです。このような選択素性の変更を説明する際にも，接頭辞付加が基体動詞にどのような意味変化を加えているのかが重要なポイントとなります。本章では，日英語の形容詞や動詞に付加される否定の接辞を中心に，接頭辞の意味を解釈するには，結合する語の意味を明確にとらえたうえで，その関係を明らかにする必要があることを示します。また，接頭辞がついた派生語の統語的性質についても，その意味を明確にすることによって説明ができることを明らかにします。

8.2. 英語の否定を表す接頭辞

8.2.1. 否定接辞のはたらき

この節では，英語の形容詞に付加される否定接辞の中で，生産性の高い un-，non-，in- について取り上げます。まず，否定接辞のはたらきについて明確にとらえておきたいと思います。文のレベルでは，否定文を作る場合，英語では not，日本語では文末の「ない」のように，たいていの言語で否定の意味専用の単語が用意されていて，これらの要素を付け加えることで，肯定文を否定することができるのですが，単語の内部においても否定の作用を及ぼす要素を既存の単語に付加することができます。英語では，in-，un-，non-，dis- などの接頭辞や -less という接尾辞が，日本語では「不−」「無−」「非−」「未−」などの接頭辞が，既存の単語に否定の意味を加えた新しい語を生産的に作り

ます。しかし，文を否定する要素とこれらの否定接辞との間には以下のように根本的な違いがあります。

まず，英語でも日本語でも〈否定極性項目 (negative polarity item)〉と呼ばれる否定の環境でしか使われない表現というものがあります。たとえば，(not) at all や「ちっとも（〜ない）」などは，(1a)(2a) のように not や「ない」の作用が及ぶ範囲内で起こる表現ですが，(1b)(1c)(2b) に示すように否定接辞が付いた単語にはそのような否定の環境を作ることができません。

(1) a.　Mary is not happy at all. I don't agree with him at all.
　　b.　*Mary is unhappy at all. *I disagree with him at all.
　　　　*His proposal is inadequate at all.
　　c.　*John unloaded goods from the truck at all.
(2) a.　健はちっとも優しくない。花子は子供をちっとも理解しない。
　　b.　*健はちっとも不親切だ。　*花子は子供にちっとも無理解だ。
　　　　*山田さんはちっとも非常識だ。

つぎに，英語の every, both のような 100％を表す数量表現と否定辞が共起すると，(3a)(4a)(5a) のように部分否定の解釈が生じ得るのですが，否定接辞にはこのような解釈を生むはたらきがなく，(3b)(4b)(5b) に示す通り，常に 100％否定の解釈となります。

(3) a.　They do not obey every law.（あらゆる法律に従うわけではない）
　　b.　They disobey every law.　（あらゆる法律に従わない）
(4) a.　Everybody is not happy.　（すべての人が幸せなわけではない）
　　b.　Everybody is unhappy.　　（すべての人が不幸せだ）
(5) a.　John doesn't agree with both of the linguists.
　　　（二人のどちらとも意見が一致しているわけではない）
　　b.　John disagrees with both of the linguists.
　　　（二人のどちらとも意見が合わない）　　　（太田 1980: 663）

上にあげたような事実は，否定の接辞が単語の内部のみでしかその否定の作用を発揮できないことを示しています。このことから，意味解釈においても語彙的緊密性があることがわかります。では，語の内部での否定とはどのようなはたらきでしょうか。実は，上にあげた例からもわかるように，接辞によって微妙にその機能が異なり，また，同じ接辞でも結合する語の意味によって意味が異なる可能性があります。冒頭の設問であげた例文①－③の容認性の違いを説明するには，in-, un-, non- による否定のはたらきの違いと，結合している形容詞の意味の両方を明確にする必要があります。それに先立って，まず否定の意味についての重要な2種類の区別について紹介します。

8.2.2. 反対と矛盾

まず，意味論において「否定」には〈反対 (contrary) 概念〉と〈矛盾 (contradictory) 概念〉の2種類が区別されることが知られています。両者の違いを端的に説明すれば，矛盾の関係にある概念は一方でなければ他方という関係にあるのに対して，反対の関係にある概念は両者のいずれでもない部分を残している関係だといえます。わかりやすく図示すれば以下のようになります。

（6）〈矛盾〉　　　　　　　　　　〈反対〉

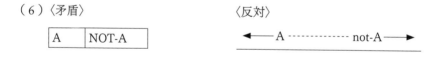

文レベルでの否定要素 not は，普通は，もとの文が表す内容と矛盾の関係となる意味を表します。ですから，John belongs to the club. と John does not belong to the club. という二文は，上の左の図のようにそのどちらでもない状況があり得ない関係です。しかし，語レベルでの否定を表す接辞の場合には，矛盾と反対両方の意味を表す可能性があります。冒頭の設問であげた①では，happy と unhappy が両方とも否定されても問題がないことから，unhappy における否定接辞 un- は矛盾ではなく反対概念を表していることがわかります。つまり，①の文は John が happy でも unhappy でもない状態，（6）の右の図

で言えば真ん中の点線の部分を表しているのです。③の in- も同様に反対を表しているものです。いっぽう，Christian と non-Christian の場合はこの構文に現れることができず②は容認されません。すなわち，A と non-A はいずれでもない真ん中の部分が存在しない矛盾の関係を表しているということになります。

　このように，語の内部における否定接辞は，否定といっても反対を表す場合と矛盾を表す場合とがあるので注意が必要です。しかも，以下で見るように，このいずれの意味であるかは，接辞だけによって決められるものとは限らず，結合する基体の意味が関係するので少し厄介です。ただし non- や，日本語でも「無意味」「無意識」「無差別」などに現れる「無 –」には矛盾概念を表すはたらきしかなく，この点において non- と「無 –」は意味機能において not や「ない」に近いといえるでしょう。しかしながら，8.2.1. で述べたように，一般には non- も含めて接辞による否定は，あくまでも結合する単語の意味にのみ作用するものということは注意しておきましょう。

8.2.3. 形容詞の性質と否定接辞の意味解釈

　冒頭の設問であげた①③と②の対比を見ると，in-, un- は反対概念，non- は矛盾概念を表すと言ってよいように思えます。事実，以下に示すような例ではそのような一般化がほぼ正しいと言えます。

（7）a.　inadequate, inadvertent, indecent, infamous, inglorious
　　 b.　uncandid, unkind, ungraceful, unmerciful, unsocial
　　 c.　non-alcoholic, non-marital, non-linguistic, non-verbal

しかしいっぽうで，infinite, intransitive, immortal など in- が結合して基体の矛盾概念を表している場合も存在します（in- の子音の発音が基体によって変わることについては，7 章参照）。un- については，(8) にあげるような，基体が動詞に -able や過去分詞と同形の形容詞を作る -en/-ed（以下ではこれらの異形態をすべて含むものとして -ed と表します）が付いた形のものについてほぼ規則的に矛盾概念を表します。これらは，もとの形容詞が「〜できる」

「〜された状態にある」という意味であるのに対して「〜できない」「〜された状態にない」という意味を表していて，(9) に示すように矛盾の関係を表しています。

(8) a. uneatable, unacceptable, unjustifiable, unknowable, unsolvable
　　b. uncooked, unknown, unpaid, unseen, unsolved, unaccepted
(9) a. *This question is neither solvable nor unsolvable.
　　b. *His opinion is neither accepted nor unaccepted in the society.

では，なぜ同じ接辞でも結合する形容詞によって反対と矛盾という異なる意味が表されるのでしょうか。この問題を解決するには形容詞の意味論について少し知っておく必要があります。形容詞は 3 章で紹介した語彙概念構造を用いるなら一律に状態 [x BE AT α] (α は HAPPY のように特定の状態を表す概念) で表記される意味構造で表されますから，形容詞の中で意味の特徴付けを行うには別の観点が必要です。ここで問題にしている反対と矛盾の違いを論じる際に関係するのは，形容詞の意味特性のうち〈段階性〉とか〈尺度性〉と呼ばれている性質です (詳しくは 6 章を参照)。

さて，この段階性の有無が接辞による否定の意味とどのように関係するのでしょうか。ここでもう一度 (6) の二つの図を思い出しましょう。A が段階性を有する形容詞の場合，程度の差が含意されるためその尺度が想定されます。A と not-A はその尺度上でのプラスとマイナスの値を表すことになります。ですから，そのどちらでもない中間的段階が存在する可能性があるのです。いっぽう，A が段階性をもたない形容詞の場合は，A でなければ NOT-A の可能性しかありません。したがって両者は矛盾の関係として解釈されるのです。実際，(7a)(7b) にあげた例を見るとすべて基体形容詞は段階性のある概念を表しているのに対して，(7c) の例では，alcoholic は「アルコールを含んだ」，marital は「結婚の」，linguistic は「言語の (言語に関わる)」，verbal は「言葉に関する」というように，程度の差が想定できない性質を表しています。同様に，finite「有限の」，mortal「死ぬ運命にある」のような形容詞や「動詞＋ -able/-ed」のような派生形容詞にも段階性が認められないた

め，これらは in- や un- と結合しても矛盾を表す派生語となるのです。以下で見るように，in-, un-, non- の間にはどのような基体と結合しやすいかについてある程度棲み分けが見られますが，基本的には，否定接辞の意味解釈は，まず，基体形容詞に段階性があるかどうかによって決められると考えることができます。

8.2.4. 接辞の棲み分けと阻止

　基体形容詞の段階性の有無によって否定接辞が矛盾か反対かいずれを表すかが決定されると述べましたが，実際は，同じ形容詞に異なる否定接辞が付いて，それらが異なる意味を表すという場合がしばしばあります。たとえば，以下の例を見てみましょう。

(10) a.　John's behavior is inhuman.
　　　　（ジョンの行為は人間的でない（冷酷だ））
　　b.　In this film John is a non-human character.
　　　　（この映画でのジョンは人間ではないキャラクターだ）
(11) a.　This ritual is unchristian.
　　　　（この儀式はキリスト教精神に反する）
　　b.　This ritual is non-Christian.
　　　　（この儀式はキリスト教とは関係ない）
(12) a.　illegal wedding　　（重婚や 15 歳以下の結婚のような不法な結婚）
　　b.　nonlegal wedding　（法律外の結婚，すなわち事実婚）

　(10) (11) の例では，同じ形容詞が基体であるにもかかわらず，in-, un- が付くと反対概念，non- が付くと矛盾概念が表されています。なぜこのようなことが生じるかというと，もとの形容詞の〈段階性〉の有無が文脈によって変わり得るからです。その結果，これらの例では 2 種類の否定の意味が接辞によって棲み分けられているのです。また，(12) の例では，いずれも基体の legal とは矛盾の関係にある語ですが，non- による否定では，もとの語が意味する「法律」というカテゴリー自体から逸脱していることが表されてい

ます。(11b) における non- も同様の意味を表しています。つまり，non- が表す矛盾の意味というのは多くの場合「～という概念が適用されない」とか「～とは無関係の」といった解釈になるのです。(10)–(12) のように同じ基体に複数の否定接辞が結合してそれらが異なる意味を表すという現象の説明には，2.1.3. で紹介した〈阻止〉と呼ばれる原則を適用することができます。まず，2.1.3. の (3b) では，irregular の存在によって #unregular の派生が阻止されることを示しましたが，regular のように段階性がない概念しか表せないと考えられる基体については，このように複数の否定接辞による派生が完全に阻止されます。この場合のように，一般に 7 章で紹介した接辞付加規則の順序付けによって，in-X によって un-X が阻止され，その逆はありません。また，non-X が in-X, un-X によって阻止されることはありますが，その逆はありません。一般に，in-, un-, non- の中では non- がもっとも新しい語を作り出す能力が高く，原則として矛盾を表すため意味が透明であることから，辞書に登録されていないものも多く存在します。いっぽう in- は，語源的にはラテン語からの借用語で，はじめから in- が付いた形で英語に入ってきたものが多いので，ほとんどが辞書に登録されています。したがって，infinite（無限の），imperfect（不完全な）のように矛盾を表す in-X が存在している場合は，non- の付加も阻止されます。さらに，2 章で述べたように接辞付加には語種の制限があり，ラテン語源の in- はラテン系の基体に付加されるのに対して，語源的にゲルマン系の否定接辞である un- には，そのような制限がありません。non- のように意味が透明とは言えませんが，特に (8) のようなある一定の型の基体については，辞書には登録されていないものも多く存在します。したがって，同じ意味を表すなら，in- → un- → non- の順で阻止がはたらくと予測されるのです。これは，7 章で示した接辞付加の順序付けの仮説に合致した説明でもあります。なぜなら，in- は基体の音韻変化を引き起こすクラス 1，un- はそのような影響を起こさないクラス 2 の接辞なので，規則の順序から言って，in-X は他の否定接辞が付いた語よりも先に存在すると考えられるからです。上記のような事実や仮説に照らせば，in-X が un-X や non-X を，また，un-X が non-X を阻止することが説明できます。

さて，(10)(11)(12) のような場合にはなぜ 2 種類の否定接辞が共存し得

るのかという問題に戻りましょう。その理由は，これらの場合では基体形容詞に異なる意味解釈の可能性があるために否定の解釈も異なっており，それゆえ，どちらかが阻止されるということはないからです。すなわち，human には「人間の」と「人間的な，人情のある」，Christian には単に「キリスト教の」と「キリスト教（徒）らしい」，また，legal には「法律の」と「合法の」といった意味があり，たとえ in-X（や un-X）が辞書に登録されていても，それらとは異なる否定概念を表すなら，non-X は阻止されることがないというわけです。

8.3. 日本語の否定を表す接頭辞

この節では，日本語の否定を表す接頭辞について取り上げます。まず，形容名詞および性質を表す名詞（e.g., 不幸，無欲，非金属，未成年）を生産的に派生する日本語の否定接頭辞には「不-」「無-」「非-」「未-」があります。いずれも漢語なので，語種の選択関係から言えば原則として基体も漢語ということになりますが，「非-」以外の接頭辞については以下の例に示すように，和語への付加も認められます。「無-」「未-」については，ごく少数ですが，「不-」は，和語との結合にもある程度生産性があるようです（cf. 日本語記述文法研究会 2007, 久保 2017）。

(13) a. 不当たり，不幸せ，不心得，不確か，不仲，不揃い，不手際，不手回し，不慣れ，不似合い，不払い
 b. 無届け，無考え，無傷，無手，無口，無腰
 c. 未届け，未払い

また，非常に新造能力が高い「非-」については外来語にも付加することができます。たとえば，「非ステロイド薬」「非ヒスパニック系白人」「非イオン活性剤」など，英語では non- が用いられているところにその訳語として「非-」がしばしば使われています。このように，4 種類の否定接頭辞は，結合する語種によってある程度の棲み分けがあります。

では，意味的・統語的な側面からみて，これらに違いはあるでしょうか。まず，これら4種類の接辞が付加される基体を整理しておきましょう（例の大半は久保（2017）から引用しています）。

「不-」
(14) a. 形容名詞との結合
　　　　不確か，不幸せ，不完全，不健康，不公平，不自由，不自然，不誠実，不適切，不透明，不鮮明，不必要，不平等，不可能
　　b. 動詞連用形との結合
　　　　不揃い，不慣れ，不払い，不釣り合い
　　c. 一般名詞との結合
　　　　不幸，不漁，不景気，不利益，不規則，不義理，不条理，不合理
　　d. 動名詞との結合
　　　　不勉強，不安定，不合格，不許可，不注意，不特定，不採用

「無-」
(15) a. 一般名詞との結合
　　　　無一文，無一物，無人，無名，無線，無欲，無力，無重力，無意味，無価値，無関係，無国籍，無神経，無事故，無邪気，無宗教，無責任，無秩序，無表情，無分別，無防備，無利息
　　b. 動名詞との結合
　　　　無害，無意識，無意味，無関係，無感動，無制限，無抵抗，無得点，無投票
　　c. 動詞連用形との結合
　　　　無届け，無考え，無реそり

「非-」
(16) a. 形容名詞との結合
　　　　非科学的，非可逆的，非協力的，非近代的，非現実的，非合理的，非社会的，非生産的，非論理的
　　b. 一般名詞との結合
　　　　非可逆，非金属，非近代，非現実，非公式，非合理，非合法，

非常識，非論理
c. 動名詞との結合
非公開，非接触，非課税，非公認

「未-」
(17) a. 動詞連用形との結合
未届け，未払い
b. 動名詞との結合
未解決，未開拓，未開封，未完成，未完結，未経験，未公開，未使用，未収録，未成年，未成熟，未成立，未発表

　これらの接頭辞に共通しているのは，「不快，無言，非常，未熟」のように単独では使用できない拘束形態素に付加されるということと，動詞の連用形も名詞用法があることを考えると，広義での名詞に付加されるということです。さらに，注目すべきなのは，接頭辞が付加されることで基体とは異なる品詞が派生されることがある点です。「不-」を例にとって説明しましょう。「不-」は，大まかに分類すると（14）に示すように様々な品詞と結合しますが，（14b）（14c）と（14d）の一部については，基体は名詞であるにもかかわらず「不-」が付加されると形容名詞としても用いられる（e.g., 不釣り合いが原因の別離／不釣り合いな夫婦，不注意が災いする／不注意な運転），あるいは形容名詞としてしか用いられない（e.g., 不慣れな，不規則な，不安定な）ということが観察されます。他の3種類の接辞にもこの点は共通しており，これは英語の否定接辞にはない特徴です。「不許可」「無投票」「非金属」「未解決」のように，形容名詞として用いることのできないものもありますが，これらも物の属性や状態を表し述語のはたらきをする名詞として使われます。すなわち，意味的観点から言えば，日本語の否定接頭辞は，基体の意味カテゴリーを変えて，性質を表す語にすることができるということです。
　どのような否定を表すかについては，4種の接辞の間で違いが観察されます。まず，「不-」は，少なくとも（14a）（14b）については，段階性のある概念を表す基体と結合し，反対概念を表すことが観察されます（cf. 久保 2017: 34）。

(18) a. 私は幸せでも不幸せでもない。
　　　私は幸せではないが不幸せでもない。
　　b. 彼の態度は誠実だとも不誠実だともいえない。
　　c. 彼女は舞台に慣れてはいないが，不慣れでもない。

　ただし，すべての「不-」が反対を表すとは言えず，「可能」と「不可能」，「合格」と「不合格」は矛盾の関係にあります。つまり，「不-」は，基体が段階性を有する意味を表すかどうかによって，反対を表すか矛盾を表すかが決定されると考えられます。これは，英語の in-, un- においても観察されたことです。

　これに対して，「無-」「非-」「未-」は矛盾しか表すことができません。

(19) a. *この添加物は（有）害でも無害でもありません。
　　b. *この事件は彼とは関係はないが，無関係だとも言えない。
　　c. *この説明は論理的とも非論理的とも言えない。
　　d. *彼のブログは公開されていないが非公開でもない。
　　e. *この問題は解決していないが，未解決でもない。
　　f. *彼は成年ではないが，未成年でもない。

　「無-」は基体が表す物や状況が存在しないことを意味しますから，矛盾概念を表すのは当然だとも言えます。また，「未-」は久保（2017）が述べる通り，時間的な経緯が前提される語に付加され，それが完結していないことを表しますから，これもおのずと基体とは矛盾の関係になります。「非-」が表す否定について久保（2017: 39）は，「語基のあらわすカテゴリーに属していない」（ここで「語基」とは，本書で基体と呼んでいるもの）ことを表すとしていて，以下のように興味深い「無-」との対比を示しています。

(20) a. 　［非［漢字圏］］からの留学生は，やはり漢字が苦手だ。
　　b. *［無［漢字圏］］からの留学生は，やはり漢字が苦手だ。
　　c. 　［［無［漢字］］圏］からの留学生は，やはり漢字が苦手だ。

(20a)の「非漢字圏」という表現は，「非−」が「漢字圏」を否定しており，「漢字を用いる文化をもつ国のカテゴリーに含まれない国」を指しています。これに対して，(20b)のように「無−」によって「漢字圏」全体を否定することはできません。現実世界においては，確かに「漢字圏」と「非漢字圏」が存在し，「漢字圏が存在しない」ということはあり得ないからです。ただし，(20c)のように，「無−」が「漢字」に付加されている場合は，「漢字が存在しない，つまり使われていない国」として解釈されるので，容認されるようになります。このように，同じ矛盾を表すとはいえ，この三つの接頭辞には意味作用の違いがあり，付加される語の条件も異なります。先述の通り英語のnon- の訳語として「非−」が当てられるのは，「〜という概念が適用されるカテゴリーに含まれない」ことを表すという共通点によるものです。

8.4. 英語の動詞に付加される接頭辞

　英語では，動詞に付加される接頭辞も非常に豊富に存在します。この節では動詞の意味を変える接頭辞のはたらきを，動詞の概念構造を用いることによって明確にしてみたいと思います。前節では形容詞に付加される否定の接頭辞について見てきましたので，まず，同じ否定的な意味を表すものとして冒頭の設問の④に用いられている un- のような動詞に付加される接頭辞について考えてみましょう。伝統的には形容詞に付加される un- と動詞に付加される un- とは異なる接辞だと考えられてきました。確かに，この④の例でいえば，John untied the string.（ジョンはひもをほどいた）は，John didn't tie the string. とパラフレーズの関係にはありませんし，tie と untie が 8.2.2. で述べたような意味での〈反対〉の関係にあるとも言い難いでしょう。しかし，英語話者には動詞に結合されている un- も否定の接頭辞であるという直感があることも無視できません。このような直感は，動詞の意味構造において un- がどのようなはたらきをしているかを明らかにすることによって説明することができます。3.2. で説明した概念構造を使って untie（結ばれているものをほどく）の意味を表してみましょう。まず，John tied the string. の概念構造は，以下の通りです。

(21) [[John ACT-ON string] CAUSE [string BECOME [string BE AT-TIED]]]
      ⎵_____⎵   ⎵_____⎵
              <1>   <2>

<1>の部分がジョンが行ったひもに対する何らかの働きかけの行為を，<2>の部分がその結果引き起こされたひもに生じた変化（結ばれた状態になった）を表します。さて，接頭辞 un- が付くことでこの概念構造に何が起こるでしょうか？「ジョンがひもをほどいた」という出来事においてもジョンはひもに対して何らかの働きかけを行うので，<1>の部分には変わりがありません。変更が生じるのは，<2>の部分，それもひもが最終的にどのような状態になったかを表す最後の [BE AT-α] の部分だと考えられます。un- が表す否定 NOT は，この部分に挿入されると仮定すればよいのです。つまり，④の最初の文の意味は，以下のように tie の概念構造（21）を基盤とし，否定を表す NOT を適切な位置に挿入することによって表されると考えられます。

(22) [[John ACT-ON string] CAUSE [string BECOME [string BE **NOT** AT-TIED]]]

このように仮定すれば，動詞に付く un- が否定しているのは基体動詞が表す出来事の結果状態の部分だけなので，語の内部にまで影響を及ぼすことのない文のレベル（統語構造）における否定辞 not によるパラフレーズはできないことも説明できます。
　un- による否定が結果状態に作用するという点では一貫しているとしても，基体の動詞の意味によってはその作用に違いが生じることに注意してください。たとえば，働きかけの結果が，目的語の位置変化であるような動詞について考えてみましょう。

(23) a.　John loaded goods onto the truck.
　　　b.　John unloaded goods from the truck.

これらの文の概念構造は，以下のように表すことができます。

(24) a.　[[John ACT-ON goods] CAUSE [goods BECOME [goods BE ON-truck]]]
　　 b.　[[John ACT-ON goods] CAUSE [goods BECOME [goods BE **NOT** ON-truck]]]

（22）と（24b）において，NOT はいずれも BECOME に後続する結果状態の部分に挿入されているのですが，（24b）では，NOT の後にあるのは場所を表す項であり，これが統語構造に表される際には，from を伴っていることに注意してください。つまり，概念構造上の NOT ON が from として具現化されているのです。いっぽう，「（ひもなどを）結ぶ」という状態変化を表す tie のような動詞に付加される場合は，NOT の項への影響はなく，（25）に示すように，un- 付加によって項の現れ方に何の変化もありません。このように，un- は付加される動詞の意味によって，もとの動詞がとる項の表し方，すなわち，統語的選択素性に変更をもたらすこともあれば，何の影響もない場合もあるという事実についても，概念構造による分析によって適切な説明が与えられます。

(25) a.　John tied the string.
　　 b.　John untied the string.

ここで言う統語的選択素性とは，〈下位範疇化素性(subcategorization feature)〉とも呼ばれるもので，どのような補部をとるのか，直接目的語をとるのか，前置詞つきの補部をとるならどのような前置詞か，といった情報のことです。

　さて動詞に付加される否定的な意味を表す接頭辞としては un- 以外に（5）の例にあげた dis- もありますが，両者にはどのように違いがあるのでしょうか。生産性において dis- は un- よりずっと低いのですが，接頭辞自体に「分離」「剥奪」の意味があることから，disburden（荷を降ろす，取り除く），discharge（荷や乗客を降ろす），disenchant（魔法を解く）などのような剥奪動詞を作るものが多く見受けられます。また，（26）に示すように，dis- は状態性の動詞と結合し（e.g., disbelieve, distrust, disagree, disallow, dislike, disfavor），not

でパラフレーズできるような矛盾の意味を表すことができますが，un- はこれらの動詞に結合することはできません。

(26) a. John disbelieves our story. =John does not believe our story.
　　 b. John dislikes rainy weather. =John does not like rainy weather.
　　 c. *John unbelieves our story. *John unlikes rainy weather.

その理由も先述の意味構造によって説明することができます。un-X の意味構造において un- が否定するのは X が表す出来事の結果状態の部分であるとすれば，そもそも結果の含意がない状態動詞には un- が結合できないと考えられるからです。これに対して状態動詞に結合した dis- による否定は基体動詞の意味構造全体にかかるものだと考えるべきでしょう。だからこそ (26) に示すような not によるパラフレーズが可能なのです。

　次に冒頭の設問の例文⑤と⑥にあげた over- 付加についても un- と同様の分析が有効であることを見ておきましょう。over- は前置詞の over と同様に，何かを超えている，あるいは，何かの上をおおっていることを意味する接頭辞です。そのことは以下のように，over- が付いた派生動詞が前置詞 over を使ってパラフレーズできることからもわかります。

(27) a. The river overflowed the banks. =The river flowed over the banks.
　　　　（川が堤を超えて氾濫した）
　　 b. The grass overgrows the garden. =The grass grows over the garden.
　　　　（草が庭を一面におおうように生えている）

このパラフレーズを参考にすると，over-V の目的語は動詞が選択するものではなく，本来 over が表す意味，概念構造上の OVER の目的語に相当するものだと仮定することができます。そのことにより，flow, grow といった自動詞から他動詞が派生されるのです。ところが，冒頭の設問の⑤ではどうでしょうか？ simplify という状態変化を表す動詞が基体の場合，over- が付加されても動詞が選択する目的語に変化はありません。これは，un- が表す NOT

と同様に，OVERが結果を表す部分を修飾するため，状態変化動詞の場合は，もとの動詞の項構造に影響を与えないからだと考えられます。LCSで表すと（28b）のようになり，OVER-SIMPLEは単純すぎることを表しています。いっぽう，overflowのような例では，（28c）のようにOVERの後に必ず項が必要になるので，これが目的語として表されることになるのです。

(28) a. We oversimplified the rule. / We simplified the rule.
　　 b. [[x ACT-ON y] CAUSE [y BECOME [BE AT [OVER-SIMPLE]]]]
　　 c. overflow : [x MOVE [TO [OVER y]]]

　では，冒頭⑥の例はどのように説明できるでしょうか？　sleepは本来目的語をとらない活動動詞で，oversleep XをsleepoverXのようにパラフレーズすることはできません。また，概念構造においても場所表現が現れる可能性は低く，overflowのような分析はできません。しかしながら，この場合もover-を付加することで，目的語が必須となることに注意してください。

(29) John overslept my appointment. / *John slept my appointment.
　　　（ジョンは私との約束時間を超えて寝た→約束の時間を寝過ごした）

この文で目的語は基体動詞が表す行為が継続した時間軸上の基準を表していて，その行為が何を超えてゆき過ぎてしまったかを表しているのです。このように，over-は，原則として基体動詞が表す出来事が何を超えてゆき過ぎたか，その基準を示す目的語を導入するはたらきがあります。この事実を概念構造を用いて説明するには，少し複雑な操作を仮定する必要がありますが，基体動詞が表す行為が，OVERがとる項（(29)ではmy appointment）を超えて行われたことを表せば，over-派生動詞の意味と下位範疇化素性とを関係づけて説明することが，できると思われます（詳しくは由本(2005)）。

　以上見てきたように，形容詞に付加される接頭辞と同様，動詞に付加される接頭辞の場合も，接頭辞の意味機能が一定であっても基体の意味構造によって異なる解釈が導かれる可能性があります。この事実は，概念構造を用いた

分析によって，適切に説明できることを示しました．さらに，動詞に接頭辞が付加されることによって生じる下位範疇化素性の変更についても，接頭辞自体の性質として捉えるよりも，基体の LCS が接頭辞付加によって変更され，その結果導かれる概念構造によって項構造や選択素性が決定されていると考える方が，原理的な説明をすることができることを示しました．

 考えてみよう

◆ 同じ基体に，in-, un-, non- のうち複数の接頭辞が付加され得る場合があります．そのような例を集めて，その意味の違いを調べてみましょう．

◆ 同じ基体に，「不-、無-、非-」のうち複数の接頭辞が付加され得る場合があります．そのような例を集めて，その意味の違いを説明してみましょう．

◆ 「未-」が付加され得る動名詞には，どのような意味的制約があるか考えてみましょう．

 さらに深く知りたい人に

Allen, Margaret. (1978) *Morphological Investigations*. Ph.D. dissertation, University of Connecticut.
　英語の形容詞に否定の意味を付け加える接頭辞の棲み分けについて，順序付けの仮説とも関連付けた分析が示されている．
久保圭（2017）『日本語接辞にみられる否定の意味的多様性とその体系的分類』博士論文，京都大学.
　日本語の否定の意味を付け加える接頭辞について，個々に詳しく記述されている．
由本陽子（2011）『レキシコンに潜む文法とダイナミズム』開拓社.
　英語の動詞への接頭辞付加については 9 章で述べている．

9章　複雑語の形成と項構造

> ① the hunting of the foxes や「先生の呼び出し」にはどのような解釈が可能でしょうか。
> ② the dancing of the kids や「子供の（ソファでの）飛び跳ね」にはどのような解釈が可能でしょうか。

【キーワード】項構造，項の具現化，受け継ぎ，名詞化，動詞由来形容詞，事象名詞，モノ名詞

9.1. 動詞の名詞化と項の現れ方

　出来事を名詞で表す方法として，英語では動詞を基体として接尾辞を付加して名詞にする〈名詞化（nominalization）〉という語形成が頻繁に用いられます。しかも，（1）に示すようにその接尾辞は何種類もあります。いっぽう日本語では，（2a）に示すようにそもそも和語の動詞から出来事を表す名詞を派生する接辞が存在せず，一部の動詞の連用形が名詞として用いられます。ただ，日本語でも（2b）に示すように，動詞の連用形の前に副詞的要素や動詞の目的語にあたる名詞を付加した〈動詞由来複合語〉（10章参照）にしたり，（2c）のように二つの動詞を組み合わせた複合動詞（12章参照）の連用形にすれば，出来事を表す名詞が作りやすくなります。さらに，（2d）の「-方」という接辞はさまざまな動詞に付いて方法や様態を表す名詞を作ります（13章参照）。

（1）a.　arrive → arriv<u>al</u>, remove → remov<u>al</u>, construe → constru<u>al</u>
　　 b.　select → select<u>ion</u>, deduce → deduct<u>ion</u>, produce → product<u>ion</u>
　　 c.　encourage → encourage<u>ment</u>, develop → develop<u>ment</u>,

achieve → achieve<u>ment</u>

d. hunt → hunt<u>ing</u>, swim → swimm<u>ing</u>, fly → fly<u>ing</u>

（2）a. 狩る→狩り，泳ぐ→泳ぎ，争う→争い，流れる→流れ
（cf. 断つ→ #断ち，食べる→ #食べ）

b. ななめ読み，早食い，高飛び，お茶断ち，山歩き，色づけ

c. 書き損じ，持ち込み，食べ歩き，とりはずし，とりつけ

d. 読み方，食べ方，減り方，取り付け方，恥ずかしがり方

さて，出来事を表す動詞には，3章で述べたように，その意味を完成するために必要な要素があります。それは動詞の意味構造である LCS においては x や y のような変項で表される要素で，項構造を構成する〈項〉と呼ばれるものです。動詞を名詞化した場合も，次のように項が現れること，つまり〈項の具現化（argument realization）〉が観察されます。

（3）a. They destroyed the old building in three days.

b. the destruction of the old building (by them) in three days

c. ??They finished the destruction in three days.

（4）a. 村人がたった1日でやぐらを組み立てた。

b. （村人による）たった1日でのやぐらの組み立て

c. ??村人がたった1日で組み立てを終えた。

(3b)(4b)では in three days や「たった1日で」という時間を表す修飾があることから，destruction や「組み立て」という名詞が出来事を指していることがわかりますが，名詞と共に of the old building,「やぐらの」という形で，基体動詞の目的語にあたる項が現れています。そして，(3c)(4c)からわかるように，その項を表さないと，文脈から目的語が何であるかが明らかな場合を除いて不自然な表現になります。このように，動詞からの派生語は名詞であっても基体動詞に由来する項をもっていると考えられます。これは，基体動詞の性質をもとに，派生語の統語的性質が決定されていることを示しています。このような現象を〈（項構造の）受け継ぎ（inheritance）〉と呼んで

います。

　ここで注意深い読者は，(3b) と (4b) の名詞化において，基体動詞の主語にあたる by them や「村人による」が表されなくても容認されることを不可解に思われるでしょう。確かに，動詞 destroy や「組み立てる」は主語と目的語にあたる二つの項をとるのですから，名詞化した場合にも二つの項を表す必要がありそうに思いますが，この文で義務的に要求されるのは目的語の方だけで，主語は括弧で示したように by を伴う前置詞句（すなわち付加詞）として現れるか，あるいは，文脈から明らかな場合や不特定の人である場合には省略することもできるようになるのです。この事実は何を表しているでしょうか。

　3章で述べた〈項構造〉のことを思い出してみましょう。3章では2種類の自動詞の差異を説明する際に，動詞の項構造はその動詞が現れる文の基底構造を決めるもので，項構造において重要な情報は〈外項〉と〈内項〉の区別であることを述べました。上で見た名詞化における項の義務性の違いも，その区別によって説明するなら，動詞にとっては必要な外項が，名詞化を経ると随意的な要素に変わるということになります。つまり，出来事を名詞概念で表す場合には，外項にあたるものは特に表す必要がないということです。では，内項を主語とする非対格自動詞の場合はどうなるのかを見ておきましょう。

(5) a.　The rapid melting {of the ice /*by the ice} was surprising.
　　a'. ??The rapid melting was surprising.
　　b.　The accident happened after the arrival of the train.
　　b'. ??The accident happened after the arrival.
(6) a.　放送中に音声の乱れがあった。
　　a'. ??放送中に乱れがあった。

(5)のように基体動詞の主語は名詞化においても依然として義務的な項として具現化し，by ではなく of を伴った前置詞句として現れ，(5a')(5b')(6a')のように省略することはできません。これは，3章で見たように非対格自動

詞の主語が〈内項〉だからなのです。これは，主語であっても，他動詞の目的語と同様に，内項は出来事の意味を成立させるのに必要だということです。いっぽう，冒頭の設問②にあげた dancing や「飛び跳ね」は，外項だけをとる非能格自動詞なので，項は省略可能です（e.g., The dancing continued.「ソファーでの飛び跳ねを禁止する」）。（設問の答えは 9.2. の最後を参照。）以上のことから，英語でも日本語でも，名詞化によって，項のうち省略可能になるのはもとの動詞の主語ではなく，外項であるということが明らかになります。

このように動詞を基体として出来事を表す派生名詞では，もとの動詞の項構造が外項を除いて受け継がれます。では，名詞化において，動詞から受け継いだ項はどのように表されるでしょうか。これまで見たように，英語では，派生名詞の項は何らかの前置詞を介して結合されています。(7) の例からもわかるように，一般に動詞の目的語であった内項（直接内項と呼ばれる：3.4. 参照）が of 句で，それ以外の〈間接内項〉，たとえば授受動詞 hand の着点や位置変化動詞 put の場所を表す項などは，動詞で表す場合と同じ to, into, on, at などの前置詞を伴って表されます。

（7）a. to hand toys to babies → the handing of toys to babies
　　 b. to put boots on the shelf → the putting of boots on the shelf

英語では，動詞は目的語の位置に直接内項にあたる名詞を前置詞を介さずにそのままの形でとる（e.g., hand toys）という統語的性質をもちますが，名詞にはそのような性質が備わっていません。そのため，名詞化によって動詞から受け継がれた項構造をもっている名詞でも，その項を統語的に表すのに前置詞を介さなければならないのです。(7a) (7b) の間接内項につく前置詞 to と on は基本的に LCS で示される項の意味役割（着点，場所項など）を反映するものといえます（3 章参照）。では，(7a) (7b) の内項につく of は何を表すのでしょうか？　生成文法では，動詞の目的語に相当する名詞が動詞以外の要素とともに現れる場合に目的語という文法関係を表す of が挿入されると考えられています。つまり，他の前置詞 to や on などが意味役割をそのま

ま反映しているのに対して，of は目的語すなわち直接内項を表す単なる標識だということです。

　日本語における名詞化による項の受け継ぎは，(8) のようになります。

(8) a.　子供におもちゃを手渡す　→　子供へのおもちゃの手渡し
　　 b.　上司から書類を受け取る　→　上司からの書類の受け取り

日本語では動詞とともに現れる目的語は一般に助詞「を」で標示されますが，名詞化において直接内項は「の」という助詞を伴って表されます。いっぽう，間接内項は「に」（着点）や「から」（起点）など基体動詞が選択する意味役割を表す助詞に「の」がついた形で具現化されます（「に」は「の」が後続する場合は「へ」になります）。

　接辞「-方」による名詞化においても項の受け継ぎは観察されます。興味深いことに，次の例のように，文においては「に」で標示される内項の一部も，「-方」による名詞化では「の」で標示されます。

(9) a.　電車に乗る → 電車の乗り方（?? 電車への乗り方）
　　 b.　間違いの気づき方，ホテルの泊まり方，風呂の入り方

それに対して，動詞連用形が名詞として使われる場合には，内項が「の」ではなくその意味役割を反映した助詞を伴って現れる場合も見られます。

(10) a.　友人を励ます→ 友人への励まし（cf. 友人の励まし方）
　　　b.　友人の励まし

さらに，(10b) に示すように「の」だけを伴う「友人」は動詞の内項ではなく励ます側，つまり外項にあたる名詞の解釈をもつので，(10a) (10b) の派生名詞「励まし」は事象を表してはいるものの，項構造を受け継がないと考えられます（英語におけるこの種の名詞については 9.2. を参照）。最初に述べたように日本語では動詞の連用形は複合語の場合を除いて一部しか名詞に

ならず，その派生名詞は項を受け継がないと考えられますが，「-方」による名詞化は生産性が高く，(10a) の cf. の例のような項の受け継ぎが見られるため，項構造をもつと考えられます。

9.2. 派生名詞の意味と項の受け継ぎ—事象名詞とモノ名詞

　この節では，表面的には同じ動詞の名詞化に見えても，項構造をもたない名詞である可能性もあることを見ていきます。つまり，形の上で動詞と関連があるように見えるからといって，動詞の項構造といった統語的な性質をそのまま受け継いでいるとは限らないということです。ではそれはどのように見分ければよいのでしょうか。まず，動詞から項を受け継いでいるということは，動詞が表す意味をそのまま名詞の中で表しているということですから，当然出来事を表す名詞に限られます。以下のような場合は，意味の違いによって，受け継ぎが起こる場合と起こらない場合が比較的明確に区別できます。

(11) a.　The examination was difficult.
　　　　（試験（問題）は難しかった。）
　　b.　The examination of the applicants lasted many hours.
　　　　（応募者の審査は長時間続いた。）

　(11) の同じ examination を用いた文中でも，項である of 句が表されるのは (11b) ですが，これは「長時間続いた」という述語表現からもわかるように，「応募者を審査する」という出来事を表す〈事象名詞〉です。(11a) の examination は試験の問題という具体物について難しかったと述べているのであって，試験という出来事に言及しているのではありません。他にも，たとえば building, discussion, solution などが同じ曖昧性をもちます。
　日本語でも動詞連用形の名詞用法に，英語と同じように事象 (12a) と具体物 (12b) の解釈の曖昧性をもつものがあり，事象名詞 (12a) では文脈から特定されない内項は義務的に現れますが，具体物を表す場合 (12b) では内項が現れません。具体物を表す名詞は出来事を表すという動詞としての性

質を失っており，したがって項の受け継ぎも起こらないのです。

(12) a.　願書の受け付けが始まった。／預金の引き出しに5分かかった。
　　 b.　この会社は受け付けが3階にある。／引き出しを整理した。

動詞連用形の名詞用法では，出来事の意味はもたず具体的あるいは抽象的な物のみを表す場合もあります（e.g., 包み，固まり，焦げ，思い，望み）。このような名詞は，出来事を表す事象名詞とは区別し，〈モノ名詞〉と呼ばれます。モノ名詞は動詞が表す出来事の結果生じる事物を表すことが多いため，〈結果名詞〉と呼ばれることもあります。
　ここまで，事象名詞は項を受け継ぐと述べてきましたが，実際には（11a）と同様に項が現れない（13）のような例も容認されます。

(13) The examination will be held on Thursday.
　　 （試験は木曜に行われます。）

この文は試験の開催日について述べているのですから，examination は出来事を表しているには違いありませんが，行事としての試験を表す名詞として語彙化されており，対象が何なのか，その目的語に当たる項は表されなくても問題ありません。つまり，（13）の examination は出来事を表すにもかかわらず項構造をもたないのです。これは何も不思議なことではなく，派生名詞以外に trip, conference, controversy（論争）など，いくらでも出来事を表す名詞は存在し，これらも単独で使うことができるものですから同じことです。ちなみに，exam という省略形は，項構造をもたない場合，すなわち（13）やモノ名詞の（11a）の場合にのみ使えて，（11b）は exam と省略できません。このように，出来事を表す事象名詞に文法的な観点から見ると異なる性質をもつ2種類があるため，項構造をもつ事象名詞を〈複雑事象名詞〉と呼ぶのに対して，項構造をもたない事象名詞を〈単純事象名詞〉と呼んで区別する場合があります（Grimshaw 1990）。
　動詞から派生した事象名詞が項構造を受け継いでいるかどうかということ

は，以下のようなテストによっても確かめることができます。

(14) a. The <u>expression</u> is desirable.
   b. *The frequent <u>expression</u> is desirable.
   c. The frequent <u>expression</u> of one's feelings is desirable.
   (cf. Grimshaw 1990: 50)

(15) a. *The instructor's intentional <u>examination</u> took a long time.
   b. The instructor's intentional <u>examination</u> of the papers took a long time.   (cf. Grimshaw 1990: 51-52)

(14)では frequent という頻度を表す形容詞によって出来事が複数回起こったことが表されているにもかかわらず派生名詞が複数形になっていません。名詞が具体的な事物を指すのではなく，極めて動詞に近い性質をもっているのです。Grimshaw（1990）によれば，このような場合，派生名詞は複雑事象名詞としての解釈を保障され，目的語に相当する項が義務的に表されるといいます。また，これらの形容詞によって修飾できるということから，複雑事象名詞は動詞と同じような語彙的アスペクト素性（3章参照）ももっていることがわかります。(15)のように意図性を表す intentional のような動作主指向の形容詞をつけることによっても，同じ効果が生じます。先述のようにもとの動詞の主語にあたる動作主は名詞化によって義務的には現れなくなるのですが，動作主指向の形容詞によって修飾できることから，意味的には動作主が含意されていることが明らかになり，複雑述語名詞としての解釈が生じるのです。

　ここでは，動詞が名詞化されてできる事象名詞が項構造を受け継ぐ場合とそうではない場合があること，さらに物を表す名詞になった場合は項を受け継がないことを見てきました。冒頭の設問①の the hunting of the foxes に二つの解釈が生じるのも，このことに原因があります。一つは hunting が出来事を表し，もとの動詞の項構造を受け継いでいて，the foxes はその内項として現れており，of はその文法的関係を示すものという解釈「キツネを狩ること」です。もう一つの可能性として，hunting には上の（13）の examination のように，「狩

り」という，対象を特定しない行為として語彙化された名詞の解釈も可能で，その場合のhuntingは項構造をもたないためof the foxは内項と解釈されません。そして，ofには，項構造に基づき文法関係を標示する場合以外に，所有関係（the house of John），部分−全体（the leg of a chair），製品−素材（dress of silk），内容（the story of my life），作者（writings of Shakespeare）など多様な関係を表す場合があるため，the hunting of the foxesは「キツネが行う狩り」という解釈も可能なのです。冒頭の設問①の日本語の名詞化「先生の呼び出し」においても同様の曖昧性が見られます。派生名詞「呼び出し」が出来事の意味を表す場合は項構造の受け継ぎによって「先生の」は基体動詞「呼び出す」の内項（先生を呼び出す）と解釈されます。それに対して，「先生の呼び出しに応じなかった」のような例では「呼び出し」が「呼び出す行為」という意味の，項構造を受け継がない名詞として解釈され，項構造の受け継ぎがありません。そして，日本語の「の」も英語のofについて上で見たように所有など多様な関係性を表すことが可能なため（e.g., 子供の靴，料理の本，絹のドレス），「先生の」は内項ではなく呼び出し通知の発信者（先生からの呼び出し）という解釈も可能なのです。

いっぽう，冒頭の設問②の例dancing of the kidでは基体動詞danceは受け継ぎが必要ない外項だけをとるため，文法関係を表すものとしてofが解釈されません。意味的にもっとも自然な解釈としては「子供が踊っている」という解釈になります。同様に，日本語の「子供の飛び跳ね」の例でも自然な解釈は「子供が飛び跳ねる」となります。

9.3. もとの動詞の外項を表す派生名詞

　これまで出来事を表す派生名詞には，もとの動詞の項構造や語彙的アスペクト素性などの統語的な性質が受け継がれていることを見てきました。出来事を表すのだから，動詞と類似した性質を保持しているというのは当然のこととして理解しやすいでしょう。しかし興味深いことに，それ自体は出来事を表しているわけではないのにもとの動詞の統語的性質を受け継いでいる派生語も存在します。その一つが，一般に動作主を表すと言われる英語の接尾

辞 -er が動詞に付加されてできる名詞です。例としては以下のようなものがあげられます。

(16) a.　swimmer, runner, skater, prayer, walker, skier
　　　b.　driver of the truck, writer of this book, defender of democracy

(16a) は自動詞から，(16b) は他動詞から派生された -er 名詞です。まず，これらの -er 名詞が何を表すかは，基体動詞の項構造で決まります。具体的には，-er 名詞は基体動詞の外項を表すことが知られています。-er 名詞は動作主名詞と呼ばれることも多く，実際多くの -er 名詞は (16) のように，基体動詞の外項である動作主を表しますが，(17) のように動作主以外の例もあります。

(17) a.　admirer of Soseki（漱石の賛美者）, lover of music, hearer of the speech, finder of the treasure, fearer of open spaces（広場恐怖症の人）
　　　　 cf. He admires Soseki. (he = admirer of Soseki)
　　　b.　Anger is a great defuser of pent-up emotions.
　　　　　　　　　　　　　（Rappaport Hovav and Levin 1992: 130）
　　　　　（怒りはうっ積した感情をおおいにやわらげてくれるものだ）
　　　　　A protein is a potent inducer of new blood vessel growth.
　　　　　　　　　　　（Rappaport Hovav and Levin 1992: 130 より改変）
　　　　　（プロテインは新しい血管の成長を効果的に促してくれるものだ）
　　　　　Benjamin Franklin lauded swimming as "a normalizer and reducer of fatty tissue". （ベンジャミン・フランクリンは，水泳を「脂肪組織を正常にしてかつ減らすもの」として絶賛していた）
　　　　　　　　　　　　　　　　　　　　　（nytimes.com, May 17, 1964）

(17a) の -er 名詞の基体動詞は〈経験者 (Experiencer)〉を外項にとるものです。また，(17b) の -er 名詞は，人ではなく，基体動詞が表す使役変化事象の〈変化の要因 (Cause)〉を表していますが，これは基体動詞の主語にあた

ります。いずれも -er 名詞は基体動詞の外項を表していることになります。

-er 名詞には (18a) に示すように道具を意味するものも多く見られます。

(18) a.　cutter, freezer, opener, wiper, breaker, toaster
　　 b.　The tool cuts wire. (the tool = cutter)
　　　　 The machine dries clothes. (the machine = dryer)

このような道具は (18b) に示すように動詞の主語として現れることができるので，これらの -er 名詞も外項を指していると言えます。つまり，cut や dry といった動詞の外項は動作主の場合もあり（e.g., He cut the wire.），それに対応して -er 名詞は動作主の人を指す解釈もできますが（he = cutter），(18) に示したように，これらの動詞には道具を外項としてとる用法もあり，その場合は -er 名詞が道具の解釈になるわけです。

-er 名詞が基体動詞の外項を表すことは，(18) と (19) を比較するとよくわかります。全ての動詞が道具を表す名詞を外項としてとることができるわけではなく，(19a) のように道具主語を許さない動詞から派生する -er 名詞は，(19b) に示すように道具の解釈ができないことが知られています（Rappaport-Hovav and Levin 1992: 146）。

(19) a.　*The fork ate the fresh fruit. (cf. She ate the fresh fruit with the fork.)
　　　　 *The telescope saw the planet.
　　　　 (cf. She saw the planet with the telescope.)
　　 b.　the fork ≠ eater, the telescope ≠ seer

つまり，-er 名詞の解釈は動作主とか道具といった意味役割として決まるのではなく，外項という項構造に指定される情報によって決まると考えられます。外項をもたない非対格自動詞には対応する -er 名詞がありませんが（*happener, *arriver, *faller），このことも -er 名詞が外項を表すということから説明されます。

ここまで，-er 名詞が基体動詞の外項を表すことを見てきましたが，外項

以外の項は -er 名詞に受け継がれるでしょうか。(16b) や (17) では基体動詞の内項が of 句で受け継がれていますが，(18) では内項が現れていません。さらに (16b) と同じ -er 名詞でも，driver や writer は，「運転手」，「作家」という職業をもつ人の名称として，また defender はサッカーなどのスポーツにおける特定の役割を担う選手の名称として用いられる場合は (20) のように，of 句を伴わずに用いることができ，この場合は動詞の内項を受け継がない名詞であると考えられます。つまり，動作主を表す -er 名詞には，項構造を受け継ぐものと受け継がないものがあると考えられます。

(20) She is a {driver / writer / defender}.

ただし，-er 名詞が常にその両方の用法をもつわけではありません。(21) のような例では，目的語に相当する of 句が義務的であり，省略すると容認されません。職業や役割を表す名詞として語彙化していない -er 名詞は，動詞の項構造を受け継ぐと考えてよいでしょう。

(21) a. a <u>breaker</u> of promises (*a breaker)
　　 b. a <u>devourer</u> of fresh fruit (*a devourer)

（伊藤・杉岡 2002: 35）

これに対して，(18a) のような道具を表す -er 名詞の場合は，基体動詞の内項は of 句ではなく，(22) のように for 句による修飾語として現れます。

(22) cutter for bread (cf. knife for bread), wiper for windshields

また，たとえば，wiper には動作主と道具の両方の解釈がありますが，a wiper of windshields のように of 句で内項を表すと，動作主の解釈しかできないと指摘されています (Rappaport-Hovav and Levin 1992)。これらの観察から，道具を表す -er 名詞は一般に項構造を受け継いでいないと考えられます。

9.2. で，項構造を受け継ぐことと出来事を表すこととの間に関係があるこ

とを見ましたが，-er 名詞は人や（道具などの）物を表すので，名詞自体が出来事を表すことはありません。にもかかわらず，基体動詞の項構造を受け継ぐことと出来事を前提とする解釈との間に関係があることがわかっています。たとえば，以下のような例を見ると，人を表す -er 名詞が出来事に基づく解釈をもつことがわかります。

(23) a.　He is a frequent saver *(of lives).
　　 b.　He is a serial breaker *(of promises).
　　　　　　　　　　　　　　（washingtonpost.com, December 18, 1998）

saver は「倹約家」「貯蓄家」という意味では単独で使えますが，「救助者」の意味では単独では使いにくく，breaker も，(21a) で見たように，人を表す意味では単独で使えず，内項を表すことが義務的になります。Rappaport Hovav and Levin (1992) の指摘によれば，(23a) は，実際の人命救助が起こったことが前提となる場合にしか使えないということです。(23b) はワシントン・ポスト紙の記事の実例で，ブレア英首相（当時）がサダム・フセインについて述べたとされる箇所です。この文は，He has serially broken promises. という文と同じように実際に起こった出来事について述べつつ，それがフセインという人のもつ特質だということを述べていると理解できます。これらの観察から，外項にあたる人や物を指し，of 句を義務的にとるような -er 名詞は，単に人や物を表すというのではなく，その背景に何らかの出来事が前提とされているものだと考えるべきでしょう。

　いっぽう，(18a) や (20) のような，道具や職業・役割などを表し，内項を受け継いでいない -er 名詞の場合は，基体動詞の表す出来事の存在を前提としません。たとえば，まだ一度も使われていない（従って何も切ったことがない）刃物を cutter と呼ぶことはごく自然なことですし，一度もディフェンスをしたことのないサッカー選手を defender として配置することもあり得ます。この点で，(16)(17) のような項構造を受け継ぐ -er 名詞と異なる性質をもつと言えます。つまり，-er 名詞が項構造を受け継ぐのは，出来事の生起を前提とするような場合だと言えそうです。

なお, -er 名詞の中には, たとえば, くだける波を意味する breaker や, broiler (焼肉用の鶏) のように外項ではなく内項にあたる物を指す用例も少数ながら存在します。また, slippers や sneakers などの履き物を表す -er 名詞は, 動詞の項に相当しない物を指しています。これらの例は, 項構造を受け継ぐことはなく, 単独で用いられ, 出来事の生起を前提とすることはありません。

最後に, 日本語の動作主名詞についても見ておきましょう。動詞から動作主名詞を作る日本語の接辞はたくさんあり, 基体の種類によって, 和語 ((24a)), 漢語 ((24b)), 和語と漢語の両方 ((24c)) に付加されるものがあげられます。

(24) a. −手(て)(話し手, 歌い手, 売り手); −主(ぬし)(持ち主, 雇い主)
    b. −者(しゃ)(読者, 話者, 研究者); −家(か)(翻訳家); −士(看護士)
    c. −人(にん)(立会い人, 管理人); −役(嫌われ役, 検査役)

興味深いことに, 日本語では接辞によって項構造を受け継ぐかどうかに差が見られます。

(25) a. 野菜の作り手, 愚痴の聞き役, 小包の受け取り人, 犬の飼い主, 「細雪」の作者, 重病人の介護者, この小説の翻訳者
    b. (*「細雪」の) 作家, (*重病人の) 介護士, (*この小説の) 翻訳家

(25a) のように「−手, −役, −人, −主, −者」という接辞では, 対象が何であるかが文脈によって理解できる場合を除いてもとの動詞の内項を表すほうが自然ですが, (25b) では括弧内の内項を表すことができません。つまり, 英語では writer のように同じ形の名詞が出来事の動作主と職業の両方を表すために, 項構造の受け継ぎで異なるふるまいをするのに対して, 日本語では「書き手」や「作者」に対する「作家」のように, 接辞でそれを区別していることがわかります。

(24) にあげた接辞が作る名詞とそれらが付加されている動詞の項との関係を見ると, 日本語の動作主名詞が表すものは外項に相当する人間に限られ

ますが，これは，これらの接辞自体が人間を指す形態素であることに起因します。したがって，(17a) の英語の例に対応する経験者（e.g., 讃美者）は動作主と同じ接辞で表せますが，(17b) のような原因（e.g., reducer「減らすもの」）はこれらの接辞では表せません。

さらに，日本語の動作主名詞における項構造の受け継ぎの可否と出来事に基づく解釈との関わりについても，英語の (23) の例と類似した現象が観察できます。

(26) a. 図書館のたまの利用者，日本株の頻繁な買い手
 b. ??頻繁な翻訳家，??たまの介護士

(25a) の項の受け継ぎを許す「-者」や「-手」が付く動作主名詞は，頻度を表す「頻繁な」や「たまの」による修飾ができることから出来事の存在を示唆していると言えますが，項を受け継がない「-家」や「-士」では同様の修飾ができません。このような日本語の例からも，項の受け継ぎと意味解釈が密接に関わっていることがわかります。

9.4. 英語の転換名詞と軽動詞構文

9.2., 9.3. では動詞に接尾辞を付加することによる名詞化について，その中に出来事を表すものと人や物を表すものがあること，また，動詞の項を受け継ぐのは，出来事の意味が含まれるものに限られていることを見ました。この節では，動詞が表す出来事をそのまま名詞化していても項構造を必ずしも受け継がない例として接辞を付加しないまま名詞として使われる〈転換名詞〉について見ておきましょう。転換名詞にも，以下のように様々な意味を表すものがあります。

(27) a. 行為・現象：attack, attempt, fall, boil, hit, pitch, throw, kick, offer, approach, search, chat, walk
 b. 知覚・感情：desire, dismay, doubt, fear, love, hate, smell, taste

c.　産物：answer, award, buy (a good buy 掘り出し物), cut（切片）
　　　d.　人：cook, guide, judge, bore（退屈な人）
　　　e.　場所：retreat（避難所）, sink（流し）, stop（停留所）, rise（上り坂）
　　　f.　道具：cover, rattle, wrap, wrench

（cf. 竝木 1985: 64–65）

（27）にあげた転換名詞のうち（a）はもとの動詞が表す行為や現象をそのまま名詞化していると思われるのですが，（28）のように，動詞がとる項をすべて表すと容認されない場合があります。このような事実から，出来事を表す転換名詞は項構造を受け継いでいないと考えられています (cf. Roeper 1987)。

(28) a.　John kissed the child. → *a kiss of the child by John
　　　b.　Ken boiled the water. → *the boil of the water by Ken

　ところが，これらの行為や現象を表す転換名詞は以下のように make, have, take, give といった動詞と組み合わせて用いられることが多く，面白いことにこのような構文においては，もとの動詞の項や付加詞に対応する名詞がすべて表されることになるのです。

(29) a.　Harry made an offer of money to the police.　（Cattell 1984: 31）
　　　b.　Harry {had/took} a kick at the goal.　（Cattell 1984: 88）
　　　c.　John had a swim in Pam's new pool.　（Cattell 1984: 88）
　　　d.　Mary took a turn on the beach.
　　　e.　John gave the child a kiss.

　ここでは，転換名詞と give の組み合わせによる構文について少し詳しく見ておきましょう。(30) では，kiss, push の主語に対応するものが主動詞 give の主語として表されることにより，もとの動詞が表す出来事とほぼ同じ意味が表されています。

(30) a. John gave the child a kiss. (=(29e)) =John kissed the child.
　　 b. Ken gave the vegetable a good boil.　（野菜をよく煮た）
　　　　=Ken boiled the vegetable well.
　　 c. The horse gave his groom a kick. =The horse kicked his groom.

ただし，(31) に示すように，もとの動詞の目的語は，派生名詞の項である of 句で表すことができません。もとの動詞がとる項は，すべて主動詞 give の項として表されているのです。

(31) a. *John gave a kiss of the child.
　　 b. *Ken gave a boil of the vegetable.
　　 c. *The horse gave a kick of his groom.

　(30) のような構文はなぜ可能になるのでしょうか。主動詞の項と転換名詞のもとの動詞の項との対応付けを考えてみましょう。(32) に示すように，give が対象と着点をとる二重目的語構文を作る性質ももつことを利用して，give の項構造に派生名詞のもとの動詞の項がうまくあてはめられることで二つの動詞の項が適切に満たされていると考えることができます。図示すれば以下のように考えられます。

(32) give : 外項（Agent），内項（Theme），間接内項（Goal）
　　　　 kiss : Agent, Theme

(32) では，give の動作主（Agent）と kiss の動作主，give の着点（Goal）と kiss の対象（Theme）が同定され，kiss が表す行為が give の対象となり目的語として表されるということを示しています（詳しくは由本（2021）参照）。
　では，(32) のように捉えられる現象を転換名詞における項構造の受け継ぎだと考えることはできるでしょうか。(31) で見たように単独では項を表せない派生名詞がこの構文に現れると項を表すようになることは，名詞化に伴

う項構造の受け継ぎとは異なる現象であることを示唆しています。先行研究では，これらの構文は主動詞の項構造と派生名詞のもとになっている動詞の項構造との合成により，〈複雑述語（complex predicate）〉が作られることによって可能になっていると考えられていました（cf. Cattell 1984）。複雑述語とは，動詞や形容詞などが名詞など他の要素と結合し，もとの動詞とは異なるひとかたまりの述語であるようにふるまうもののことです。(29)(30) の複雑述語は，単語を作り出すのとは異なり句を作っているので，語形成ではなく，統語構造レベルで扱うべき現象であると考えられます。文全体の意味の中心は派生名詞のほうが担い，主動詞が表す意味内容が軽くなっているということから，この構文を〈軽動詞構文（light verb construction）〉と呼ぶことがあります。具体的にどのような分析が適切かについては，まだ研究が進んでいませんが，軽動詞と派生名詞の意味が合体して複雑述語が作られるとするならば，派生名詞がもとの動詞から引き継いでいる LCS と主動詞の LCS との合成によって (32) に示したような項の同定が導かれていると考えるほうがより説明力のある分析になるように思われます。

　日本語で軽動詞と呼ばれているのは，動名詞とともに用いて複雑述語を作る「する」です。動名詞は，それ自体が項構造をもっていて，単独で名詞として用いられる場合も，(33) に示すように項を表さなければ意味が十分に伝わらず不自然なものが多いですが，「する」が付いて軽動詞構文を作る場合には，(30) と同じような項の具現の仕方が見られます。たとえば「警告」の場合，動作主と着点のほかに，警告の内容を表す補部を項としてとり，動名詞の項がすべて名詞句内に表されると (34a) のようになるのですが，「する」が直接付いてサ変動詞を作ると，(34b) のように，すべての項が複雑述語全体の項として表されることになります。動名詞と「する」は，「を」を介して複雑述語を作ることもできます。その場合は，(34b) も容認されますが，(34c) のように，動名詞の内項の一つを動名詞の項として名詞句内に表すことも可能です（詳細は影山（1993）第 5 章を参照）。

(33) *(領土の) 拡大, *(日英語の) 比較, *(商品の) 受け渡し,
　　 *(シダの) 群生, *(株価の) 下落, *(効力の) 消滅

(34) a. 少年による村人への狼が来るとの警告
    b. 少年が村人に狼が来ると警告（を）した。
    c. 少年が村人に[狼が来るとの警告]をした。

　日本語の和語動詞からは，連用形に「ひと」という数量詞を複合させたものに「する」を付けることによって，英語の軽動詞構文に対応する構文ができます。この構文は，「ひと」を動詞に付けることで，次の（35a）（35b）のように「少し，短時間」行う，あるいは（35c)–(35e）のように行為を「1回」行うという意味を表し，数量詞「ひと」が英語の不定冠詞 a と似たはたらきをしていると言えます（由本・伊藤・杉岡 2015）。

(35) a. ベンチでひと休みする（cf. take a rest）
    b. 公園をひと歩きする（cf. take a walk）
    c. パンをひとかじりする（cf. have a bite of bread）
    d. 壁をひと蹴りする（cf. give a kick at the wall）
    e. 相手をひと突きする（cf. give someone a poke）

　これらの動詞の項は，（34）の例と同様に「する」をつけて複雑述語を作るとその補語として表され，「ひとかじり」のような動名詞に動詞の項が受け継がれていると言えます。ただし，「する」を付けない場合は「パンのひとかじり」とは言えても「*相手のひと突き」（相手が対象の場合）とは言えない，というように受け継ぎを許さない場合が見られます。興味深いことに，これは，英語の軽動詞構文における kiss などの転換名詞と類似しています。

9.5. 動詞由来形容詞

　ここまで，動詞から派生する名詞が，基体動詞の項構造を受け継ぐ例を見てきました。動詞の項構造を受け継ぐのは派生名詞だけではありません。たとえば，(36)(37) の例では，-ive, -ant などの接辞をもつ形容詞が，基体動詞の項構造を受け継いでいると考えられます。

(36) a. The survey results indicate students' satisfaction with the course.
The survey results are <u>indicative</u> of students' satisfaction with the course.
　　b. They cannot tolerate new ideas.
They are not <u>tolerant</u> of new ideas.
(37) a. The lake abounds in fish.
The lake is <u>abundant</u> in fish.
　　b. He relies on his parents.
He is <u>reliant</u> on his parents.

　(36)では動詞の直接内項が of 句の形で，また(37)では間接内項としての前置詞句がそのままの形で，それぞれ受け継がれています。直接内項を受け継ぐ場合に，標識として of が現れるのは，9.1. で見た名詞化の場合と同じ現象だと考えられます。

　ただし，動詞由来形容詞が常に(36),(37)のように項を規則的に受け継ぐわけではありません。(36a)の indicative は内項が表現されないと容認されません (??The survey results are indicative.) が，このような形容詞はむしろ少数で、destructive, creative など基体動詞が内項をとる動詞でも，項を伴わない用法の方が多いと思われます (destructive power, creative person)。名詞については、9.2., 9.3. で見たように、項構造を受け継ぐ派生名詞（複雑事象名詞や、出来事を前提とする -er 名詞など）と、項構造をもたないもの（単純事象名詞やモノ名詞，出来事を前提としない -er 名詞など）との区別が、先行研究の中心的課題の一つであり、多くのことがわかってきています。これに対して、-ive, -ant などのような派生形容詞の項の受け継ぎの研究は立ち遅れており、(36)(37)のように受け継ぐ場合がある、という以上のことはまだわかっていないのが実情です。

　さて、-ive や -ant は基体動詞の項をそのままの形で受け継ぎますが、動詞から派生した形容詞の中には、基体動詞の項構造に変更を加えた上で受け継ぐものがあります。まず、次の例を見てみましょう。

(38) a. They finally achieved their goal.
    b. Their goal was finally achieved.
    c. Their goal is not <u>achievable</u>.
    d. Their goal remained <u>unachieved</u>.

動詞の直接内項にあたる表現が，(38c) の -able 形容詞では主語として出現しています。これは，(38b) に示した受身文によく似た現象です。(38d) では，unachieved は，remain の補語になっていること，また接頭辞の un- が付いていることから，動詞の受身形ではなく形容詞だと判断できますが，この -ed 形容詞も -able 形容詞と同様のふるまいを見せます。(以下，過去分詞と同形の形容詞を -ed 形容詞と呼ぶことにします。不規則活用動詞から派生する場合は -ed という接辞をもたない場合があります (e.g., broken) ので，この名称はあくまで便宜的なものと理解してください。)

 -able 形容詞や -ed 形容詞は，基体動詞が直接内項以外に間接内項をとる場合，それらの項を受け継ぎます。たとえば，(39) の attribute, ascribe という動詞は直接内項のほか，to 句で表される間接内項を義務的にとりますが，この項構造が (40) の形容詞に受け継がれています。

(39) a. Some doctors attribute cancers *(to smoking).
       （医師の一部はガンを喫煙のせいだと考える）
    b. They ascribed the accident *(to the bad weather).
       （彼らは事故を悪天候のせいにした）
(40) a. Cancers are <u>attributable</u> *(to smoking).
    b. The accident was <u>ascribable</u> *(to the bad weather).

随意的な間接内項が受け継がれる例も多く見られます。

(41) a. We can divide the seminar room into four rooms.
    b. The seminar room is <u>dividable</u> into four rooms.

(42) a. They didn't want to separate the girls from their friends.
　　 b. The girls remained <u>unseparated</u> from their friends.

　-able 形容詞や -ed 形容詞の主語になれるのが，基体動詞の直接内項であると指定されているとすれば，内項を主語とする非対格自動詞では，動詞の主語がそのまま -able 形容詞や分詞形容詞の主語になると予測できますが，事実はその通りです。

(43) a. The cypress doors have remained <u>undecayed</u> for a thousand years.
　　 b. Meat and fish are highly <u>perishable</u>.

　(43) の形容詞の基体となっている動詞 decay, perish は非対格自動詞であって，(44) に示すように受身文にはできません。(43) の主語は (45) に示すように基体動詞の主語に対応していることがわかります。

(44) a. *The wooden parts of the building were decayed.
　　 b. *All the food was perished.
(45) a. The wooden parts of the building have decayed.
　　 b. All the food has perished.

　このように，-able 形容詞や -ed 形容詞は，基体動詞の外項を項としては受け継がず，基体動詞の内項を主語としてとり，基体動詞が直接内項以外の内項をもつ場合にはそれを受け継ぐというように，基体動詞の項構造に変更を加えた上で受け継いでいると考えられます。形容詞の主語が外項であるのか内項であるのかについては議論の余地がありますが，ここでは Levin and Rappaport (1986) に従って外項であると考えると，-able や -ed の付加は (46) に示すような項構造の変更を伴うことになります。（ただし，このような規則がすべての動詞について可能なわけではなく，他の派生接辞同様に意味的な制約もあります (2.1.7. 参照)。）

(46) V: x <y, (z)> → [V-able/-ed]$_A$：y <(z)>

　なお，基体動詞の外項 x は，-able/-ed 形容詞の項構造には受け継がれません。(47) のように by 句で現れることができますが，これは -able/-ed 形容詞の項構造には含まれない付加詞であると考えられます。

(47) a.　The goal is achievable even by elderly people.
　　 b.　The economy was uncontrolled by the government.

　日本語では，-able 形容詞に対応する表現として、「−やすい」という接辞 (13.5.2. 参照) が付いている形容詞がもとの動詞の内項を叙述の対象とする (48) のような表現があります。(ただし、「−やすい」が作る形容詞がもとの動詞の内項以外の名詞句を叙述する場合もあり (e.g., ベッドで寝る→このベッドは寝やすい)，その場合は -able 形容詞には対応しません。)

(48) a.　本を読む → この本が読みやすい（cf. read / readable）
　　 b.　野菜が腐る → 野菜が腐りやすい（cf. perish / perishable）
　　 c.　天気が変わる → 天気が変わりやすい（cf. change / changeable）

　また，生産性は高くありませんが，感情を表す動詞に -asi という接辞がついてできた形容詞も，感情の対象を表す動詞の内項を「が」格で表し，-able 形容詞と共通した意味をもちます。

(49) a.　友人をうらやむ / 友人がうらやましい（cf. envy / enviable）
　　 b.　和食を好む / 和食が好ましい（cf. like / likeable）
　　 c.　改善を望む / 改善が望ましい　（cf. desire / desirable）

9.6. 英語の動詞への接頭辞付加

　これまでは，接尾辞が付加されることにより基体動詞の項構造が変化する

場合があることを見てきました。接尾辞は，語末に現れる〈主要部〉として派生語の品詞などの統語的性質を決定することができるので（2.2.3. 参照），接尾辞付加による統語的選択素性の変更は当然あり得ることでしょう。しかし，英語の派生動詞の形成においては，接頭辞の付加によって基体の統語的選択素性や項構造に変更がしばしば起こります。たとえば（50）に示すように，もとの動詞が自動詞で主語のみで文が成立するのに対して，inter- を付加することにより with 句を伴うか，さもなければ主語を複数にすることが必須となります。もとの動詞が他動詞の場合も，（51）のように，inter-V では，目的語以外に with 句を伴うかもしくは，目的語を複数概念にする必要が生じています。

(50) interact（相互に作用する）
    a. The player acts on the stage.
    b. The player should interact *(with the audience).
        The player and the audience should interact.
(51) interweave（織り合わせる）
    a. They weave a rug to make a living.
    b. The novel successfully interweaves truth *(with fiction).
        The novel successfully interweaves truth and fiction.

このように with 句を伴う用法と複数名詞を主語または目的語にとる用法とがほぼ同義で存在するのは，inter-V がいわゆる相互動詞（reciprocal verbs）の性質をもつことを示しています。単一の動詞でも，相互作用を表す動詞は多く存在し，たとえば，collide, meet, mix, quarrel などについてはこれら二つの構文が交替可能です。ということは，接辞付加によって動詞の意味クラスが相互動詞に変化したことが，統語的選択素性の変更を導いていると考えられます。したがって，このような統語的選択素性の変更については，前節までに示した分析のように意味役割や項構造の受け継ぎという観点のみでは不十分です。もとの動詞の意味構造が接頭辞の付加に伴いどのように変化するのかを明らかにすることによって統語的選択素性の変更についても説明する

べきだと考えられます。

　他にも，trans- のように位置変化動詞を作る接辞が付加されることにより，(52) のようにもとの動詞が選択しない起点 (from 句) や着点 (to 句) をとるようになったり，比較の概念を表す out- が結合することにより，(53) のように自動詞が他動詞に変化するというように，統語的選択素性が変わる場合は意味の変化と連動していることが明らかな例はたくさん見つかります。out-V の場合は (53) に示すように少し変わった変化を見せ，比較対象となる二者がもとの動詞の主語に当たるもので，それが主語と目的語に現れるようになります。

(52) transplant　（植え替える）
　　a.　John planted potatoes in the garden.
　　b.　John transplanted the flowers from the flowerpot to the garden.
(53) outlive（〜より長生きする），outrun（〜より速く走る）
　　outdrink（〜より多く飲む）
　　a.　She outlived her husband by 5 years.
　　b.　John outran Mary.
　　c.　Mary outdrank John.

　inter-, trans-, out- のように，もとの動詞が自動詞か他動詞によって，統語的選択素性が統一的に変更される場合は扱いやすいのですが，たとえば，over- 付加においてはもとの動詞の自他だけでは説明できない多様な項構造や統語的選択素性の変更が見られます。以下の例はその一部です。

(54) a.　Mary oversimplified the rule.（単純化しすぎた）
　　b.　He spent his salary. He overspent his income.（使いすぎた）
　　c.　He slept late. He overslept his usual time.（寝過ごした）
　　d.　Many houses were built. The town is overbuilt.
　　　　（過剰に住宅が建てられている）
　　　　(cf. *The town is built. *Houses are overbuilt.)

e. John drank hot milk. / Bill overdrank himself.（酒を飲みすぎた）

8.4. で述べたように，このような事実については，over- 接辞付加によって基体動詞の意味がどのように変化したのかを LCS によって記述し，その LCS をもとにして派生動詞の統語的性質を導き出すことによって説明することが可能です。

　この章では，動詞の項構造が（そのままの形で，あるいは本節で見たように変更を加えた形で）受け継がれる語形成の例を見てきました。項構造は動詞がどのような構文を作るかを決める語彙情報です。それを受け継ぐ語形成では，派生語がどのように項をとるかが予測できるという点で規則性をもつと言えます。また，英語でも日本語でも，語形成の種類によって項の受け継ぎの有無とそのあり方が異なることも観察されました。語形成における項の受け継ぎは，レキシコンと統語部門とのインターフェースの問題として興味深い問いを提示していると言えるでしょう。

 考えてみよう

◆ 英語の名詞化で，出来事を表す解釈と物を表す解釈と両方が可能な例を探し，解釈の違いがわかりやすい例文を作ってみましょう。
　〈例〉The translation of this document took more than a week.
　　　 This translation is misleading.

◆「運転手／運転者」はどちらも容認されるのに，「*使用手／使用者」のように「-手」が容認されない場合があるのは，どういう理由によるのか考えてみましょう。

◆以下のような違いがあるのはなぜか，考えてみましょう．
　（i）　料理を始めた／料理を並べた
　（ii）　魚の調理を始めた／?? 調理を始めた／*調理を並べた

さらに深く知りたい人に

Grimshaw, Jane. (1990) *Argument Structure*. Cambridge, Mass: MIT Press.
　派生名詞の分類を論じており、特に項構造の受け継ぎに基づく事象名詞の分類とその証拠が示されている。
影山太郎(1993)『文法と語形成』ひつじ書房．
　5章に日本語の「動名詞＋する」についての詳しい分析が示されている。
影山太郎(1996)『動詞意味論―言語と認知の接点』くろしお出版．
　日英語の軽動詞構文について pp.77-84 に簡潔な分析が示されている。
杉岡洋子・影山太郎（2011）「名詞化と項の受け継ぎ」影山太郎（編）『日英対照：名詞の意味と構文』pp.209–238. 大修館書店．
　本章で見た動詞の項の受け継ぎに加えて，名詞が意味的に要求する項の受け継ぎにも触れている。
由本陽子・伊藤たかね・杉岡洋子（2015）「「ひとつまみ」と「ひと刷毛」―モノとコトを測る「ひと」の機能―」由本陽子・小野尚之(編)『語彙意味論の新たな可能性を探って』pp.432–462. 開拓社
　9.4. で見た「ひと＋動詞連用形」に加えて、「ひと刷毛」のように名詞に付加される場合も含めてその意味と機能を説明している。

10章　英語の動詞由来の複合語

> ① poetry reading と classroom reading は，一見同じ「名詞＋動詞 -ing」という形をしていますが，名詞と動詞の意味関係は全く異なります。どのように違っているでしょうか。
> ② トンガには whale swimming というツアーがあるそうです。whale swimming という名称から考えると，このツアーの呼びものは，(i) クジラが泳ぐ(のを見る)，(ii) クジラと一緒に泳ぐ，のどちらでしょうか。なぜそう考えられるのでしょうか。

【キーワード】項構造，複合，規則性，動詞由来複合語の制約

10.1. はじめに

　〈動詞由来複合語（deverbal compound）〉とは，広い意味では動詞を基体とする派生語を含む複合語を指しますが，英語では，生産性がきわめて高い -ing/-er/-ed という接辞が動詞に付いた派生語を右側要素とする複合語（e.g., truck-driving, truck-driver, factory-assembled）が，それ以外の複合語と異なる規則的な性質を示すことが知られています。本章では英語の動詞由来複合語として，この三つの接辞を含むものに限定して検討することにします。日本語の動詞由来複合語については 11 章で詳しく扱います。(本章では，「X ＋ V-er/-ing/-ed」という形の X を「左側要素」，V-er/-ing/-ed を「右側要素」，右側要素に現れる V を「基体動詞」と呼ぶことにします。)

　英語の動詞由来複合語について基体動詞の項がどのように現れるかを見ていくと，大変規則的であることがわかります。それは，(ⅰ) 項構造という統語情報をもつ動詞が主要部に含まれること，(ⅱ) 接辞の生産性が高く，規則的に基体動詞の項構造が受け継がれること，という二つの性質に起因するも

のと考えられます。まず，10.2. で全体として名詞としてふるまう動詞由来複合語を検討し，その後 10.3. では全体として形容詞としてふるまうものを見ます。10.4. ではこれらの英語の動詞由来複合語の内部構造を考えます。

10.2. 名詞として用いられる英語の動詞由来複合語

動詞由来複合語に含まれる三つの接尾辞のうち，名詞を形成するのは，-ing と -er です。(1a) に示すように，-ing は行為を表す名詞を作り，(1b)–(1e) のように -er は動作主（典型的には人），道具，経験者，変化の要因など基体動詞の外項を表す語を作ります（9 章参照）。

（1）a. 行為：decision making, window cleaning, mountain climbing, poetry reading
　　 b. 動作主：filmmaker, street cleaner, code-breaker（暗号解読者），anteater（アリクイ）
　　 c. 道具・手段：coffee maker, air cleaner, circuit breaker（回路遮断機）
　　 d. 経験者：music-lover, Beatles-admirer
　　 e. 変化の要因：risk-reducer, growth-inducer

これらの動詞由来複合語では，基体動詞との関係で左側要素の解釈が決まることが知られています。(1) の例では，いずれも左側要素は基体動詞の目的語として解釈されますが，次に見る (2) の例では，左側要素が基体動詞に対して場所や時間，様態，道具・手段などを表す付加詞として解釈されます。

（2）a. 場所：kitchen drinker, rooftop cooking, classroom reading, indoor running
　　 b. 時間：afternoon napping, midnight reading, holiday worker
　　 c. 様態：hard worker, heavy smoker, rapid walking, barefoot running
　　 d. 道具・手段：bicycle commuter, wheelchair running, crutch walking（松葉杖を使った歩行）

冒頭の設問①の答は，(1)と(2)のように，左側要素と基体動詞の関係が異なるということになります。poetry reading（詩の朗読）では左側要素 poetry は基体動詞の目的語の解釈ですが，classroom reading（教室での読書）では，左側要素 classroom は基体動詞の表す行為が行われる場所を示しており，付加詞の解釈となります。

　では，左側要素と基体動詞の関係は，どのような解釈でも可能でしょうか。たとえば，(2a)で左側要素が場所を表す例をあげましたが，このような解釈が常に可能なわけではありません。次のような対比が観察されています（Selkirk 1982: 33）。

(3) a.　tree eating（「木を食べること」「木（の上）で食べること」の両義）
　　 b.　tree devouring（「木を食べること」の解釈のみ可）

左側要素を目的語とする解釈（木を食べること）であれば，(3)はどちらも容認されるのに対し，たとえば木にのぼってそこでものを食べること，といった意味では(3a)は容認されますが，(3b)は容認されないことがわかっています。そして，このことには，基体動詞が目的語を伴わずに自動詞として使うことができるか否かが関わっていると考えられます。(4)に示すように，eat には自動詞用法がありますが，devour は義務的に目的語をとる動詞で，自動詞としては使えないからです。

(4) a.　We have already eaten.
　　 b.　*We have already devoured.

(2)で左側要素が付加詞として解釈される例をあげましたが，これらの例の基体動詞はいずれも自動詞として用いることのできるものだということが確認できます。つまり，基体動詞が義務的にとる内項は，動詞由来複合語では左側要素として必ず現れなければならない，ということになります。（冒頭の設問①の例で，左側要素が目的語の解釈も付加詞の解釈も可能なのは，read が eat 同様に自動詞と他動詞両方の用法をもつことに起因するわけです。）

このような考え方が正しいとすると，(3a) の二番目の解釈では，eat は自動詞の意味でしか容認できないことが予測されます。実際，(5a) のように，基体動詞 eat の表す行為を行う場所や時間が X として複合語内に現れながら，基体動詞の目的語にあたる項が複合語の外に現れることはできないことから，(5a) の eat や watch は他動詞の解釈ができないということがわかります。これは，場所や時間を示す要素に限られることではなく，(5b) に示すように，付加詞の解釈を受ける要素を複合語内の X として表しながら，基体の直接内項を複合語の外に表すことは，一般に容認されません。

(5) a. *tree eating of bananas（木でバナナを食べること）
　　　　*bedroom eating of breakfast（寝室で朝食を食べること）
　　　　*morning watching of TV（朝にテレビを観ること）
　　 b. *quick eating of pasta（パスタをすばやく食べること）
　　　　*barehand catching of a ball（素手でボールを捕ること）
　　　　*chopstick eating of noodles（箸で麺を食べること）

この点で，英語の動詞由来複合語は 11 章で見る日本語の動詞由来複合語とは異なっています。

　ただし，実際には英語にもこの一般化に反するように見える (6a) のような例が見つかることがあります。つまり，道具や様態などを表す要素が X として複合語内に表されながら，直接内項が複合語の外に現れている例です。しかし，これらの場合，対応する (6b) のような動詞が用いられることがわかります。

(6) a. spoon-feeding of babies, hand-picking of tea leaves, home-growing of vegetables
　 b. to spoon-feed babies（赤ちゃんにスプーンで食べさせる）
　　　to hand-pick tea leaves（お茶の葉を手摘みする）
　　　to home-grow vegetables（野菜を家庭で栽培する）

（6a）のような，基体動詞の目的語が複合語の外に現れているように見える例は，実は（6b）のような複合動詞とその目的語から成る表現が名詞化されたものと考えることができます。英語は，日本語（12章参照）と異なり，複合動詞を生産的に作ることはありませんが，例外的に（6b）のような複合動詞が見られます。これらは，spoon-fed (baby), hand-picked (tea leaves), home-grown (vegetable) など，基体動詞の内項を叙述対象とし，左側要素が付加詞の解釈をもつ動詞由来複合形容詞（10.3. 参照）からの〈逆成（back-formation）〉（派生語などの接辞部分を削除して新たな語を形成すること）で作られていると考えられます。このような逆成による複合動詞形成の生産性はそれほど高くはなく，規則的に作られる動詞由来複合形容詞のすべてに対応して動詞が用いられるわけではありません（#to factory-assemble products, #to raw-eat food (cf. factory-assembled products, raw-eaten food)）。そして，複合動詞として認められるものに限って，（6a）のような目的語を前置詞句として表す例が見られるのです。

　このような観察から，基体動詞の項構造（あるいは -ing/-er が付加された右側要素が基体動詞から受け継いだ項構造）と，動詞由来複合語の左側要素の解釈とが関係していることがわかっており，以下の（7）のような制約があると考えられています（Roeper and Siegel 1978, Selkirk 1982, Lieber 1983）。この制約は，主要部のとる項がすべて構造上の適切な位置に現れることを要求するものであり，その点で統語構造における θ 基準（3.2. 参照）と共通の性質をもつものと理解できます。これを意味の面から考えれば，内項をもつ動詞は内項と共起して初めて行為を表す意味として完成するので，複合語として行為を表すためには複合語内に内項が現れる必要があるということになります。

（7）a.　動詞由来複合語では，主要部が要求する（主語以外の）項はすべて，主要部の姉妹位置，すなわち左側要素として具現化されなければならない。

　　b.　主要部の主語は，動詞由来複合語内に現れることはできない。

（3）のような対比は，（7a）の制約から直接的に説明できます。eat のように自動詞用法もある動詞の場合は，自動詞の項構造であれば左側要素が場所等の付加詞としての解釈が可能になり，他動詞の項構造であれば左側要素は目的語の解釈になります。いっぽう，devour は自動詞用法がなく，目的語が必須なので，一義的に左側要素は目的語の解釈となります。

（8a）のように動詞が前置詞句のみを内項としてとる場合，対応する動詞由来複合語（8b）ではその前置詞句にあたる表現が左側要素として現れます。

（8）a. go to cinema, go to church, dwell in a cave, dwell in a city, stand in a line, suffer from cancer
　　　b. cinemagoer, churchgoing, cave dweller（(先史時代の) 穴居人），city dwelling, line stander（列に並ぶ人），cancer sufferer

この場合，前置詞や冠詞は省略された形となるのが普通です。2 章で見たように，一般に語の内部に統語的な要素が入ることは排除されます。前置詞を伴う句が語の内部に入ることができないため前置詞や冠詞は省略されて，内容語である名詞だけが左側要素になると考えられます。

では，動詞が義務的に二つの内項をとる場合はどうなるでしょうか。9.1. で見たように，hand, put などの動詞は義務的に二つの内項（対象項と着点／場所項）をとり，それらから派生した名詞も，動詞の直接内項（目的語）に対応する of 句の他に，着点や場所項などの間接内項（前置詞句）をとります。したがって，（9a）（9b）の hand / put, handing / putting は，外項 x のほかに二つの内項 y（＝対象項）と z（＝着点／場所項）をもつ（9c）のような項構造（3.4. 参照）をもつと考えられます。

（9）a. hand a toy to the baby, put boots on the table
　　　　*hand a toy, *hand to the baby, *put boots, *put on the table
　　　b. handing of a toy to the baby, putting of boots on the table
　　　c. x <y, z>

ところが，(10) に示すように，これらの動詞を基体とする動詞由来複合名詞は，項をどのような形で表しても容認されません (Selkirk 1982: 37)。

(10) a. *baby toy handing, *table boot putting
　　 b. *toy handing to babies, *boot putting on the table

(10a) については，語内部の構造として三叉構造が許されないこと (2 章参照) を思い出しましょう。二叉構造しか許されなければ，主要部の姉妹位置は一つしかないので，二つの内項がどちらも姉妹位置に現れる構造はありえません。(10b) では前置詞句は複合語の外にあります。したがって (10a) (10b) いずれも (7) の違反として排除されます。

　(7a) の制約は，動詞由来複合語における項の現れ方を規定しています。表すべき項 (主語以外の項) がない場合について，(7) は何も述べていませんが，そのような場合，左側要素は付加詞として (右側要素との組み合わせで) 妥当な解釈が得られると考えられます。(3a) の tree-eating で tree が場所を表す解釈ができるのもその例ですし，(11) に示すように，非能格自動詞の場合は，左側要素は様々な付加詞としての解釈が容認されます。

(11) a. 場所：indoor running, hammock napping, home worker
　　 b. 時間：afternoon napping, lunchtime walking, holiday worker
　　 c. 様態：rapid walking, barefoot running, slow walker
　　 d. 道具・手段：snorkel diving, crutch walking, wheelchair runner

　次に (7b) の制約がどのようにはたらくか，見てみましょう。他動詞については，(3b) の例について見たように，左側要素は一義的に内項の解釈になり，(12) のように主語の解釈はできません。

(12) *kid devouring（子どもがむさぼり食べること）

(12)の場合，主語の解釈ができないのは（7a）からも導かれますが，（7a）が関与しない自動詞の例を見ると，（7b）の制約がはたらくことがわかります。

(13) *girl swimming（少女が泳ぐこと），*clerk working（事務員が働くこと）

（7b）の制約によって，冒頭の設問②の whale swimming という表現はクジラと一緒に泳ぐことを意味することはできますが，クジラが泳ぐこと，という意味にはなりませんから，(ii) が正解ということになります。

　これに対して，非対格自動詞の場合は少し慎重な検討が必要です。(7) の規定から，非対格自動詞でも，主語が複合語内に現れることは許されないことになります。実際，非対格自動詞の主語を含む複合語としては，rainfall, population growth など，動詞から派生した名詞で -ing 形以外のものを主要部とする複合語は存在しますが，-ing 形の動詞由来複合語では主語を左側要素とする形は容認されません。(動詞由来複合語に現れる -er 接辞は，9.3. で見た外項を指す -er 名詞であるため，外項をもたない非対格自動詞はこのタイプの動詞由来複合語には現れません。)

(14) *rain falling, *population growing, *teeth decaying, *accident occurring

　しかしながら，9章の名詞化の議論では，動詞が名詞化して項構造を受け継いだ場合には，外項はなくても構わないけれども，内項はすべて受け継がれることを見ました。そうだとすれば，非対格自動詞が義務的にとる内項（＝主語）が動詞由来複合語に受け継がれないのは不思議なことです。実際，11章で見るように，日本語では事情が異なっています。そもそも，項構造では外項と内項の区別が重要であり，それらの項は主語や目的語といった文法機能によって特徴付けられるものではないという点については研究者の間で合意があるにもかかわらず，(7) の制約で「主語」という概念が用いられていることが，この「不思議さ」を反映していると言えます。ここでは詳細に立ち入ることができませんが，日本語や古い時代の英語などの考察から（Kageyama

1985),(14)が容認されないのはむしろ現代英語の特殊事情だとする考え方もあります。そうだとすれば,(7a)の「主語以外の項」を「内項」と書き換えたものが言語横断的に観察される現象で,主語・非主語に対する言及は現代英語特有のもの,ということになるのかもしれません。

この節では,「X + V-ing/-er」の形をもつ動詞由来複合名詞において,左側要素 X としてどのような要素が現れることができ,基体動詞に対してどのような意味関係をもつかが,基体動詞の項構造に基づいて決まることを見ました。この点で,動詞由来複合語は,4 章で見た二つの単純名詞から成る複合名詞において,世界知識を取り込んだ意味構造で記述される多様な意味関係を二つの名詞がもち得ることと,大きく異なる性質を見せるということになります。

10.3. 形容詞として用いられる英語の動詞由来複合語

動詞由来複合形容詞には,右側要素が -ing 形のものと,-ed 形のものとの 2 種類があります。動詞の過去分詞形が形容詞となる -ed 形容詞については 9.5. で見ましたが,動詞の現在分詞形である -ing 形も形容詞になることが知られています。(15a)のように,名詞の前に現れて名詞を修飾したり,(15b)のように seem, remain などの補部になったり,(15c)のように very で修飾されたり,(15d)のように否定の接頭辞 un- が付加されるなど,形容詞のふるまいをするからです。

(15) a. amazing dish, moving object, lasting effect, remaining problem
    b. The impact seems lasting.(その影響は持続的であるようだ)
       The car remained unmoving in the snow.
    c. very amazing dish, very lasting impression
    d. unloving parent, unmoving car

動詞由来複合形容詞は,現在分詞や過去分詞と同形の形容詞(これらをまとめて〈分詞形容詞〉と呼ぶこともあります)を右側要素とする複合語ですが,

-ing 形と -ed 形では，基体動詞の項の現れ方が異なります．

-ing 形の動詞由来複合形容詞では，基体動詞の主語が動詞由来複合語の主語（あるいは叙述対象）に対応します．たとえば，leaf-eating worm では，他動詞 eat に対して worm が外項（= 主語），leaf が直接内項にあたる解釈になりますし，long-lasting impact では impact は非対格自動詞 last の内項（= 主語）の解釈になります．左側要素の解釈については，-ing 形動詞由来複合形容詞は 10.2. で見た動詞由来複合名詞と同じ制約 (7) に従います．(16a) では，基体は他動詞であり左側要素は基体動詞の直接内項と解釈され，(16b) では基体は間接内項をとる動詞で，左側要素は基体動詞の間接内項と解釈されます．(17) では，基体動詞が内項のない自動詞用法をもつ動詞であるため，左側要素は付加詞として解釈されます．

(16) a. 直接内項（目的語）：<u>leaf-eating</u> worm, <u>cotton-picking</u> worker, <u>heart-breaking</u> incident, <u>eye-opening</u> speech
　　 b. 間接内項：<u>church-going</u> believers, <u>city-dwelling</u> people, <u>cancer-suffering</u> patient
(17) a. 場所：<u>farm-working</u> dog, <u>highway-running</u> vehicle
　　 b. 様態：<u>fast-walking</u> people, <u>hard-working</u> student, <u>awkward-behaving</u> person, <u>loud-ringing</u> bell
　　 c. 道具・手段：<u>bike-commuting</u> student, <u>crutch-walking</u> patient

(18a) のような義務的に二つ以上の内項をとる動詞は，(18b)(18c) に示すように -ing 形の動詞由来複合形容詞を作ることができませんが，これも名詞として用いられる動詞由来複合語 (10) と同じです．

(18) a. <u>hand</u> a toy to the child / *hand a toy, *hand to the child; <u>ascribe</u> cancer to tobacco / *ascribe cancer, *ascribe to tobacco
　　 b. *<u>child-toy-handing</u> parent, *<u>tobacco-cancer-ascribing</u> doctor
　　 c. *parent <u>toy-handing</u> to children
　　　　*doctor <u>cancer-ascribing</u> to tobacco

cf. parent handing toys to children, doctor ascribing cancer to tobacco

英語の形容詞は，単独では修飾する対象の名詞の前に現れますが（e.g., a familiar tune），前置詞句などを伴う場合は名詞の後ろに現れます（e.g., a tune familiar to Japanese people）。(18b) は，基体動詞がとる二つの項と V-ing が一語の形容詞となっているので名詞の前に，(18c) は，間接内項が前置詞句として複合語の外に現れているので名詞の後ろに，それぞれ複合形容詞を置いていますが，いずれも容認されず，-ing 形の動詞由来複合形容詞が (7) に従うことがわかります。(18c) が容認されないことは，(18) の cf. に示したように，動詞の分詞形であれば名詞に後続する形での修飾が可能であることと対照的です。

また，(19) に示すように，左側要素を基体動詞の主語として解釈するような例は容認されませんが，これも (12)–(14) の名詞として用いられる動詞由来複合語と同じです。

(19) *student-studying room, *bus-running lane
　　　（学生が勉強する部屋，バスが走る車線）

いっぽう，-ed 形の場合は，異なる分布を見せます。-ed 形の動詞由来複合形容詞では，9.5. で見た -ed 形容詞同様に，基体動詞の直接内項が主語（あるいは叙述対象）に対応します。たとえば，home-made jam では，jam は make の直接内項にあたる解釈になります。左側要素の解釈については，以下の例を見てみましょう。

(20) a.　直接内項：*fish-fried pan, *car-made factory,
　　 b.　間接内項：tobacco-ascribed disease（タバコに起因するとされる病気），web-posted message, whisky-filled chocolate, wall-attached shelf

c.　直接内項：*disease-ascribed tobacco（病気の原因とされるタバコ），*message-posted website（メッセージを掲載したウェブサイト），*chocolate-filled whisky（チョコレートに入れたウィスキー），*shelf-attached wall（棚を取り付けた壁）

　動詞由来複合形容詞の主語が基体動詞の直接内項にあたる解釈を受けるため，(20a) に示したように左側要素が直接内項にあたる解釈を受けることはできません。基体動詞が義務的に二つの内項をとる (18a) の ascribe のような動詞の場合は，(20b) に示したように左側要素が間接内項の解釈を受ける例が見られますが，(20c) のように左側要素を直接内項として解釈することはできません。また，post のように直接内項に加えて義務的ではない間接内項をとる基体動詞でも，(20b) のように左側要素を間接内項として解釈することが可能で，(20c) のように直接内項としては解釈できません。
　最も多くの例があるのは，(21) のように基体動詞が直接内項を一つだけとる他動詞で，左側要素が付加詞として解釈されるものです。付加詞の解釈を受ける要素は，場所，時間，様態，道具・手段のほか，結果構文の〈結果述語〉（3 章参照），〈叙述述語（depictive predicate）〉((freeze fish fresh（新鮮な状態で魚を冷凍する）における fresh) といったものも見られます。

(21) a.　場所：home-made jam, factory-assembled product
　　　b.　時間：morning-picked berries, winter-grown fruits
　　　c.　様態：slow-cooked stew, quick-written mail
　　　d.　道具・手段：pan-fried fish, hand-constructed shelf
　　　e.　結果述語：white-painted wall, crispy-baked chicken
　　　f.　叙述述語：fresh-frozen fish, raw-eaten food

　(20)(21) を (16)(17) と比較すると，-ing 形の動詞由来複合語と -ed 形の動詞由来複合語を同じ (7) の制約で扱うことはできないように見えますが，右側要素が 9.5. で見た -ed 形容詞であることからこの違いが説明できます。右側要素が動詞の受身形ではなく，-ed 形容詞であることは，(22) の

ように自動詞の -ed 形を右側要素とした例を見るとわかります。

(22) a.　非対格自動詞：<u>slow-risen</u> dough（ゆっくり膨れるパン生地），<u>early-retired</u> officer
　　 b.　非能格自動詞：*<u>fast-walked</u> people, *<u>hard-worked</u> student

非対格自動詞を基体とする動詞由来複合語が（22a）のように可能であるのに対して，非能格自動詞を基体とするものが（22b）のように不可能であるのは，9.5. で見た -ed 形容詞と同じ分布です。rise, retire などは自動詞で受身にはできませんから，（22a）のような例があることから，-ed 形の動詞由来複合形容詞の右側要素は受身形の動詞ではなく，-ed 形容詞であると考えられます。

　9.5. で説明したように，-ed 形容詞は，基体動詞の直接内項が外項（＝主語）に変更されて，それが -ed 形容詞の主語（あるいは叙述対象）として表されると考えられます（Levin and Rappaport 1986）。すなわち，基体動詞に外項があってもなくても，対応する -ed 形容詞は（23b）のように基体動詞の直接内項 y を外項としてとり，間接内項 z があれば z を内項として受け継ぐということです。基体動詞が直接内項をもたない場合，(23) のような変更ができないため，-ed 形容詞を作ることはできません。

(23) a.　V: (x) <y, (z) >　　b.　[V-ed]$_A$: y < (z) >
　　　　x ascribe y to z　　　　　y is [ascribed]$_A$ to z

(23a) の基体動詞の項構造ではなく，(23b) の -ed 形容詞の項構造に基づいて考えれば，(20)(21) の例は -ing 形の動詞由来複合語と同様に (7) の制約で説明することができます。基体動詞が直接内項以外に間接内項（z）をもつ場合，V-ed はその間接内項（z）を受け継ぐため，(20b) の例のように，その間接内項が左側要素となります。基体動詞が直接内項以外の内項（z）をもたない場合は，V-ed には内項がありませんので，(21) のように，左側要素は付加詞としての解釈となります。また，基体動詞の直接内項（y）は，分

詞形容詞の外項（= 主語）にあたりますから，(20a)(20c) が容認されないのは，(12)–(14)，(19) 同様に主語項が左側要素になることができないためと言えます。

　なお，基体動詞の外項（x）に対応する表現は，(24a) に示すように -ed 形容詞では by 句として現れますが，9.5. でも見たように，これは主要部が要求する項ではなく付加詞と考えられます。そのため (24b) のように動詞由来複合語の左側要素となることが可能であり，実際に，特に動作主を左側要素とする動詞由来複合語は生産的に作られます。

(24) a. 　uncontrolled by the government, unrecommended by doctors, ravaged by the hurricane
　　 b. 　<u>government-controlled</u> economy, <u>doctor-recommended</u> supplements, <u>hurricane-ravaged</u> city

　このように考えると，-ed 形の動詞由来複合語については (7) のような制約を，基体動詞の項構造ではなく，右側要素である形容詞の項構造で考える方が適切であると考えられます。それなら，-ing 形や -er 形についても同様に，右側要素の項構造で考えることはできるでしょうか。この問題は，動詞由来複合語の内部構造をどのように分析するかと関係しますので，次節でその点を検討することにします。

10.4. 英語の動詞由来複合語の内部構造

　動詞由来複合語は左側要素（X と表示），基体動詞（V），接辞（suffix）という 3 要素から成りますから，2 章で見たように語の内部に三叉構造がないとすれば，動詞由来複合語の内部構造は (25) の二通りの可能性があります。((25) では，-ing, -er をもつ N と，-ing, -ed をもつ A とを便宜的に一つの樹形図で表示し，N/A としています。例として，truck-driving/driver, factory-assembled の場合の構造を下に表記してあります。)

(25)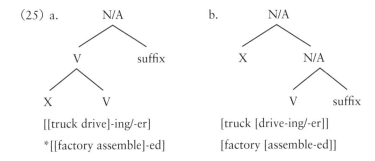

　まず，10.3. の最後に見た -ed 形の動詞由来複合形容詞の場合を考えてみましょう。10.3. で述べたように，この場合は基体動詞ではなく，-ed 形容詞の項構造を基盤にすれば，左側要素に何が現れることができるかを正しく予測することができます。したがって，項は主要部の姉妹位置に現れるという一般的な考え方を前提とすれば，-ed 形の動詞由来複合語は（25a）ではなく，（25b）の構造をもつと考えられます。たとえば，factory-assembled の例で見てみましょう。（25a）の構造を仮定すると，factory が assemble の内項（＝目的語）の解釈になるという誤った予測になります。いっぽう，（25b）の構造であれば，assembled という形容詞の項構造に内項がないことから，factory は付加詞としての解釈（ここでは場所の解釈）をもつことが正しく予測できます。

　では，-ing/-er 形はどうでしょうか。truck-driving/driver を例とすると，左側要素 X（truck）は（25a）では基体動詞（drive）の姉妹ですが，（25b）では基体動詞に接辞が付加された右側要素（driving/driver）の姉妹となっています。項は主要部の姉妹位置に現れるという原則を前提にすれば，（25a）の構造では X が項として基体動詞の項構造を満たすものとして，いっぽう（25b）の構造では X が右側要素である名詞／形容詞（V-ing/-er）の項構造を満たすものとして，それぞれ（7）の制約が適用されることになります。

　10.2. では，説明が簡潔になるように，基体動詞の項構造との関係で左側要素の分布を見てきました。しかし，9 章で見たように，動詞から派生した -ing/-er 名詞は基体動詞の外項以外の項を受け継ぎますし，動詞由来複合語に現れる -ing 形容詞も，-ing 名詞と同様に考えれば，基体動詞ではなく派生し

た -ing/-er 形の項構造に基づいて左側要素の解釈を考えることもできます。そのため，-ing/-er 型の動詞由来複合語では，(25) のどちらの構造を仮定しても，左側要素が項の解釈となるか否かについて，同じ予測が得られます。たとえば，truck-driver や truck-driving のような，内項を一つとる基体動詞の -er/-ing 形の動詞由来複合語の場合を考えてみましょう。左側要素は動詞の直接内項の解釈になるのですが，(25a) の構造 [[truck-drive]$_V$-er/-ing]$_{N/A}$ を仮定すれば基体動詞の姉妹位置にある左側要素 truck は基体動詞の内項と解釈されると考えられますし，(25b) の構造 [truck [drive-er/-ing]$_{N/A}$]$_{N/A}$ を仮定すると，基体動詞の内項を派生名詞／形容詞（drive-er/-ing）が受け継いでいて，その名詞／形容詞の姉妹位置にある truck が名詞／形容詞（= 主要部）の項と解釈されると考えられるので，どちらの構造を仮定しても truck（=X）が内項の解釈になることが予測されます。fast-walker / fast-walking のような内項をとらない基体動詞を含む例の場合，(25a) の構造 [[fast-walk]$_V$-er/-ing]$_{N/A}$ では基体動詞 walk が，(25b) の構造 [fast-[walk-er/-ing]$_{N/A}$]$_{N/A}$ では -er/-ing 形の派生名詞／形容詞（walker/walking）が，内項を要求しないため，どちらの構造においても左側要素（fast）は付加詞としての解釈が可能であると予測されます。

　このように，項の解釈については，-ing/-er 形の派生語が基体動詞から項を受け継いでいるので，(25) のどちらの構造でも同じ解釈が得られます。いっぽう，付加詞は基体動詞から受け継ぐものではないので，(25a) では動詞の付加詞，(25b) では -ing/-er 形の派生語の付加詞の解釈となります。では，-ing/-er 形の派生語の付加詞はどのような解釈になるでしょうか。

(26) a.　drink in the kitchen
　　 b.　drinking in the kitchen
　　 c.　drinker in the kitchen

in the kitchen という付加詞は，(26a) では動詞 drink の表す行為の行われる場所を表しており，(26b) では名詞 drinking が表す行為の行われる場所を表し，ほぼ同じ解釈となります。ところが，(26c) は，「台所で（酒を）飲む」

という行為をする人，という解釈はできず，「台所にいる飲み手」という解釈しかできません。-er 名詞が人（あるいは物）を表すため，「行為の場所」という解釈はできず，「人のいる（あるいは物のある）場所」という解釈になるのです。したがって，(25b) の構造では，-er 形で左側要素に付加詞をもつ語の正しい解釈は得られないと考えられます。（あえて (25b) の構造で kitchen drinker を解釈するなら (26c) 同様に「台所にいる飲み手」のような意味になるでしょうが，このような名付けの必要性は低いために実際には用いられないと考えられます。）いっぽう，(25a) の構造であれば，動詞の付加詞の解釈となるので，kitchen-drinker は「台所で飲む」という行為をする人という解釈が得られます。

　左側要素が付加詞の解釈となる例を，もう少し詳しく見てみましょう。

(27) a.　heavy smoker, light eater, beautiful dancer
　　 b.　hard worker, excessive drinker

(27a) の例は，二通りの異なる意味をもちます。一つは形容詞が名詞を修飾する構造をもつ場合の意味で，右側要素を person などと入れ替えた場合と同じ意味を左側要素がもちます。つまり，heavy smoker であれば「(体重が) 重い喫煙者」という意味になるわけです。もう一つの意味は，この節で検討している動詞由来複合語の意味ですが，それぞれ「大量に喫煙する人」「小食の人」「美しく踊る人」という意味になります。この場合，heavy, light, beautiful は，動詞を修飾しているのであって，V-er という名詞を修飾しているのではないと言えます。たとえば，この意味の beautiful dancer では，beautiful は「踊る」という基体動詞の表す行為の様態を表しており，「美しい踊り方で踊る人」という意味になるのです。このような意味関係は，(25a) の構造を仮定すれば，X が V と構成素になっていますから，直接的な説明が可能です。(27b) の例は，動詞由来複合語としての解釈が優勢で，形容詞が名詞を修飾する解釈は困難です。hard や excessive が一般には人を表す名詞を修飾することはないからです (!hard person, !excessive person)。ここでも，hard や excessive は (25a) の構造を仮定すれば，動詞を修飾する解釈が得られる

と説明できます。(25b) の構造の場合は，3.1. で見た fast food の解釈と同様に，クオリア構造を用いれば妥当な解釈を導くことができますが，形態構造から直接的に適切な解釈を得ることができません。

このように，左側要素が付加詞の解釈となる -er 形動詞由来複合語については，(25a) の構造を仮定する方が適切であると考えられる例があるのですが，これ以外にも，(25b) ではなく (25a) の構造をもつと考えられる例があります (Itoh 1985)。

(28) good-looking guy, funny-looking girl, sweet-smelling flower, odd-smelling gas, awful-sounding word, pleasant-sounding voice, sweet-tasting wine, bitter-tasting vegetable, coarse-feeling surface, soft-feeling cloth

このような例は，The flower smells sweet. などに見られる，いわゆる叙述補語（この文では sweet）をとる感覚動詞を基体とする複合語です。このような例の左側要素を動詞の「項」とみなすのが妥当であるか，議論の余地があるかもしれません。(形容詞ですから，項というよりもむしろ動詞と一体となって述語としてはたらいていると考えることもできるからです。) しかし，He looks nice. に対して *He looks. では文が成立しませんから，これらの形容詞が基体動詞の補部の役割を果たしていることは疑いの余地がありません。叙述補語をとる動詞の数は限られていますが，左側要素がそれぞれの基体動詞が補部としてとることのできる形容詞であれば容認されるという意味で，(28) の動詞由来複合形容詞は生産的に用いられると言ってよいでしょう。(なお，これらの動詞は非対格自動詞であるため，外項を表す -er 形の動詞由来複合語は容認されず，nice-looker, good-looker などのごく限られたものが例外的に用いられる以外には例がありません。)

ここで注意すべきは，形容詞を補部としてとることができるのは動詞に限られ，(29) に示すように，名詞や形容詞は形容詞を補部にとることはできないということです。

(29) a.　The durian fruit smells odd. The soup tastes good.
　　 b.　the durian fruit's smell (*odd), the soup's taste (*good),
　　　　 the smell (*odd) of the durian fruit, the taste (*good) of the soup
　　 c.　The durian fruit is smelly (*odd). The soup is tasty (*good).

この事実と，複合語内に見られる項の現れ方の規則性を考え合わせると，これらの例は，複合語の構造を（25a）のように仮定すれば，自然な説明を与えることができます。(25a) の構造では，左側要素は基体動詞の姉妹ですから，そこに動詞のとる補部が現れることができるからです。いっぽう，(25b) のような構造を仮定した場合，左側要素は名詞／形容詞の姉妹となり，そこに，本来名詞や形容詞が補部としてとることのできない形容詞が現れることは，そのままでは説明ができず，特別な扱いが必要になります。

　いっぽうで，(25a) の構造をとる分析には問題点もあります。まず，(25a) は「X + V」という複合動詞に接辞が付加される分析になるのですが，英語はこのような複合動詞を生産的に作ることができません（*to truck-drive）。したがって，truck-driving / truck-driver のような複合語を truck-drive という複合動詞から派生する（25a）のような分析には問題があると言えます。さらに，7.4. で見たように，複合はクラス 2 の接辞よりも後のレベル 3 で起こるとする立場があります。もしこれが正しいとすれば，(25a) の構造はそれに反することになります。

　このように，(25a) を支持する証拠と，その問題点とを考え合わせると，問題の解決の一つの可能性として，(25a) の構造をもつ動詞由来複合語は統語構造で作られると考えることができるかもしれません。たとえば，odd-smelling の例で言えば，smell という動詞が統語構造で odd という補部と組み合わされ，その外側に -ing が付加されて作られると考えるのです。この場合，X-V は統語的な句であって語ではないという分析になりますから，「X + V」の複合語が生産的には用いられないという問題は回避されますし，(28) のような複合形容詞の形成が高い生産性をもつこともその分析と整合します。12 章，13 章でも見るように統語構造で語が作られる可能性は他にもありますから，一つの可能性として検討する価値のある考え方だと言えるでしょう。

動詞由来複合語の内部構造は，専門家の間でも意見が分かれている難しい問題です。-ed 形については，(25b) の構造ということにほぼ異論はないと思われますが，-ing/-er 形については，研究者によって立場が分かれています。たとえば，Lieber (1983)，伊藤・杉岡 (2002) は (25a) の構造を，Selkirk (1982)，由本・影山 (2009) は (25b) の構造を，それぞれ支持しています。ここで示した分析はあくまで一つの可能性と理解し，様々なデータを用いてさらに考えてみて下さい。

 考えてみよう

◆ -ing 形の動詞由来複合名詞は行為を表しますが，-ing 以外の名詞化接尾辞を用いて，動詞由来複合名詞と同じような行為を表す複合語を作る例があるか，さがしてみましょう。さらに，見つかった例において，「X + V-suffix」の X は V とどのような意味関係になっているか，考えてみましょう。(e.g., stain removal: stain は V の目的語にあたる解釈)

◆ 9 章では V-able の形の形容詞が V-ed の形の形容詞と同じように，基体動詞の項構造を変更した上で受け継いでいることを見ました。-able 形容詞は，-ed 形の動詞由来複合語と同じような複合語を作るでしょうか。例をさがしてみましょう。さらに，見つかった例において，「X + V-able」の X は V とどのような意味関係になっているか，考えてみましょう。(e.g., machine-washable (shirt); machine は V の道具を表す)

 さらに深く知りたい人に

Selkirk, Elisabeth O. (1982) *The Syntax of Words*. Cambridge, Mass: MIT Press.
　複雑語が示す様々な規則性を，語内部に統語構造と同様の階層構造を仮定することで説明しようとする。本章で扱った動詞由来複合語だけでなく，7 章で扱った接辞付加の順序づけや 9 章で扱った名詞化などについても詳しく論じられている。

伊藤たかね・杉岡洋子(2002)『語の仕組みと語形成』研究社.
　2章2節で英語の動詞由来複合語と項構造の関係について紹介している。

Achema, Peter and Ad Neelman. (2010) The Role of Syntax and Morphology in Compounding, In Sergio Scalise and Irene Vogel. (eds.) *Cross-disciplinary Issues in Compounding.* pp. 21–36. Amsterdam: John Benjamins.
　10.4. で扱った動詞由来複合語の内部構造について、形態部門と統語部門の「競合」という新しい視点から説明している。

11章　日本語の動詞由来の複合語

> ①「手洗いする」と「手洗いをする」は，どのように意味が異なるでしょうか。
> ②「セーターの手洗い」と「子供達の手洗い」では「の」の前に現れる名詞と複合語に含まれる動詞（洗う）の関係はどう違うでしょうか。
> ③「大学出」と「家出」はどのように意味が異なるでしょうか。

【キーワード】項構造，受け継ぎ，名詞化，項の具現化，複合，付加詞，LCS，サ変動詞

11.1.　はじめに

　英語と同様，日本語においても動詞由来複合語の形成はたいへん生産的な語形成ですが，そこにはいくつかの重要な違いが見られます。まず，形態的な違いとして，10章で見たように英語の動詞由来複合語では動詞に接尾辞（-er/-ing/-ed）が付いて複合語の品詞と意味が明示されますが，日本語の場合は「X＋動詞連用形」という一つの形にさまざまな意味や用法が存在します。

（1）a.　行為：皿洗い，窓拭き　　a'. 水洗い，水拭き
　　　b.　出来事：山くずれ
　　　c.　動作主：絵かき　　d.　道具：爪切り　　e.　場所：物置き
　　　f.　時間：夜更け　　g.　属性：もの知り　　h.　状態：薄切り
　　　i.　産物：梅干し

これらの多様な例は，意味が多様であるだけではなく，用法も異なり，同じ

行為を表す複合語でも，(1a)「皿洗いをする」のように格助詞「を」をとって名詞として使われるものと，(1a')「水洗いする」のように直接「する」と結合して述語として用いられる動名詞があります。音韻についても，(1h) の「薄切り」は連濁を起こすのに (1d) の「爪切り」は起こさない，といった違いが見られます。さらに，10 章で英語の動詞由来複合語には次のような二つの制約があることを見ました。

(2) a. 動詞由来複合語では，主要部が要求する（主語以外の）項はすべて，主要部の姉妹位置，すなわち左側要素として具現化されなければならない。(＝ 10 章 (7a))
 b. 主要部の主語は，動詞由来複合語内に現れることはできない。(＝ 10 章 (7b))

　しかし，日本語では (1a')「(窓の) 水拭き」のように他動詞が目的語ではなく〈付加詞〉（項ではなく副詞などの修飾要素）と結合したり，(1b)「山くずれ」のように主語と動詞が結合するなど，英語の動詞由来複合語では不可能な種類の複合語もあります。日本語の動詞由来複合語は英語よりも自由に作られ，規則性を欠くように見えますが，はたしてそうでしょうか。
　この章では，日本語の動詞由来複合語を，その用法に基づいて，11.2. では「芝刈り」「一人暮らし」「雪解け」のように主に行為や出来事を表す名詞として使われるものを，11.3. では「水洗い（する）」「黒こげ（だ）」「袋詰め（する）」のように主に述語として使われるものを取り上げ，11.4. で動詞由来複合語の種類と音韻的特徴の関係について考えます。さらに，11.5. では (1c) (1d) (1e) (1f) (1i) のようにさまざまな物や人を表す動詞由来複合語の意味と用法を取り上げます。

11.2. 行為や出来事を表す名詞として用いられる動詞由来複合語

　日本語では，(3a) (3b) のように，他動詞の内項と動詞連用形から成る複合語が行為を表す例が非常に多く見られます。結合している名詞は (3a) の

例では，格助詞「を」をとる目的語（e.g., 芝を刈る），(3b) の例では「に」格で標示される間接内項（e.g., 木に登る）に対応しています。

(3) a. 芝刈り，雪かき，豆まき，野菜作り，子育て，募金集め，石けり，場所とり，水やり，ペンキぬり，トラブル隠し，そば打ち，ゴミひろい，人減らし，宝探し，暇つぶし
   b. 木登り，墓参り，塾通い，楽屋入り，会社勤め，山籠り

さらに，(4) のように様態，時間や場所などを表す付加詞と自動詞（e.g., 二人で暮らす）の複合が行為や出来事を表す例も，(3) の内項との複合ほど生産的ではありませんが，観察できます。

(4) 一人暮らし，忍者走り，カエル泳ぎ，仁王立ち，外遊び，田舎暮らし，夜遊び，昼寝，夜泣き，夕涼み

これらの複合語は動詞と内項または付加詞から成る行為（e.g., 芝を刈ること，木に登ること，一人で暮らすこと）を表し，文を作る際に「芝刈りを始める，一人暮らしを楽しむ」というように，助詞の「を」や「が」とともに名詞として使われるので，以下では「動詞由来複合名詞」と呼びます。これらは，10章で見た英語の -ing 形の動詞由来複合名詞（e.g., window-cleaning, indoor-running）に対応し，項の具現化に関する制約 (2a) にも従っています。なお，(4) のような付加詞と自動詞から成る複合語には動名詞としても問題なく使われるものもありますが（一人歩きする，など），それについては 11.3. で取り上げます。

　英語では動詞由来複合語の左側要素として主語が現れないという制約（e.g., *rain falling）を 10 章で見ましたが（上記 (2b)），日本語ではその制約に従わない (5a) のような例が観察されます。しかし，このような複合語を作る自動詞は非対格動詞に限られるので，内項である主語は動詞由来複合語に入ることができると言えます。(5b) に示すように，非能格動詞や他動詞の場合，外項である主語との複合は日本語でも許されません。

（5）a. 地滑り，ガス漏れ，崖崩れ，地鳴り，電池切れ，胸焼け
　　 b. *子供泣き，*鳥飛び，*犬吠え，*母親作り（母親が作ること）
　　　　cf. ウサギ跳び，忍者走り

（5b）の cf. は反例に見えるかもしれませんが，「ウサギが跳ぶこと」ではなく「ウサギのように（人間が）跳ぶこと」という意味なので（「忍者走り」も同様），これらは主語との複合ではなく付加詞との複合です。したがって，日本語の動詞由来複合語では，英語のように主語全般ではなく，外項が排除されることがわかります。（5a）のような内項と非対格動詞から成る複合語は，自然現象や状態変化の事象を表す名詞として，（3）と同様に動名詞ではなく名詞として助詞をともなって使われます（地滑り<u>が</u>起こる，ガス漏れ<u>を</u>防ぐ）。

　また，3項動詞の場合は，（6a）（6b）に示すように，数はそれほど多くはありませんが直接内項と複合する例が観察され，これらの複合語は（6c）のように名詞として助詞「を」や「が」をともなって使われます。

（6）a. （ハトへの）エサやり，（客への）チラシ渡し
　　 b. ?(指定場所への) 荷物置き（新幹線の注意事項）
　　　　?(エコバッグへの) 商品詰め
　　 c. ハトへのエサやりを禁止する，トラックへの荷積みが終わった

これらの例では括弧内に示した間接内項を複合語の外に表すことが可能である点で，英語の3項動詞についての観察（10章（10b）参照）と異なっています。さらに，（6a）のように授受動詞を基体とする複合語では，間接内項が不特定の解釈を受けたり文脈から理解される場合には省略が可能になります。位置変化動詞の場合は，英語の動詞 put を基体とする動詞由来複合語では間接内項を省略できないとされ，日本語でも（6b）の例で括弧に?がついているように，間接内項を省略することは普通の文脈では難しいようです。したがって，日本語の3項動詞を基体とする動詞由来複合語の（6a）のような例では，間接内項を複合語の外に表すことができる点においては英語における制約（2a）が完全にはあてはまらないことが観察できますが，複合語内では

なく複合語を含む名詞句のレベルでは項構造を充足していると言えます。なお，位置変化動詞の間接内項との複合については，以下の 11.3. で述語としての用法があることを取り上げます。

　以上，動詞由来複合名詞は，内項と他動詞または非対格動詞，あるいは非能格動詞と付加詞という組み合わせによって，複合語全体が何らかの行為や現象の名前として機能していると言えます。すなわち，内項は動詞が表す行為や変化の対象を表すので，内項と動詞を合わせて行為（何をするか）や変化（何が起きたか）の意味が表され，非能格自動詞の場合は付加詞による修飾によってある種の行為の名前として使われるということです。そう考えると，英語の動詞由来複合語における主語全般の排除（上記 (2b)，この制約の特殊性についての 10.1. の議論も参照）に対して，日本語では外項のみが排除されることは，むしろ自然であると言えます。3 項動詞について見た項の省略の可能性との関係も含めて，英語の動詞由来複合語の制約 (2a) は，複合語の構成要素が行為や現象を名詞として表すための項構造に基づく条件ととらえることができ，この節で見た日本語の動詞由来複合名詞にもその条件がおおむねあてはまると言えます。

11.3. 述語のはたらきをする動詞由来複合語

　次に，述語として用いられる動詞由来複合語について見ます。これらの多くは，動詞連用形と付加詞の複合によって作られますが，付加詞は動詞の項構造には含まれないため，これらの複合語は以下で述べるように，語彙概念構造（LCS）に基づいて形成されると考えられます。

　付加詞が結合した動詞由来複合語には，行為（7a）(7b)，変化（7c），結果状態（7d）(7e) を表すものが見られます。

（7） a. 野菜を<u>水洗い</u>する。
　　　b. 新聞記事を<u>ななめ読み</u>する。
　　　c. ビーチで<u>日焼け</u>した。
　　　d. にわか雨で洗濯物が<u>びしょ濡れ</u>だ。（びしょ＝びしょびしょ）

e.　新しいオフィスはガラス張りだ。

　これらの複合語は，11.2. で見た複合語とは異なり，述語として使われる点が重要です。つまり，(7a)–(7c) の複合語は「する」をともなってサ変動詞を作る動名詞であり，(7d)(7e) は状態を表す述語のはたらきをする名詞として，文の述語になるときは「だ」をともない，名詞を修飾するときは「の」をともないます (e.g., ガラス張りのオフィス)。なお，(7a)–(7e) を含め，この節で以下に取り上げる複合語は，動名詞や状態を表す名詞 (e.g., 勉強 (する)，独身 (だ)) の多くがそうであるように，述語としての用法のほかに名詞として主語や目的語の位置に現れることもできます (e.g., 日焼けを避けたい，びしょ濡れが嫌だ)。それらは述語としての用法がもとになっていると考えられます。
　動詞由来複合語に現れる付加詞には次のようなさまざまなものが含まれます。

(8) a.　道具／手段：モップぶき，手作り，水洗い，ペン書き，釜炊き
　　b.　様態：一人歩き，早変わり，若死に，早食い，イッキ飲み，強押し
　　c.　原因：船酔い，所帯やつれ，仕事疲れ，霜枯れ，日焼け
　　d.　結果状態：黒こげ，びしょ濡れ，厚切り，二つ割り，白塗り
　　e.　材料：レンガ造り，ガラス張り，モヘア編み，毛織り

　ここで注意したいのは，日本語の動詞由来複合語では「早食い」や「ななめ読み」など付加詞と他動詞の複合が数多く存在し，これらは動名詞がサ変動詞として使われる場合 (9a) も，動名詞が名詞として使われる場合 (9b) も，もとの動詞の内項を複合語の外に表すことができる点です。

(9) a.　床をモップぶきする，ラーメンを早食いする
　　b.　床のモップぶき，ラーメンの早食い
　　　　cf. *quick-eating of pasta　(10.1. (5b))

これは，(9cf.) に示すように 10 章で見た英語の動詞由来複合語とは異なる特徴です（ただし 10.1. (6a) の spoon-feed, machine-wash のような複合動詞がある場合を除く）。前節で見た動詞由来複合名詞は，たとえば「芝刈り」のように対象を表す内項と動詞を組み合わせて，行為（芝を刈ること）を表します。それに対して，(9) の「モップぶき」のような動詞由来複合語は「モップぶきする」のように述語としてはたらき，項を複合語の外側にとることができるのです。これはどのような仕組みで可能になるのでしょうか。

　付加詞は動詞の必須要素ではないので，動詞との関係は項構造ではとらえられません。むしろ，(8a)–(8e) のさまざまな種類の付加詞は，動詞の LCS 内に含まれる意味述語（ACT, BECOME, BE）が表す事象や状態（3 章参照）の各部分に対する修飾要素として，次の (10) のようにとらえることができます（金水 1994 参照）。

(10) a. 行為（ACT）を修飾する付加詞
　　　　道具／手段：モップで（ふく），手で（作る）
　　　　様態：早く（歩く），強く（押す）
　　b. 変化（BECOME）を修飾する付加詞
　　　　原因：仕事で（疲れる），日に（焼ける）
　　　　様態：早く（変わる）
　　c. 結果状態（BE AT $_{\text{STATE}}$）を修飾する付加詞：
　　　　($_{\text{STATE}}$ には，各動詞が含意する結果状態を表す定項が入る)
　　　　結果：黒く（こげる），二つに（割る）
　　　　素材：レンガで（できている）

　そして，これらの付加詞が動詞連用形と複合することで，以下のように LCS のレベルで複雑述語が作られると考えることができます。まず，(10a) の様態や道具を表す付加詞は，次の (11a) のような LCS をもち，活動や働きかけを表す動詞の連用形と複合して (11b)(11c) のような複合語を形成します。

(11) a. 　[x ACT (-ON y)]
　　　b. 　様態：早歩き，ばか騒ぎ，強押し，走り書き（-する）
　　　c. 　道具／手段：モップぶき，水洗い，手もみ（-する）

これらの複合語は，ACT を意味述語とする行為を表し，「(駅まで)早歩きした」のように「-する」をともなってサ変動詞として使われ，その品詞は動名詞（VN）です。つまり，「早歩き」は漢語動詞語幹の「歩行」などと同じく形態的には名詞だが意味の上では動詞であるということです。したがって，「早歩き」のLCSは基体動詞（歩く）のLCS（11a）のACTに様態を表す修飾が加わったものと考えられます。さらに，付加詞と他動詞の連用形から成る複合語「モップぶき」の場合は，すでに見たように「床をモップぶきした」のように目的語（y）を複合語の目的語としてとることができます。これは，次に示すようにLCSのレベルで動詞「ふく」の意味構造（12a）に道具を表す修飾要素「モップ」が挿入され，（12b）のような意味をもつ動名詞が形成されていると仮定することで説明できます。

(12) a. 　ふく：[x ACT-ON y]
　　　b. 　モップぶき：[x ACT-ON y WITH $_{MOP}$]

つまり，英語の動詞由来複合語は項構造のレベルで「すべての項を表さなければいけない」という制約（2a）を受けるために付加詞と他動詞の結合を許さない（cf. 10.1. *tree-devouring）のに対して，日本語の「モップぶき」のような複合語はLCSのレベルで付加詞と他動詞の複合に基づいて形成されるため（12b）のような意味をもつ述語となり，「する」を伴って目的語（y）をとる他動詞としてはたらくことができるわけです。

　ここで，冒頭の設問①「手洗いする」と「手洗いをする」の違いが明らかになりました。名詞の「手」が手段を表す付加詞と解釈される（手で洗う）場合，複合語「手洗い」は（12b）の「モップぶき」のように動名詞としてサ変動詞を作ることができます。いっぽう，「手」が「洗う」の目的語として解釈される（手を洗う）場合には，11.1. で見たように内項と動詞連用形の複合

が行為を表す名詞となっているため，直接「する」と結合することはできず，助詞「を」をともなう必要があるのです（手洗いを励行する）。さらに，冒頭の設問②の「セーターの手洗い」の「セーター」が基体動詞「洗う」の目的語と解釈されるのは，付加詞との複合で作られた「手洗い」が（12b）の「モップぶき」のように述語として内項を複合語の外にとることが可能（セーターを手洗いする）であるためです。それに対して，「子供達の手洗い」のほうは，「子供達」が「洗う」の目的語としての解釈が不自然なため（??子供達を洗う），「手洗い」は手を洗う行為を表す名詞と解釈され，「子供達」はその行為の動作主として解釈されるのです。

次に，状態変化を表す自動詞のLCSは，次の（13a）のように変化の事象（BECOME）と状態（BE）から成りますが，まず，変化の原因や様態を表す付加詞との複合によって（13b）（13c）のような複合語が作られます。

(13) a.　[y BECOME [y BE AT- $_{\text{STATE}}$]]
　　 b.　原因：日焼け，飢え死に，ビール太り，船酔い（-する）
　　 c.　様態：早変わり，ガタ落ち（急激に落ちる），犬死に（-する）

これらは「日焼け（する）」のような「（原因）によって変化する」，または「早変わり（する）」のような「（様態）で変化する」，という状態変化の事象を表す複雑述語を形成し，サ変動詞として使われます。いっぽう，結果状態を修飾する付加詞との複合では（14b）のような複合語が作られます。

(14) a.　[y BECOME [y BE AT- $_{\text{STATE}}$]]
　　 b.　結果状態：黒こげ，びしょ濡れ，細切れ（-だ）
　　 c.　[y BE AT- $_{\text{BURNT BLACK}}$]

「黒こげ」を例にとると，基体動詞のLCS（14a）に含まれる結果状態（下線部の [y BE AT- $_{\text{STATE}}$]，つまり，「こげた（burnt）」という状態）を付加詞「黒（black）」が修飾する形で，（14c）のようなBURNT BLACK（黒こげ）という結果状態を表す述語が作られ，「だ」をともなって用いられます（黒こ

なお，(13a) の状態変化 (BECOME) と (11a) の活動や働きかけ (ACT) ではアスペクトが異なりますが，どちらも動的な事象（出来事）を表す点では同じであるため，(13b) (13c) の原因や様態を表す付加詞と (11b) (11c) に示した様態や道具・手段を表す付加詞との複合で形成される複合語は，どちらも品詞としては動名詞 (VN) になり，助詞を介さずに「-する」をともなってサ変動詞として使われます（日焼けする）。これに対して，(14b) の付加詞は基体動詞の結果状態に対する修飾要素としてはたらくため，「黒こげ」のような複合語は静的な状態を表す名詞となり，述語として使われます。このタイプは，文の述語の位置で「だ」をともない（黒こげだ），名詞修飾では「の」を伴って用いられます（黒こげの魚）。これとは逆に，(13b) (13c) を状態を表す名詞として使うことも，(14b) をサ変動詞にして使うことも適切ではないことに注意してください。

(15) a.　*彼女の肌が日焼けだ
　　　　??彼女の日焼けの肌　cf. 彼女の日焼けした肌
　　　b.　*魚が黒こげした

　このように，付加詞と状態変化動詞の連用形から成る複合語が，サ変動詞と状態を表す名詞のどちらの用法をもつかは，付加詞が基体動詞の LCS を構成するどの事象を修飾するか（(10) 参照）によって決まると考えることができます。
　作成動詞 (16a) や状態変化を表す他動詞 (16b) も，行為と状態変化の両方を含む LCS をもつため，異なる種類の付加詞との複合により形成される複合語は異なる用法をもちます。まず，様態や道具・手段との複合によって，(11b) (11c) と同様にサ変動詞として使われる述語を作ります。

(16) a.　伝言を<u>走り書き</u>する。
　　　　　ドレスを<u>手作り</u>する。
　　　b.　魚を<u>オーブン焼き</u>する。

これらの付加詞は LCS の上位事象（(17) 下線部）を修飾すると考えられます。

(17) a.　作成 [x ACT] CAUSE [BECOME [y BE AT-IN WORLD]]
　　　　　様態：にわか作り，走り書き　（-する）
　　　　　道具・手段：　ペン書き，手作り（-する）
　　b.　状態変化 [x ACT-ON y]CAUSE [y BECOME [y BE AT- STATE]]
　　　　　様態：荒削り，から炒り，ざく切り（-する）
　　　　　道具・手段：オーブン焼き，手切り　（-する）

　作成動詞の LCS（17a）では，状態変化動詞の LCS（17b）とは異なり，動詞の目的語にあたる変項 y は行為の結果としてはじめて存在するようになるので，BECOME の主語位置には現れず，存在するという結果状態（BE AT-IN WORLD）の BE の主語の位置にのみ現れます（3.3. 参照）。また，様態の付加詞には「走り書き」（急いで書く）のような動詞連用形で表されるものもあります。
　いっぽう，下位事象である結果状態の部分に対しては，作成動詞の場合は素材を表す語が，状態変化動詞は結果状態を修飾する語が，付加詞として複合されます。

(18) a.　[y BE AT- IN WORLD]：
　　　　素材：レンガ造り，ヒノキ造り，モヘア編み，毛織り（-だ）
　　b.　[y BE AT - STATE]：
　　　　結果状態の修飾：厚焼き，四つ割り，薄切り，輪切り（-だ）

　これらの付加詞を含む複合語は，(14b) と同様に結果状態を表す名詞となり，次に示すように行為を表すサ変動詞としての用法は適切ではありません。

(19) a.　厚焼きの卵／?? 厚焼きした卵
　　b.　この塀はレンガ造りだ。／*塀をレンガ造りする。

ただし，(17a)(17b) にあげた複合語には，サ変動詞としての用法に加えて状態を表す名詞として使われるものもあります（e.g., このドレスは<u>手作り</u>だ）。これは，伊藤・杉岡 (2002) では，LCS における結果状態の焦点化という操作によると説明しています（詳細については伊藤・杉岡 2002: 121 参照）。

ここまで，付加詞と動詞から成る複合語の意味は，LCS の意味述語を修飾する付加詞の種類によって行為を表す動名詞になるか，結果状態を表す名詞になるかが決まり，この対比の説明には動詞を意味述語に語彙分解する LCS の情報が有効であることを見ました。

以上に加え，述語として使われる動詞由来複合語には，付加詞ではなく項との複合によるものもあります（Yumoto 2010 など）。まず，次の (20) と (21) の複合語は 11.2. で見た行為や出来事を表す名詞としての用法もありますが，「する」をともなってサ変動詞としても使われます。まず，主語以外に場所項を必須項とする 2 項動詞の連用形は，(20) のように場所項／着点／起点と複合して動名詞として使われる例が観察できます。

(20) 選手が<u>ベンチ入り</u>する。
　　　親離れ，里帰り，家出，客受け

さらに，(21) に示すように主語以外に対象と着点または場所項を必須項とする 3 項動詞では，着点または場所項 (21a)，あるいは対象 (21b) が複合して，動名詞として使われることが観察されます。

(21) a. パンを<u>袋詰め</u>する　（cf. パンを袋に詰める）
　　　　車庫入れ，陸揚げ，棚上げ，船積み
　　 b. スープに<u>味付け</u>する　（cf. スープに味を付ける）
　　　　色付け，ランク付け，砂糖がけ，墨入れ

3 項動詞の場合は，必須項のうち複合しなかったもの，つまり (21a) では基体動詞（詰める）の対象を表す名詞「パン」，(21b) では「付ける」の場所項

を表す名詞「スープ」が，それぞれ，動名詞としてはたらく動詞由来複合語（「袋詰めする」，「味付けする」）の項として複合語の外側に現れます。これらは複合語内で動詞の項構造が満たされていませんが，複合語全体が述語として用いられることによって，もう一つの項を文中に具現化する形で項構造が充足されていると考えられます。ちなみに，複合語が出来事を表す名詞として使われる場合にも，複合されない項は複合語の外側に表されます（e.g., パンの袋詰め，スープの味付け（をする））。

場所項（22a）または対象（22b）との複合で，「だ」を伴い述語として機能する名詞が作られる例もたくさんあります。これらは，結果状態を表すという点で（18）と類似しており，共通の分析が可能かもしれません。

(22) a. このお菓子は袋入りだ。　贈答用の果物は箱詰めだ。
　　　 田舎住まい，お傍付き（の使用人），水浸し，塩漬け，外付け
　　b. この日本酒は金箔入りだ。　この椅子は革張りだ。
　　　 さや付き（のエンドウ），漆塗り

また，項との複合によって表される行為や状態によって，もとの動詞の主語の性質を表す（23）のような複合名詞も述語としてはたらくことができます。

(23) あの役員は役人上がりだ。あの監督は女たらしだったそうだ。
　　　 フランス帰り，会社勤め，父親似

このタイプについては，項構造や LCS を用いた分析でどのようにその意味を導き出せるのかまだ十分に明らかではなく，上で見たような分析では説明ができませんが，日本語の動詞由来の複合名詞研究にとって非常に興味深い事例です。（詳細は由本 2015，由本 2022 を参照。）

動詞と項から成る複合語で述語として使われるものの中には，名詞がもつ意味構造と，動詞の意味構造との連携によって，複合語の外に別の項をとる次のような例も存在します（由本 2015）。

(24) a. ゴボウを<u>アク抜き</u>する　（cf. ゴボウのアク抜きをする）
　　　　値上げ，幅詰め，味見
　　b. セーターが<u>色落ち</u>する
　　　　心変わり，値下がり

　(24)のような例では，動名詞の目的語は動詞の項ではありません。(24a)のcf. に示すように複合された動詞の内項（アク）が別の名詞（ゴボウ）と〈部分－全体〉の関係にあり，その全体にあたる名詞が，述語が形成するサ変動詞「アク抜きする」の目的語として複合語の外側に表されているのです。同様に，(24b)では，複合された名詞「色」は物の属性を規定する側面（色，形，大きさ，値段，など）の一つを表し，その属性をもつ物を表す名詞「セーター」が述語の主語となっています。このタイプの複合名詞はどのような条件で可能になっているのでしょうか。(24a)(24b)はどちらも，複合語の左側に現れる名詞が何かの部分や性質の側面という〈分離不可能〉な要素で，それが動詞によって表される変化を受けることで，その要素の所有者や所属先にあたる名詞（(24)ではゴボウやセーター）の性質が変わることを表しています。ただし，分離不可能な関係にある名詞であっても，動詞連用形との複合が述語としての用法をもつとは限らず，特別な関係に限られていると考えられます（cf. ナシの<u>皮むき</u> / ?? ナシを<u>皮むき</u>する）。（詳細は由本2020参照。）

　以上をまとめると，これらの項との複合により述語が形成される例は構成要素の意味によりかなり制限されていますが，上で見た行為を表す意味述語に対する付加詞の複合による述語の形成と同じように，複合語内で項をすべて充足するのではなく，外に表すことによって，もとの動詞の項の充足をしていると言えます。

11.4. 動詞由来複合語の種類と音韻的特徴

　11.2. で見た行為や出来事を表す名詞として使われる複合語のうち，「芝刈り」のように他動詞の目的語が左側要素になっているものは，特に生産性が

高く意味も構成的なものが多いという特徴をもちます。私たちは，この種の複合による新しい出来事や行為の名前をしばしば目にし，たとえば（25）の下線部のような新造語を初めて見ても，抵抗なく意味を理解して受け入れることができます。

(25) 太陽光発電設備の導入に向け，「<u>屋根貸し</u>」を希望する民間施設と，「<u>屋根借り</u>」を希望する事業者を公募する。

このような高い生産性は，同じく項構造による制約（2a）に基づいて形成され名詞として使われる英語の -ing 形の動詞由来複合名詞にも見られる特徴です。

　それに対して，11.3. で見た述語を作る付加詞と動詞連用形の複合語の用法には英語には見られないタイプも含まれ，上述のように LCS に基づく分析が可能です。このタイプの複合語はレキシコンに登録され，語彙の特異な性質によって制限されていると考えられます。実際に，「薄切り」に対して「#薄広げ」(cf. 薄く広げる) は不自然，「包丁切り（のうどん）」に対して「#ナイフ切り（のフルーツ）」は使われないなど，この種の複合で新造語が自由に造られることは，内項との複合に比べると少ないようです。また，3 項動詞の項の複合や名詞が要求する要素（物の部分や性質の側面）を表す項の複合で述語としての用法が可能なものについても，その生産性は比較的限られていることや，名詞や動詞構成素の意味によって制限のある複合であることから，LCS やクオリア構造などの意味構造に基づくと考えることができます（Yumoto 2010 など参照）。

　以上の日本語の二つのタイプの動詞由来複合語のうち，特に付加詞と動詞連用形の複合が述語として使われる場合と，目的語と他動詞の連用形の複合が行為や出来事を表す名詞となる場合では，音の面でも興味深い違いが観察されます。伊藤・杉岡（2002）では，(26) に示すように，複合する名詞が付加詞の場合では連濁が起こるのに対して，目的語の場合は連濁を起こさないという観察をもとに，以下のような分析を提示しています。

(26) a.　付加詞＋動詞連用形　　　b.　目的語＋動詞連用形

　　　　水ぶき，雑巾ぶき　　　　　　窓ふき，廊下ふき
　　　　ペン書き，走り書き，下書き　手紙書き，レポート書き，原稿書き
　　　　輪切り，薄切り，手切り　　　パン切り，腹切り，角（つの）切り
　　　　竿釣り，一本釣り，海釣り　　魚釣り，イワナ釣り
　　　　生けどり，横どり　　　　　　キノコ採り，草取り
　　　　蔭干し，外干し，部屋干し　　ふとん干し，衣類干し

連濁は，複合語の右側主要部要素に起こるので (e.g., 里子, 迷子)，並列複合語 (e.g., 親子, 読み書き) には起きないことが知られています（コラム 1 参照）。(26a) の付加詞が複合するタイプではほぼ例外なく連濁が起こることから，これらの右側要素である動詞連用形は主要部であると考えられ，(26a) の複合語は 11.3. で見た述語としての 2 種類の品詞（動名詞 VN と名詞 N）をもつ内心複合語として扱うことができます。

(27) a.　[[水]ₙ [ぶき]ᵥɴ]ᵥɴ（－する）
　　　b.　[[輪]ₙ [切り]ₙ]ₙ（－だ）

　問題は，(26b) の目的語と動詞連用形との複合でなぜ連濁が起きないケースが多く見られるかという点です。伊藤・杉岡（2002）ではその理由として，(26b) の連濁を起こさない「芝刈り」のような複合語では，まず目的語にあたる名詞が動詞と複合し，その複合語全体の品詞が変わって出来事や行為を表す名詞となる，つまり，右側の動詞連用形が複合語全体の主要部ではない，次のような構造をもつという可能性が提示されています。

(28)

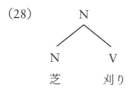

これは，10.3. で示した英語の動詞由来複合語の構造（[[truck drive] -ing]）の接尾辞がない形に対応します．つまり，英語の場合は名詞化接辞（-ing, -er）が付くため〈内心構造〉になるのに対して，日本語の動詞由来複合名詞には接辞を付加できないため，このような〈外心構造〉（2.2. 参照）になると考えられ，そうすると，右側要素の動詞は主要部ではないため，連濁しないと説明できます（詳細は Sugioka 2002，伊藤・杉岡 2002 参照）．

他動詞と目的語から成る複合語 [V- N]$_N$ は，英語やロマンス諸語にも見られ，特にロマンス諸語では生産的な語形成です．

(29) a.　英語 scarecrow「かかし」, pickpocket「スリ」(cf. 2.2.（49））
　　 b.　フランス語 essuie-mains　（拭く−手：手拭き，ハンドタオル）
　　 c.　スペイン語 lava-platos（洗う−皿：皿洗い機）

これらは，V-N の組み合わせが表す行為（e.g., scare crow「カラスをおどす」）を行う人（動作主）や物（道具）を表し，複合語全体が表す人や物の意味カテゴリーは右側要素である名詞とは一致しない，つまり scarecrow「かかし」は crow「カラス」の一種ではないという特徴から，外心構造を提唱する研究もあります（Scalise and Bisetto 2009, Booij 2010 など）．なお，日本語の (26b)「窓ふき」のような複合語も，下の 11.5. で見るように，動作主や道具の解釈をもつケース（(30)(31) 参照）が多く見られますが，その場合も連濁を起こさないものが多く，それらは (28) の構造をもつと考えることができます．

以上，日本語の動詞由来複合語の一部に見られる連濁のパターンについて，左側要素と基体動詞との関係に基づいて異なる構造を仮定することで説明しようとする試みについて見ました．連濁という現象には複雑な要因が関わるため，上で述べた「例外」の存在や (26) 以外のタイプの動詞由来複合語の構造と連濁の関係も含めて，まだわからないことが多く残っています．10 章で見た英語の動詞由来複合語について提唱されている 2 種類の構造と合わせて考えると，ここで仮定したような構造の違いの可能性は，動詞由来複合語という語形成の興味深い問題だと言えるでしょう．

11.5. 物や人を表す動詞由来複合語のタイプと意味

　(1c) (1d) (1e) (1f) (1i) で見たように，日本語の「名詞＋動詞連用形」型の複合語には，具体物を表すものもあり，(30) に示すように，様々な意味を表すことができます。また，特に新しく作られた道具などを表す場合にこの型の複合名詞は頻繁に用いられており，辞書には載っていない例も (31) にあげるように，たくさん見つかります。括弧内に示した既存語からのアナロジーで作られた可能性があるものも多いですが，この具体物を表すタイプの動詞由来複合名詞の形成も，出来事を表すタイプと並んで，生産性のある語形成だと言ってよいでしょう。

(30) <u>人を表す</u>
　　　a. 羊飼い，猛獣使い，髪結い，かばん持ち，客引き，絵描き，月給取り
　　<u>物を表す</u>
　　　b. 胡桃割り，爪切り，ガラス磨き，ねじ回し，手拭き，鍋つかみ，湯のみ，姿見
　　　c. くず入れ，傘立て，箸置き，ちり取り，刀掛け，肩掛け，首巻き
　　　d. 梅干し，野菜いため，卵焼き，人相書き，らっきょう漬け

(31) 銀杏割り (cf. 胡桃割り)，お玉置き (cf. 箸置き)，薬味入れ (cf. くず入れ)，ベルト掛け (cf. 刀掛け)，レモン絞り，種取り，黄身分け

　ここで，まず注目してほしいのが，(30a) が単なる「動作主」を表す名詞ではなく，職業や役割を表しているということです。たとえば，ペットとして羊を飼っていても「羊飼い」とは呼べませんし，絵を描いている人を誰でも「絵描き」と呼べるわけではありません。9章で取り上げた，人を表す名詞を作る接尾辞に項構造を受け継いでいると思われるものとそうでないものがあり，項構造を受け継いでいる場合は，事象の生起が前提となっていることを思い出してください。

(32) a. 野菜の作り手，愚痴の聞き役，小包の受け取り人，犬の飼い主，

「細雪」の作者，重病人の介護者
 b. (*「細雪」の) 作家，(*重病人の) 介護士　(9 章 (25) の再掲)

つまり，(30a) の動詞由来複合名詞によって表される人は，(32b) と同じで，事象の生起が前提されているとは限りません。また，(33) に示すように，動詞が二つの内項をとるものについて，複合されていない方の項を名詞句内で表そうとすると不自然な文になることから，項構造を受け継いでいないことがわかります。

(33) a. *<u>乗船客への物売り</u>は多くの売り上げを得た。(客に物を売った人の意)
  b. *<u>学生への金貸し</u>が逮捕された。(学生に金を貸していた人の意)

また，(30b) (30c) はいずれも道具を表し，複合している名詞は目的語として解釈されるものですが，英語の道具を表す名詞とは大きな違いがあります。9.3. で述べたように，英語の -er 付加によって作られる道具名詞は，もとの動詞の外項（主語）として用いられるものしか表すことができませんが，日本語の「名詞＋動詞連用形」型のモノ名詞は，外項を表すとは言えず（そもそも日本では原則として道具を主語として使える動詞はありません），より広い範囲の道具を表すことができます。「胡桃割り」や「爪切り」は，基体動詞が表す行為に直接関与して対象に働きかける道具ですが，「湯のみ」や「姿見」が表す物は，対象に働きかけるのではなく，動作主を補助する役割をする道具で，後者に対応する英語の -er 名詞はありません。日本語の道具を表す動詞由来複合名詞は，もとの動詞の項を表すものではない点で，英語とは大きく異なっていると言えるでしょう。

ここで，興味深いのは (30c) のタイプです。これらも目的語と複合している点で (30b) と違いはありませんが，動詞が間接項もとる 3 項動詞 (cf. x を y に入れる，x を y に置く) で，複合名詞が表している物体は，すべてその項に対応しています。たとえば，「くず入れ」は，「入れる」がとる対象と複合し，場所項を表しており，「肩掛け」は，「掛ける」がとる場所項と複合

し，対象を表しています。つまり二つの内項のどちらと複合することも可能であり，さらに，結果として複合語が表す物は複合語内に取り込まれることなく残されたほうの項に対応するということです。たとえば，掛け軸などを壁に掛ける時に使う棒状の道具を表すのに，「爪切り」のように内項を複合して「軸掛け」としても簡単に正しい解釈がされないのは，「掛ける」が要求するもう一つの内項（場所項）が残っているために，まずはその内項としての解釈が優先されるからではないかと考えることができます。つまり，(34)に図示したように，複合せず残った内項がある場合，これが優先的に複合名詞の指示対象となるということです。

(34) a.　X を肩に掛ける【場所項との複合】　→　肩-掛け ＝X（対象項）
　　 b.　刀を Y に掛ける【対象との複合】　→　刀-掛け ＝Y（場所項）

いっぽう，内項を一つしかとらない動詞の場合，先述の通り同じ動詞でも結合する名詞によって人，道具のどちらでも表すことが可能です。また，「手洗い」「犬走り」のように場所を表したり，「夜明け」「日暮れ」のように時間を表すこともあります。以上の観察から，物を表す動詞由来複合名詞も，その解釈においては，もとの動詞の項構造を基盤としてある程度規則的に導かれていると考えることができます。

　次に，(30d)のタイプが表す意味について考えてみましょう。これらは，動詞の内項と複合していますが，動詞の項や付加詞を表しているとはいえません。これらが表すのは，複合語が表す出来事によって生じる産物なのです。「梅干し」は梅を干してできるものであり，「野菜いため」は野菜をいためた結果出来上がる料理を表しています。このような産物を表す動詞由来複合語の解釈メカニズムはどのように分析すればよいでしょうか。結果産物は(34)のような項構造では表されないものなので，ここでは，クオリア構造を用いるのが適切に思われます。これまで動詞のクオリア構造については触れていませんでしたが，名詞と同様に四つのクオリアに分類して記述される情報があると考えられます。たとえば「いためる」という動詞は食材を対象として行う調理の1種を表し，その目的クオリアは料理を作ること，主体クオリア

は，食材に何らかの作業をすることになります。さらに，複合している名詞「野菜」は，食材として解釈されます。これらの情報が，複合に伴う意味合成によって融合され，「野菜いため」は野菜をいためた結果生じる料理として解釈できるのです。ただし，このタイプの複合名詞はどのような組み合わせでも容認されているわけではなく，たとえば柿や芋を干して作るものを「柿干し」や「芋干し」とは呼びませんし，魚を焼いて作る料理を「魚焼き」とも言いません。むしろ，これらは，語順を逆にして「動詞連用形＋名詞」の形で表されています（e.g., 干し柿，焼き魚）。結果産物を表す「名詞＋動詞連用形」型の複合語は，(30a)–(30c) のタイプとは異なり，規則的に作られるものではないと考えるのが妥当だと思われます。

最後に，人を表す「名詞＋動詞連用形」型複合語の中には，その人の属性を描写することによって人を表すというものがあることを見ておきたいと思います。たとえば，(35) のような例について考えてみましょう。

(35) a. 酒飲み，物知り，金持ち，うそつき，子供好き
　　　b. 名取り，人殺し，田舎育ち，寄せ場帰り，大学出

(35a) の例は，その人の状態や習慣を描写しています。たとえば「酒飲み」というのは，日常よく酒を飲む人のことであって，特定の時・場所において酒を飲んだ人のことを指すのではありません。ですから，今しらふでゴルフをしている人を見て，その人の習慣を知っていれば「酒飲みがゴルフをしている。」と言うことができますが，今ゴルフをしている初対面の人が，ビールを飲んでいるのをたまたま目撃しても，このような表現を用いることはできません。これに対して，(35b) の複合名詞は，複合語が表す出来事を過去に実際に経験したとわかっている人を指します。「名取り」とは，舞踊を習っている人で師匠から芸名を許された人のこと，「寄せ場帰り」とは，江戸時代の表現で罪を犯して人足寄せ場に収容されていたことがある人を指します。属性叙述文の分類では，〈履歴属性〉と呼ばれているタイプの描写になります。履歴属性とは，その人物の過去の経験が属性となっているような場合を言います。たとえば，文のレベルでも，「太郎はフランスに何度も行ってい

る。」という文は，太郎の経験を述べることで太郎の属性を叙述している，すなわち履歴属性を表しているとされています（cf. 益岡 2008: 6）。このように，(35a)(35b)はいずれも，複合語が表す出来事に参与した（している）という事実によって，このような名づけがなされているもので，この点において，職業や役割を表す(30a)のタイプとは異なります。なお，(23)にあげた述語として用いられる複合名詞の多くは，(35)のような人を表す名詞としても用いることができますが，人を表すことができないものもあるので（e.g., 父親似），別のタイプとしておきたいと思います。

　さて，冒頭の設問②の「大学出」は「大学を出た」ということがその人の属性を表すのに十分な経歴として解釈できるので，そのままで人を指すことができます（e.g., 今年は大学出を3人採用した。）。いっぽう，「家出」は同じように場所を表す名詞と「出」が複合していますが，「家を出ること」という行為は普通その人の経歴を表すものとしては解釈されないので，そのままで人を指すことができず，行為を表す名詞（「家出をする」）または動名詞（「家出する」）として使用されます。人を表すなら，接辞によって明示し「家出人」と言わなければなりません。

　以上，日本語で，人や物を表す「名詞＋動詞連用形」型の複合名詞の意味について見てきました。いずれももとの動詞の項が複合しているにもかかわらず，複合語が指す対象は非常に多様性に富んでいます。日本語話者は，構成要素である名詞と動詞の意味とその背景的世界知識を手がかりとして，この多様な解釈を理解していると考えられます。

　本章では，日本語の動詞由来複合語が，動詞連用形の左側要素として名詞，形容詞語幹などが複合するという同じ形でも，さまざまな意味と用法をもつことを見ました。行為や出来事を表す名詞として使われる複合語は，外項の排除か主語の排除かという違いや間接内項の具現化の仕方の違いを除けば，10章で見た英語の動詞由来複合語とほぼ同じ項構造の制約に従うのに対して，付加詞および一部の内項と動詞連用形から成る複合語が述語として使われることやその用法を説明するためには，動詞の意味構造（LCS）や名詞の意味に言及することが必要であることを見ました。また，人や物を表す複合語の

意味解釈メカニズムは多様であり，話者が名詞や動詞のクオリア構造を含むさまざまな世界知識を使ってその用法を理解していると考えられます。このように，動詞由来複合語は，語形成と意味の関係や複雑語の内部構造の分析など，理論的に重要なテーマを提供してくれます。

 考えてみよう

◆ 以下の日本語の「名詞＋動詞連用形」型複合名詞が，本章で扱ったどのタイプに分類されるか考えてみましょう。

そうめん流し，炭焼き，耳鳴り，波乗り，罪作り，ランク付け，客受け，糸通し，汗かき，アメリカ生まれ

◆ 次の行為や出来事を表す動詞由来複合語およびそれを含む表現が自然かどうか判断し，その理由を考えましょう。また，英語で対応する動詞由来複合語の表現が容認されるか否かとその理由を考えましょう。

米を早炊きする，パンを薄切りする，
雪どけが待ち遠しい，森でセミ鳴きが始まった，
学生へのビラ配り，駅までの早歩き

◆ 日本語の「名詞＋動詞連用形」型の複合語には英語の名詞転換動詞（5 章）とよく似た意味や用法をもつもの（モップぶき / to mop (the floor)）があります。具体例をさらに探してそれぞれの LCS を比べてみましょう。

 さらに深く知りたい人に

影山太郎 (1993)『文法と語形成』ひつじ書房．
　第 4 章で日本語の「名詞＋動詞」型の複合語のさまざまなタイプについて，本章で取り上げなかった複合語アクセントを有さないものなども含めて，多くの例をあげて論じている。

伊藤たかね・杉岡洋子(2002)『語の仕組みと語形成』研究社.
　3章3節で日本語の動詞由来複合語の異なるタイプの意味と用法や内部構造と音韻的特徴について項構造と LCS を使った分類と分析を示している。
由本陽子(2015)「「名詞 + 動詞」複合語の統語範疇と意味カテゴリー」益岡隆志(編)『日本語研究とその可能性』pp. 80–105. 開拓社.
　伊藤・杉岡(2002)ではカバーされていないタイプの動詞由来複合語や 11.5. で見た人や物を表す複合語について，項構造と意味構造にもとづく分析を示している。

12章　日本語の「動詞＋動詞」の複合

> ① 以下の英語と日本語の文では，ほぼ同じ意味が異なる構文で表されていますが，下線部の単語の性質は同じですか。
>   (i) Push the door <u>open</u>.
>   (ii) ドアを押し<u>開けて</u>ください。
> ② 同じ動詞が右側に現れている以下の複合動詞において二つの動詞の意味関係は同じでしょうか。
>   (i) おじいさんがパソコンを部屋から<u>運び出した</u>。
>   (ii) おじいさんがパソコンを部屋で<u>使い出した</u>。
> ③ 複合動詞によって受身形に違いが見られるのはなぜですか。
>   (i) パソコンが部屋から｛<u>運び出された</u>／*運ばれ出した｝。
>   (ii) 最近小学生にもパソコンが<u>使われ出した</u>。
> ④ 「切り崩す」「走り回る」はよいのに，
>   「*切り崩れる」や「*走りころぶ」は容認されないのはなぜですか。

【キーワード】複合動詞，項構造，他動性調和の原則，語彙的複合語，統語的複合語，語彙的緊密性

12.1. 日本語の「動詞＋動詞」複合語の多様性

　上の設問①でも示しているように，英語では何らかの要素を文の最後に付け足すことで表す意味を日本語では二つの動詞を結合した形で表すという場合が多くあります。意味の上では対応が成立していても構造的に見ると両者はかなり異なっています。①を例として説明すると，英語では〈結果構文〉と呼ばれる構文が用いられているのに対して，日本語では〈複合動詞（compound verb）〉が使われています。結果構文は，目的語（自動詞文なら動詞）の後に

形容詞（e.g., hammer the metal flat）や前置詞句（e.g., break a vase to pieces）などの〈結果述語〉（3章参照）を付加することによって，主動詞が表すことができない結果状態の含意を明示的に表すようにした文のことです。①の(i)では動詞 push は目的語への働きかけだけを表し，結果を含意しないのですが（cf. 3章(9)），push が表す行為の結果のドアの状態が形容詞 open によって表されています。このように英語では，出来事の結果状態を示す要素が，主動詞とは離れた位置に第2の述語として現れます。いっぽう，同じような意味を表す日本語では結果状態を含意する「開ける」という動詞が働きかけを表す「押す」と複合し一つの語になっているのです。

　では，よく知られているように日本語の複合動詞の生産性が非常に高いのはなぜでしょうか。一つの理由は，結合する二つの動詞の意味関係の多様性にあると考えられます。たとえば，設問②にあげた二つの例の意味を考えてみましょう。これらは，同じ動詞が右側に現れていながら二つの動詞は異なる意味関係で結合されていることがわかります。「運び出す」は「［運んで］［出す］」と書き換えられるような意味を表すのに対して，「使い出す」は「［使うこと］を［出す（＝始める）］」という意味です。すなわち，前者においては，「出す」が複合動詞の意味の中心を担っており，左側の動詞（以下 V1）はどのようにして出したのかを示す修飾要素としてはたらいているのに対して，後者においては V1 が表す事象について右側の動詞（以下 V2）である「出す」が起動というアスペクト的意味を追加しているのです。後者のようにアスペクトのような文法機能的意味を表す V2 となり得る動詞が「（食べ）かける（起動）」「（泳ぎ）切る（完結）」などたくさん存在することが日本語の複合動詞の特徴であり，このことも生産性を高めている原因の一つだと考えられています。次節では二つの動詞の意味関係についてより詳しく見たいと思います。

　このような意味関係の多様性に加え，二つの動詞の結合関係は構造的にも一枚岩とは言えません。このことは設問③の(i)(ii)のように受身形を作ってみると明らかになります。「使われ出す」のような形が許されているのに対して，「運び出す」を受身にして「運ばれ出す」とすると「運んで出す」という意味では容認されないのです。つまり V1 のみを受身にする形を許す結合

と，複合動詞をまるごと受身化しなければ容認されない結合とがあるのです。この違いは影山（1993）によって明らかにされ，〈統語的複合語（syntactic compound）〉と〈語彙的複合語（lexical compound）〉を区別する基準の一つとして説明されました。〈統語的〉〈語彙的〉というのは，複合動詞が形成される文法の部門を表すと同時に，前者は句を基盤とした複合語であるのに対して，後者は二つの語の結合にすぎないという違いでもあります。12.3. でこの違いについて示したうえで，12.4. では統語的複合動詞の構造についてさらに少し詳しく見たいと思います。（複合動詞以外の統語的な語形成については，13 章でも取り上げていますのでそちらも参照してください。）

12.2. 複合語を作る二つの動詞の意味関係

　前の節で述べたように，二つの動詞の意味関係に複数のパターンが許されていることが日本語の複合動詞の生産性を高めている原因だと言えます。ただし，どのような意味関係でも許されるということになると，意図した意味が伝わる保証もなくなってしまいます。日本語の複合動詞が大きな支障もなく多用されているのは，二つの動詞の意味の合成の仕方にいくつかの決まった方式だけが認められていて，原則それに従うもののみが複合動詞として成立しているからだと考えられます。この合成の方式を大きく分ければ，12.1. で見たように一つは V1 が V2 の修飾要素として関係しているもの，もう一つは，V1 のほうが意味の中心となり V2 はそれを強調したりアスペクト素性を付加したりしているものの二つのパターンとなります。統語的複合動詞は，12.4. で説明するように，構造上すべて後者の意味関係となりますが，語彙的複合動詞には，どちらの意味関係も認められるので，この節では語彙的複合動詞に限って，二つの動詞の意味関係の多様性とそれに関わる制約について見ていきます。

　先に V1 が V2 の修飾要素として結合している場合について考えましょう。先行研究では，三つのタイプが存在することが指摘されており，それぞれの関係性が以下のような LCS によって表されています（cf. 影山（1993），由本（2005））。ここで LCS1, LCS2 はそれぞれ V1, V2 の語彙概念構造を表します。

(1) V1 が V2 の付帯状況・様態を表す

 a. V1+V2 → $\begin{bmatrix} [\text{LCS2}] \\ \text{WHILE [LCS1]} \end{bmatrix}$

  LCS1 しながら LCS2

 b. 遊び暮らす，待ち暮らす，すすり泣く，はい寄る，持ち寄る，飛び散る，降り注ぐ，連れ去る

(2) V1 が V2 の手段を表す

 a. V1 + V2 → $\begin{bmatrix} [\text{LCS2}] \\ \text{BY [LCS1]} \end{bmatrix}$

  LCS1 することによって LCS2

 b. 蹴り倒す，吸い取る，打ち砕く，切り開く，泣き落とす，笑いとばす，言い負かす

(3) V1 が V2 の原因を表す

 a. V1 + V2 → $\begin{bmatrix} [\text{LCS2}] \\ \text{FROM [LCS1]} \end{bmatrix}$

  LCS1 が原因で LCS2 が起こる

 b. 遊びくたびれる，溺れ死ぬ，焼け死ぬ，流れ着く，着膨れる，食い倒れる，飲みつぶれる

(1a)(2a)(3a)が示す複合語の LCS では，それぞれ WHILE が付帯状況，BY が手段，FROM が原因の意味を表す修飾関係を示しています。このような V1 と V2 の意味合成において重要な点は，これが単に二つの動詞の意味を結合するというだけでなく，二つの動詞の項構造を単一の動詞の項構造に一本化することを意味しているということです。そのため，二つの LCS それぞれの項の間で〈同定〉が起こらなければなりません。同定とは，異なる LCS 内の x や y などで表される変項が同じ指示対象をもつということを指定することで，これは（x_i）のように同じインデックスをつけることによって示されます。これによって同定された項は統語構造では一つの項として現れることになります。たとえば，「蹴り倒す」の例で見てみましょう。(4)に示すように，二つの動詞の主語 x 同士と目的語 y 同士が同定されます。すなわち，

この同定によって,「蹴り倒す」において「蹴る」の動作主は「倒す」の動作主と同一人物でなければならず,目的語も同一物でなければならないということが保証されます。したがって,花子が太郎を蹴って,花子が倒れるというような出来事を表すことはできないのです。

(4) xがyを蹴り倒す:
　　 [[x] ACT-ON [y]]（「蹴る」のLCS) +
　　 [[[x] ACT-ON [y]] CAUSE [[y] BECOME [[y] BE [AT [$_{DOWN}$]]]]
　　 （「倒す」のLCS)
　　 ⇒ $\begin{bmatrix} [[x_i] \text{ACT-ON} [y_j]]\text{CAUSE} [[y_j]\text{BECOME} [[y_j] \text{BE} [\text{AT} [_{DOWN}]]]] \\ \text{BY}[[x_i] \text{ACT-ON} [y_j]] \end{bmatrix}$

　二つの動詞を結合して単一の動詞として成立させる場合,この項の同定には制限があり,まず,V1とV2の主語が同定されない複合語は日本語では原則許されないことが指摘されています(Matsumoto (1996),由本 (1996))。中国語では(5)のように,V1の目的語がV2の主語と同定される(b)のような複合語の解釈が可能であることから,この原則は普遍的なものではないと考えられています。

(5)　淘淘　追累　　　　了　悠悠。
　　　淘淘　追う-疲れる　ASP　悠悠
　　a.　淘淘が悠悠を追ってその結果悠悠が疲れた。
　　b.　淘淘が悠悠を追ってその結果淘淘が疲れた。
　　c.　悠悠が淘淘を追ってその結果悠悠が疲れた。
　　　　　　　　　　　(于 (2015) (Li (1995) からの引用を含む))

いっぽう,目的語の同定に関しては主語ほど厳しい制限がありません。たとえば,「泣き落とす」「笑いとばす」では,V1が自動詞であるためV2の目的語が他の項とは同定されないで(6)のように複合動詞全体の目的語として表されています。

（6）a. 父親を泣き落として資金を出してもらった。
　　　b. 先生は私の心配を笑いとばした。

逆に V2 が自動詞で V1 の目的語が同定されないまま現れる「持ち寄る，連れ去る」のようなものも容認されます。(7) で複合動詞の目的語として表されているのは V2 にとっては目的語とは言えず，V1 の目的語にあたります。

（7）a. 友人たちは花子の家にバザーに出す品物を持ち寄った。
　　　　　（cf. *品物を寄った）
　　　b. 男は花嫁を会場から連れ去った。（cf.*花嫁を去った）

さらに，「言い負かす」のように二つの動詞が選択する目的語の性質が異なる（すなわち，「言う」では発言，「負かす」では人）ため同定され得ず，結果として V1 の目的語が抑制されて文中に具現化されない場合もあります。(8) は，「言う」が選択するはずの目的語（「意見」）が複合動詞「言い負かす」では現れ得ないことを示しています。

（8）a. （意見を）言う＋（先生を）負かす
　　　　　⇒先生を言い負かす　（cf. *意見を言い負かす）

　次に，V1 の意味が V2 に埋め込まれるタイプについて見ておきましょう。たとえば「見落とす」なら fail to notice,「読み止す（cf. 読み止しの本）」であれば stop reading と訳されるように，英語では主動詞の目的語として to 不定詞句や動名詞句などの補文が現れる構文に対応します。日本語の複合動詞では〈埋め込み構造〉(embedded structure) が目に見えませんし，「見落とす」の場合のように，多くの場合，V2 の意味は動詞本来の意味から離れてしまっていますが，意味のレベルでは V2 が主動詞となって英語の to 不定詞文や動名詞構文と同じ埋め込み構造をとっていると考えることができます。これを，LCS で (9) のように表しておきます。このタイプの複合語の具体例は (10) にあげたようなもので，右に示すような LCS で表すことができます。

(9) 埋め込み構造　V1 + V2 → [LCS2 …[LCS1]…]
(10) 〜落とす/〜漏らす/〜逃す：[x FAIL IN [LCS1]]
　　　(e.g., 書き落とす，聞き漏らす，見逃す)

大文字で FAIL IN（＝未達成）と書かれている部分が V2 が担っている意味で，その補部として埋め込まれる形で V1 の意味が合成されるのです。その結果，(10) の例で言えば，V1 と V2 の外項は同定され，V1 の内項は同定されることなくそのまま複合動詞全体の項となる（「名前を聞き漏らす」であれば，「名前」は「聞く」の項であって「漏らす」の項ではない）ので，V2 の意味は V1 の意味の外側で補助的な機能しか果たしていないように見えるわけです。

　ここまで V1 が V2 を修飾する関係にあり，V2 が意味の中核となっているタイプと，V1 が V2 の補部として埋め込まれ，意味の中心を担うタイプの複合動詞を見てきましたが，二つの動詞のうちどちらが意味の中心を担っているとは言えず，ほぼ並列の関係で結合しているタイプのものも存在します。ただし，(11b) に示した例を見ればわかるように，このタイプは二つの動詞がほぼ同義である場合に限られているだけでなく新たに作られることはほとんどなく，辞書に登録されているものに限られた，生産性を失っているパターンと言ってよいでしょう。

(11) 並列関係
　　a.　V1+V2 → [[LCS1] AND [LCS2]]
　　b.　泣き叫ぶ，忌み嫌う，恐れおののく，恋い慕う
　　　　（cf. *飲み食う，*読み書く，*泣き笑う）

　以上，日本語の複合動詞がどのように二つの動詞の意味合成をすることによって作られているかを見てきましたが，意味関係とは独立して影山 (1993) が主張した語彙的複合動詞形成に関する重要な原則があります。これは，二つの動詞の項構造の相性についての制限を捉えた〈他動性調和の原則〉と呼ばれるもので，以下のように規定されています。

(12) 「動詞＋動詞」の複合において，同じタイプの項構造をもつ動詞同士が複合される。

ここで「同じタイプの項構造」と言っているのは，外項（cf. 3.4.）をもつかどうかということです。つまり，外項をもつ動詞同士か，内項しかもたない動詞同士のみが複合できるという一般化を示しているものであり，影山（1993）では，この原則により，以下に示すように非対格動詞と他動詞や非能格動詞の組み合わせが容認されないという事実が説明されています。

(13) a. 非対格動詞＋非能格動詞
　　　　＊転び駆ける，＊痛み泣く，＊崩れ降りる，＊明け暮らす
　　b. 非対格動詞＋他動詞
　　　　＊売れ飛ばす，＊ゆれ起こす，＊崩れ落とす，＊落ち崩す
　　c. 非能格動詞＋非対格動詞
　　　　＊泣きはれる，＊走りころぶ，＊跳び落ちる
　　d. 他動詞動詞＋非対格動詞
　　　　＊洗い落ちる，＊ぬぐいとれる，＊切り崩れる，＊植え生える

冒頭の設問④の答えは，先述の二つの動詞の意味合成パターンと主語の義務的同定の制約からの説明も考えられますが，この原則による説明は明快です。すなわち，他動詞「切る」と非対格自動詞「崩れる」，非能格自動詞「走る」と非対格自動詞「ころぶ」のそれぞれの組み合わせはこの制約に反するのです。また，(13) の中で「＊転び駆ける（＝転びながら駆ける）」「＊走り転ぶ（＝走って転んでしまう）」のような例については，主語も同定されますし，意味合成の観点からは問題がなさそうに見えるにもかかわらず容認されないことから，〈他動性調和の原則〉のほうがより説明力が高いように思われます。しかしながら，いっぽうでは，〈他動性調和の原則〉の反例として (3b) の「遊びくたびれる」「飲みつぶれる」のようなものもあることから，意味合成と LCS 内での項の同定についての制約を基盤として，非対格性に関わる制約を補足して用いる分析も提案されています（詳しくは由本（2005）を参照）。

いずれにせよ，語彙的複合動詞はひとかたまりの動詞としての意味構造と項構造をもつため，二つの動詞の組み合わせについては，意味と統語的性質の両面に関わるかなり厳しい制限が課されていると言ってよいでしょう。

12.3. 語彙的緊密性の異なる2種類の複合動詞
　　　―語彙的複合動詞と統語的複合動詞

　これまで見てきた複合動詞は，ひとかたまりの単語として〈語彙的緊密性〉（2.1. 参照）があると考えられるものでしたが，日本語の複合動詞には二つの動詞の結合度がそれほど強くないと考えられるものが多く存在します。たとえば，冒頭の設問③の (ii) で，受身化を適用した場合，文法規則に従えば動詞の受身形は語尾に -(r)are を付けることによって作られますから，複合語全体に -(r)are を付加するはずですが，「使い出す」の受身形として「使われ出す」が容認されるのは，この場合二つの動詞が完全に一語としての緊密性をもっていないことを示しています。影山（1993）はこれを〈語彙的複合動詞〉と〈統語的複合動詞〉という，形成されるメカニズムが異なる2種類の複合語の違いとして説明しました。この節では，この2種の複合動詞の違いについて詳しく見ておきます。

　先述の通り，両者の違いは語彙的緊密性にありますが，このことは意味・音・統語のそれぞれにおいて現れます。まず，意味的透明性の違いです。これは，語彙的複合動詞には 12.2. で紹介したように (9) 以外にもいくつかの意味関係が認められているのに対して，統語的複合動詞には (9) のような埋め込み構造の関係しかないということに起因しています。(14) にあげた例は後述するテストによってすべて統語的複合動詞であると判定されるものですが，すべてにおいて V1 の意味が V2 の目的語や主語として埋め込まれている関係として捉えることができます。

(14) 書き損なう，読み終わる，食べ終える，歌い出す，
　　 降り続ける，飲みすぎる，褒め合う，食べそびれる，
　　 調理し直す，賛成しかねる，変更し得る，報告し忘れる

したがって，たとえば，「すぎる」はゆき過ぎを，「得る」は可能性を，「直す」は繰り返しを表すといったように複合動詞を作る場合の V2 の意味が習得できれば，それに V1 の意味を埋め込んで足し算するだけで，複合動詞の意味を間違いなく理解することができるのです。たとえば，「ググる（Google で検索する）」という新語がありますが，その意味を知っていれば，仮に「ググり直す」「ググり続ける」という複合動詞をあまり聞いたことがないとしても，この方式でその解釈を導き出すことは容易でしょう。

いっぽう，前節で見た語彙的複合動詞の意味については，二つの動詞の意味関係の多様性に加えて，しばしば意味の特殊化が起こっています。たとえば，「言い寄る」には，二つの動詞の意味を足し算した「何か言葉をかけながら近づいていく」という意味以外に「求愛する，くどく」という意味があります。「あぶりだす」は，「あぶって文字などを浮かび上がらせる」という意味以外に，「不明な点を除いて明らかにする」という意味を表すことができます。「笑いとばす」においては，もはや笑って何かを物理的に飛ばすという意味はありません。このような不透明な意味は，前節で示した五つの意味合成パターンからは導くことができないものであり，二つの動詞がひとかたまりの動詞として定着することによって意味の特殊化または拡張を起こした結果生まれたものです。このようにひとかたまりの単語として定着し意味変化を起こすことは，2.1.2. で説明した〈語彙化〉に伴う現象です。語彙化は音にも現れ，たとえば，「差し引く」が「さっぴく」に，「打ちやる」が「打っちゃる」に転じるというのも意味の不透明化と連動して起こっている現象だと考えられるでしょう。いずれにせよ，これは語彙的複合動詞が紛れもなく一つの単語として定着していることの証しです。

語彙的複合動詞と統語的複合動詞の違いとして第二にあげられるのは，生産性の違いです。語彙的複合動詞は前節で見たように，二つの動詞の組み合わせにいくつかの制約が課されていますが，これはひとかたまりの動詞としての項構造をもつためです。いっぽう，統語的複合動詞にはそのような制約がなく，V2 の補文として意味的に問題がないものであれば，どのような動詞とでも結合できるため，非常に生産性が高くなるのです。

統語的側面から見た語彙的緊密性は 2.1.6. でも述べたように，照応関係の

排除に現れます。以下のようなテストによって，統語的複合動詞は統語構造の基底において独立した二つの動詞として存在していることを証明することができます。(15)(2.1.6.の(16)を再掲)に示すように複合名詞を構成する一部の名詞と照応関係をもたせることはできませんが，(16)に示すように日本語の統語的複合動詞においては，V1 のみを照応することができます。重要なことは，(17)の語彙的複合動詞ではそれが許されないという違いです。

(15) a. *[虫かご]をあけて，それを逃がした。
　　 b. *虫をつかまえて，[それかご]に入れた。
(16) a. 　太郎は論文を書くと宣言して，そうし始めた。
　　 b. 　太郎がまだ走っているのを見て，次郎もそうし続けた。
(17) a. *太郎は次郎を殴ることはないと言っていたが，とうとうそうし倒してしまった (=殴り倒してしまった)。
　　 b. *太郎が遊んでばかりいるのを見て，次郎もそうし暮らした。

　二つ目のテストとなるのは，〈主語尊敬語化〉です。たとえば，「書く」主体に敬意を表したい場合に，動詞の形を「お書きになる」という形式にするのが主語尊敬語化と呼ばれる現象です。統語的複合動詞の場合，二つの動詞それぞれが独立した動詞として存在するので，V1 のみを尊敬語化する可能性があります (ただし，構造によって統語的複合語なら常に可能というわけではありません。詳しくは由本 (2005) を参照)。したがって，(18b) のように [お V1-になり-V2] の形式が容認されるのは，統語的複合動詞である証拠となります。(18a) に示すように語彙的複合動詞には，この形式は認められず，主語尊敬語化は複合語全体に適用するしかありません。

(18) a. *先生は手紙をお受けになり取った。
　　　　*お持ちになり寄る，*お飲みになり歩く
　　　　(cf. お受け取りになる，お持ち寄りになる，お飲み歩きになる)
　　 b. 　先生は手紙をお書きになり始めた。
　　　　お飲みになり続ける／お食べになりすぎる／お乗りになり損ねる

受身化についても同様です。V1 のみを受身形式にすることは，(19a) のように語彙的複合動詞には認められませんが，統語的複合動詞においてはその可能性があり（ただし，すべての統語的複合動詞に可能ではありません），実際 (19b) は複合動詞の受身形としてごく自然な形式だと感じられるでしょう。

(19) a.　*注意が書かれ込む，*ドアが押され開く，*水が吸われ取る
　　 b.　昔の歌が歌われ始める，古い形式が用いられ続ける，
　　　　暴徒に殴られかける

　最後に，いわゆるサ変動詞，動名詞に「する」をつけることで動詞になっているものが結合できるのは統語的複合動詞のみです。このテストについては，理論的な説明が必要です。まず，サ変動詞は，はじめから「〜する」という形でレキシコンに登録されているのではなく，事象を表す動名詞と「する」を統語的な操作によって結合して形成されるものだと考えられています。語彙的複合動詞は語彙部門で形成され，統語構造上ではすでにひとかたまりの動詞となっているので，この考えに基づけば，語彙的複合にはサ変動詞が参加する可能性がないということです。実際，(20) に示すように，(20a) の語彙的複合動詞は，和語の V1 をほぼ同義の「漢語＋する」に変えることができません。統語的複合動詞であれば，「コピーし終わる」「ヒットし続ける」のように外来語でも V1 として自由に用いることができます。

(20) a.　貼り付ける→ *接着し付ける
　　　　沸き立つ→ *沸騰し立つ，吸い取る→ *吸引し取る
　　 b.　見続ける→見物し続ける，調べ始める→調査し始める，
　　　　出し忘れる→投函し忘れる

　以上，統語的複合動詞が語彙的複合動詞とは異なり，一つの単語を成しているとはいえ，二つの動詞の結合関係がゆるく，それぞれが独立した動詞としてふるまう可能性をもっていることを見ました。ここで，注意しておきた

いのは，統語的な現象において語彙的緊密性を示さないからといって，「日本語の統語的複合動詞は「語」ではない」とは言えないということです。実際，「言いすぎる」「語りつくす」「降り続く」「置き忘れる」「言い直す」などは国語辞典に載っており，母語話者は恐らくこれらを一単語として認識しており，ある側面では語彙的緊密性をもっていると思われます。一つの証拠となるのは，統語的複合動詞であっても，多くの副助詞はV1とV2の間に介在することができないことがあげられます。

(21) a. 語りつくした／*語りのみつくした
　　 b. 勉強し続けた／*勉強しだけ続けた
　　 c. 発言し損ねた／*発言しも損ねた

また，本節では音韻面について述べませんでしたが，統語的複合動詞は，(22b)のような二つの動詞の連続体とは異なり，明らかにひとまとまりの語として発音されると言えます（コラム2参照）。

(22) a.　A:「薬を飲みましたか？」B:「いや，飲み忘れた。」
　　 b.　A:「昨夜はどうしましたか？」
　　　　 B:「皆と大いに飲み，うたったよ。」

　このように，「語」という単位は，一面的に決定できるものとは言えません。特に日本語においては，統語的には緊密性がゆるく「語」としての特徴を備えているとは言い難いものでも，形態的・音韻的・意味的な側面においては「語」といえるものが多く存在します。このことについては，13章でも詳しく扱います。
　次節では，統語的複合動詞がどのような構造をもとに作られているのかについて考えてみましょう。

12.4. 統語的複合動詞の構造

先述の通り，日本語の統語的複合動詞の中には，英語の不定詞補文構造や動名詞補文構造に対応する意味を表すものが多く存在します。すなわち，「V1-始める」には，begin to V1/begin V1-ing，「V1-続ける」には continue to V1 が対応するといった具合です。そして，補文構造の違いによって大きく二つのタイプに区別できることがわかっています。その違いでもっとも重要な点は，表面上の主語が二つの動詞にとっての主語であるかどうかの違いにあります。これらを仮に A タイプ，B タイプと呼んでおきましょう。(23a) に示すように，A タイプでは V1 のみの選択制限を満たしていればどのような主語も表すことができますが，(23b) に示すように，B タイプでは，V1 の選択制限にマッチしていても V2 の主語として不適切な場合は容認されないのです。すなわち，B タイプでは主語は両方の動詞にとって主語だと言えますが，A タイプの V2 にとって表面上の主語は真の主語ではないということです。

(23) a. 室温が上がりすぎた／彼が室温を上げすぎた，
　　　　雨が降り出した／祖父がスマホを使い出した，
　　　　台風が上陸し得る／太郎が発言し得る
　　b. *台風が上陸しつける／彼が生魚を食べつける，
　　　　(cf. 台風が上陸する)
　　　　*雨が降りそびれた／私は発言しそびれた
　　　　(cf. 雨が降る)

生成文法では，埋め込み文を不定詞句で表す動詞について，大きく分けて少なくとも以下の二つのタイプがあることが明らかにされています。一つは，(24) のような繰上げ構造です。

(24) 主語繰上げ構造
　　　[ ] seems [John loves Mary]. →　John seems _ to love Mary.

このタイプでは，主動詞が自動詞で項を一つだけとり，その項が文で表されるもの（補文）となっているので，文の主語位置に現れている名詞は，主動詞が選択しているものではありません。代表的なものとしては，動詞 seem や形容詞 likely などがあります。たとえば，John seems to love Mary. という文の主語 John は，love の主語であって seem が選択する主語ではないのです。そのため，このタイプの構文においては，(24)に示すように補文内の主語が移動規則によって繰り上げられて主動詞の主語の位置に現れていると考えられています。補文内の主語が主文の主語の位置に繰り上げられた後，補文は to 不定詞句として表されることになります。

　もう一つは，主動詞が他動詞で，目的語として補文を選択するタイプです。この場合，文の主語は主動詞が選択する項で，主語位置に初めから現れている点が大きな違いです。補文にも主語が存在するはずですが，たとえばこのタイプの構文をとる try では，John tried to win the game. のように補文の主語は表面上現れません。そこで，生成文法ではこの場合も目に見えない代名詞としての主語が補文内に存在し，それが主文の主語と同一であることが，伝統的には，〈コントロール〉と呼ばれる関係づけによって導かれると仮定されています。これは(25)のような構造で表されます。

(25) 主語コントロール構造
　　　John$_i$ tries [PRO$_i$ to work hard].

補文内の一種の代名詞だと考えられている見えない主語は，PRO（プロ）と名付けられています。(25)に示すように主語と同一指標を与えられた PRO は主語と同一物として解釈され，表面に表されることはありません。

　先に指摘した日本語の統語的複合動詞の二つのタイプにおける違いも，(24)(25)の構造の違いによって説明できると考えられます。たとえば，「V1-すぎる」は V1 で表される行為や出来事の過剰を表すので主語繰上げ構造をもつと考えられ，(26A)のように分析されます。いっぽう，「V1-終える」は V1 で表される行為を主語が終了することを表すので，主語コントロールが想定される(26B)の構造によって分析されます。

(26) A.　主語繰上げ構造
　　　　［太郎がテレビを見る］（こと）がすぎた
　　　　太郎が　［＿＿テレビを見］すぎた。

　　B.　主語コントロール構造
　　　　太郎が　［太郎が論文を書く］（こと）を終えた
　　　　太郎ᵢが　［PROᵢ論文を書き］終えた。

　影山（1993）に従えば，以下のようなV2をもつ複合動詞がそれぞれのタイプに分類されます。

(27) Aタイプ：主語繰り上げ構造
　　　　〜かける，〜だす，〜すぎる，〜得る
　　　Bタイプ：主語コントロール構造
　　　　〜つける，〜そびれる，〜そこなう，〜遅れる，〜かねる，
　　　　〜飽きる，〜終える

　主語が両方の動詞にとっての主語かどうかということは，主語尊敬語化にも現れます。すなわち，Aタイプでは，主語はV2の主語とは言えないので，主語尊敬語化はV1にしか適用できませんが，Bタイプでは両方に適用される可能性があるのです。特にBタイプではV2の後に尊敬語形式が現れ得ることが重要なポイントです。

(28) a.　先生が鐘を｛おつきになりかけた／*おつきかけになった｝。
　　　　先生が｛お飲みになりすぎた／*お飲みすぎになった｝。
　　b.　先生は電話を｛おかけになりそびれた／おかけそびれになった｝。
　　　　先生は手紙を｛お出しになり遅れた／お出し遅れになった｝。

(cf. 影山 1993: 165)

　最後に，受身化を見てみましょう。Aタイプでは，そもそもV2が自動詞

であるため全体の受身化が許されません。許されるのは，(29a) のような V1 が他動詞の場合の「V1-(r)are-V2」の形式だけです。これに対して B タイプでは，V1 が他動詞ならば「V1-(r)are-V2」「V1-V2-(r)are」の両方の形式が容認されるはずですが，(29b) に示すように多くの場合，後者は容認されません。

(29) a.　浩は先生に {しかられすぎて／*しかりすぎられて} いじけた。
　　 b.　私は先生に {ほめられそびれた／*ほめそびれられた}。

これは，英語のコントロール構造をもつ John tried to finish the work. という文を受身化して，*The work was tried to finish by John. としても容認されないことと並行的であることから，同じ構造的理由によって説明されるものだと考えられています（詳しくは影山 (1993) を参照）。いっぽう，このタイプでも V1 のみに受身化を適用することは，John tries to be admired. が容認されるのと同様，問題はないはずです。実際 (29b) の例では容認されています。ところが，以下に示すように，B タイプでもそれが容認されないものが存在します。

(30) a.　返事が {?出され遅れた／*出し遅れられた}。
　　 b.　ごちそうが {*食べられそこなった／*食べそこなわれた}。

(30) で「V1-(r)are-V2」の形式も容認されない理由は，受身文にした場合にその主語が V2 に選択される主語でなければならない点にあります。つまり，「〜遅れる」「〜そこなう」の主語は動作主になり得る名詞でなくてはならず，無生物では容認されないからです。
　さらに問題となるのは，影山 (1993) によって明らかにされたように，従来 B タイプだと考えられていた複合動詞の中に，「V1-V2-(r)are」の形式の受身文を許すものが多く存在することです。

(31) a.　その詩は 5 分で {?読まれ終えた／読み終えられた}。

b. その問題は{*考えられ直した／考え直された}。
c. このテーマは{研究され尽くした／研究し尽くされた}と言えない興味深いテーマだ。

このことは，Bタイプと類似しているものの，補文内の目的語を主文の主語に移動することを許す構造をもつものがあることを示しています。影山（1993）では，その構造では，補文がPRO主語をもたないと仮定されています。主語を含まない文というのは直感的には受け入れがたいかもしれませんが，補文も主語がないことで補文内の目的語が主文の主語位置へ移動することが可能となり，V1の目的語を主語にした受身文が容認されるというのが，生成文法理論を基盤とした影山の分析です。

(32) C：主語コントロール構造と類似の第3のタイプ
　　　太郎が[問題を考える](ことをし)直した
　　　→太郎が[問題を考え]直した。
　　　〜終える，〜忘れる，〜尽くす，〜直す，〜合う

このCタイプの構造が厳密にはどのようなものかについては，いくつかの分析が提案されており，受身化以外の様々な言語現象に照らして，どのような分析が妥当なものであるかを見極めていかねばなりません。いずれにせよ，日本語の統語的複合動詞の構造には，従来の2種類の補文構造では扱いきれないものがあることは明らかであり，このことは，日本語の複合動詞研究のみならず，補文構造に関わる理論にも貢献し得る知見だと言えるでしょう。

12.5. 統語的複合動詞「〜すぎる」の意味

最後に，一見ひとかたまりの単語に見える日本語の統語的複合動詞がまさに前節で見たような補文構造を基盤として成り立っていることを証明する事実をもう一つあげておきましょう。それは，「V1-すぎる」における「すぎる」が必ずしもV1で表される意味についての過剰を表すわけではなく，文

中の他の要素に意味作用を及ぼすことができるということです。

　まず,「すぎる」は形容詞や形容名詞とも結合しますが, 過剰の意味を表すためには〈段階性〉(6章参照)をもつ要素と関係づけられなければなりません (cf. 暗すぎる, 正直すぎる／?正しすぎる, *違法すぎる)。たとえば,「違法」であることには程度の差が想定できず,「合法」か「違法」のどちらかしかない, すなわち段階性が含まれないので「すぎる」とは結びつかないのです。ところが, V1 に段階性が認められないため動詞単独で見れば, 結合が容認されない場合でも, 文単位では容認される場合があります。以下の例は, 左の複合動詞単独では容認されないのに, 右のように他の修飾要素と共起すれば問題がないことを示したものです。

(33) a.　*健は起きすぎた。　　　b.　健は早く起きすぎた。
　　　c.　*花子は着きすぎた。　　d.　花子は早く着きすぎた。
(34) a.　*その子は生まれすぎた。　b.　その子は早く生まれすぎた。
　　　c.　??テレビを置きすぎた。　d.　テレビを高いところに置きすぎた。

つまり, 下線部のような段階性のある修飾語句と共起すると, その要素に「すぎる」が表す過剰の意味が結び付き, 容認されるようになるということなのです。

　さらに興味深いことに, このような段階性のある要素が文中に存在すると, 以下の例のように, 複合動詞単独の場合とは異なる意味を表す場合があります。

(35) a.　私は魚を焼きすぎた。
　　　　　(＝魚の焼き加減がゆき過ぎた／焼いた魚の量が多すぎた)
　　　b.　私は魚を早く焼きすぎた。
　　　　　(＝魚を焼いたタイミングが早すぎた, ≠早く焼いた魚の量が多すぎた)
(36) a.　しゃべりすぎて, のどがカラカラになった。
　　　　　(＝しゃべった時間・量が多すぎた)

b.　速くしゃべりすぎて，発表時間が余った。
　　　　（＝しゃべった速度が速すぎた）
(37) a.　昨夜は飲みすぎた。（＝飲んだ量が多すぎた）
　　b.　昨夜は遅くまで飲みすぎた。（＝飲み終わった時間が遅すぎた）

このことから，ある条件のもとでは，「すぎる」が表す過剰の意味はV1の意味よりも，動詞句を修飾する段階性のある要素に優先的に結びつくことがわかります。「ある条件」とは統語構造によって規定されるものであり，由本（2005）の分析を平たく言えば，「〜すぎる」が補部とするVP内に段階性をもつ要素が存在する場合には優先的にその要素が「すぎる」の意味作用を受けると考えられています。したがって，以下に示す例のように，VPの外にあるいわゆる文副詞に「すぎる」の意味が及ぶことはありません。

(38) a.　健は，確かに [勉強し]$_{VP}$ すぎる。
　　　　（≠健が勉強していることが確かすぎる）
　　b.　彼女は，明らかに　[子供を甘やかし]$_{VP}$ すぎている。
　　　　（≠彼女が子供を甘やかしていることが明らかすぎる）
　　c.　*私は，運良く [大学に入り]$_{VP}$ すぎた。（≠私は運が良すぎた）

さらに（39）の例では，深く埋め込まれた文の中に段階性をもつ要素がありますが，これらとも構造的制約により主節の動詞である「すぎる」が意味的に結びつくことはできません（詳細は由本（2005））。

(39) a.　健は，[[[子供がよく勉強する]$_{IP}$ と]$_{CP}$ 言い]$_{VP}$ すぎた。
　　　　（≠健は，子供がよく勉強しすぎると言った）
　　b.　健は，[[[花子が小さく書いた]$_{CP}$ 字]$_{NP}$ を読み]$_{VP}$ 過ぎた。
　　　　（≠健は，花子が書いた小さすぎる字を読んだ）
　　c.　花子は，[[[健がなぜ早く起きた]$_{CP}$ か]$_{CP}$ 聞き]$_{VP}$ 過ぎた。
　　　　（≠花子は，健はなぜ早く起きすぎたか聞いた）

「飲みすぎる」「焼きすぎる」などは単一の動詞として確立していますし，(35)–(37)のどの用例でもV1と「すぎる」の間に副助詞などの要素が介入することは出来ませんから（*焼きさえ過ぎる），「～すぎる」は明らかにひとかたまりの複合動詞に違いありません。にもかかわらず，このように，V2が単独で動詞の外の要素に意味作用を及ぼすといったことは，語彙的複合動詞にはあり得ないことであり，「～すぎる」が（26A）で示したような補文構造をもつ統語的複合動詞であることに起因していると言えます。そして，現れる環境によって柔軟に解釈がなされるということは，「～すぎる」複合動詞の生産性の高さにつながってもいるのです

　この章では，日本語の「動詞＋動詞」型の複合動詞の多様性について見てきました。まず，二つの動詞の意味関係についていくつかのパターンが認められており，それにしたがって適格な意味構造を作り得る動詞同士が結合していることを見ました。次に，構造的にも語彙的緊密性が高く意味的にも語彙化の影響が見られるタイプと，一部の統語的操作において語彙的緊密性が見られないタイプがあることから，これらが語彙部門と統語部門での異なるメカニズムによる複合であるとする分析を示しました。語彙的複合動詞における二つの動詞の合成のあり方や，統語的複合動詞の基盤となる構造についてなど，まだ明確にすべき問題が残っている部分は多く，日本語の複合動詞は語形成研究の中でも非常に関心の高いテーマであり続けています。

 考えてみよう

◆語彙的複合動詞「泣き落とす」「言い寄る」「鳴き交わす」において，それぞれどのような項の同定が起こっているか考えてみましょう。

◆同じような意味を表す以下の複合動詞にどのような違いがあるか，様々な文法現象に照らして考えてみましょう。

(i)　新しい秘書の名前を<u>聞き漏らした</u>。
　(ii)　今日のラジオ講座を<u>聞きそこなった</u>。

さらに深く知りたい人に

影山太郎（1993）『文法と語形成』ひつじ書房.
　3章に日本語の「動詞＋動詞」型の複合動詞についての詳しい分析が示されている。日本語の複合動詞も含めて，語形成が項構造，LCS，統語構造の様々なレベルで起こると考えることの妥当性が明らかにされている。
影山太郎（編）（2013）『複合動詞研究の最先端』ひつじ書房.
　日本語の複合動詞についての論文集。様々な理論的枠組みによって多様な側面が明らかにされている。韓国語や中国語との対照研究も含まれている。
由本陽子（2005）『複合動詞・派生動詞の意味と統語―モジュール形態論から見た日英語の動詞形成』ひつじ書房.
　日本語の複合動詞については，3，4，5章で詳しく論じられている。影山（1993）が提案した語形成論を受け継いだうえで，分析の問題点を指摘し，その代案を提示している。

13章　句が関わる語形成

> ① 「韓国ドラマのアイドル並みの人気」と「韓国ドラマの朝ドラ並みの人気」という表現で，「韓国ドラマの」はそれぞれ何を修飾するのでしょうか。
> ② 「本を読む」に対して「本が読む」とは言えないのに，「本を読みたい」と「本が読みたい」の両方が可能なのはなぜでしょうか。

【キーワード】語彙的緊密性，句を含む複合語，句への接辞付加，項の具現化，複雑述語，埋め込み構造

13.1.　はじめに

　ここまでの各章で取り上げてきた語形成の構成要素は，おおむね語や形態素という単位に限定されていました（2.1.〈語彙的緊密性〉参照）。しかし，12章で見たように，日本語には統語的複合動詞のように，統語構造において作られる句を基盤とした語形成が文法の中核的な現象として存在します。
　次の例は，発音上は A. のように，たとえば「今どきの」と「若者風」の二つに分かれますが，意味の上では B. に示すように，「今どきの若者」がひとまとまりになっていると解釈できます。

(1)　　A.　音のまとまり　　　　B.　意味のまとまり
　a.　［今どきの］［若者風］　　［［今どきの若者］風］
　b.　［先祖の］［墓参り］　　　［［先祖の墓］参り］
　c.　［サバの］［読み方］　　　［［サバを読む］方］
　d.　［本を］［読みたい］　　　［［本を読み］たい］

本章では，このように何らかの形で句が関わると考えられる語形成の例を見ていきます。

13.2. 句を含む複合語や派生語

13.2.1. 句を含む複合語

これまで見てきたように，複合語は語と語が結合してできるものですが，英語の複合語の中には，次のように左側要素が句になっている〈句を含む複合語（phrasal compound）〉が見られます（Lieber 1992, Bauer et al. 2013 など）。

（2）a. [empty-nest]$_{NP}$ syndrome（「空の巣」症候群），
　　　　[larger-than-life]$_{AP}$ character（並外れた人物），
　　　　[over-the-counter]$_{PP}$ medicine（市販薬），[on-the-job]$_{PP}$ training
　　b. [work-at-home]$_{VP}$ husband, [slept-all-day]$_{VP}$ look,
　　　　[this-person-is-a-jerk]$_{IP}$ attitude, [who's-the-boss]$_{QP}$ wink
　　　　（IP: 時制句，平叙文　QP: 疑問詞句，疑問文）

たとえば，syndrome や husband という名詞は，他の名詞と Japan syndrome（日本病）や house husband（主夫）のような複合語を作ることができますが，(2a)(2b)に示すように左側要素として句が入ることもあります。これらのうち，(2a)の例では，左側要素の句が empty-nest（子供の独立）や larger-than-life（並外れた）のように語彙化して特定の概念の名前としてレキシコンに登録されているために，複合が可能になっていると考えられます。（全体で語として再分析されているという分析もあります（島村 2005 など）。）それに対して，(2b)では左側要素の句は特殊な意味をもたないため，これらは統語構造上で作られた句が複合語に入っているケースと考えられます。句を含む複合語は，右側主要部が名詞である場合がほとんどで，句が入れるのは主に修飾要素としてはたらく左側要素に限られます。

日本語でも同様に，左側要素が句になっている複合語が観察されます（cf. 影山 1993）。

（3）a. ［赤い羽根］募金，［小さな親切］運動，［ガマの油］売り，
　　　　 ［母の日］商戦，［いのちの電話］相談員
　　 b. ［みんなで遊ぼう］大会，［子どものための建築と空間］展示会，
　　　　 ［冬の渡り鳥と温泉］コース，［連休に行くプチ旅行］特集，
　　　　 ［ナポレオンを翻弄した妻］役（を演じる女優）

（3a）は英語の（2a）と同様，左側要素が句であってもひとまとまりの表現としてレキシコンに登録されているために複合が可能になっていると考えられる例ですが，（3b）は左側要素が語彙化されておらず他の表現での置き換えも可能なので，統語構造上で作られた句を含む複合語だと言えます。
　さらに，日本語では英語と異なり，次のように右側要素が動詞連用形である〈動詞由来複合語〉（11章参照）の左側要素として句が入る例が観察できます。

（4）a. ［ゴミのない町］づくり，［有能な新人］探し，
　　　　 ［飛鳥時代の仏像］めぐり，［和歌山の資産家］殺し
　　 b. ［広い庭とプール］付き（の豪邸），［ソテーした温野菜］添え，
　　　　 ［豆乳と野菜］入り（のクッキー），
　　　　 ［遠くに住む息子］宛て（の小包），
　　　　 （この制度は）［経済的な理由で大学に行けない人］向け（です）

（4a）は他動詞と目的語から成る行為を表す名詞であるのに対し（11.2. 参照），（4b）は性質や状態を表す名詞として「だ」や「の」と共に用いられて述語のはたらきをします（11.3. 参照）。
　（3b）や（4）のような例は語彙的緊密性の制約への違反だと言えますが，それでもなお，複合語の内部に完全に自由に句が入れるわけではありません。まず，日本語でも英語と同様，複合語に句が入るのは左側要素に限られます。たとえば，［［カラオケとゲーム］大会］とは言えますが，*［カラオケ［大会とコンテスト］］とは言えません（影山 1993: 328）。また，（4a）（4b）のような表現では右側要素が一部の動詞に限られる傾向があることも，句の複合

が自由に起こるわけではないことを示唆しています。

13.2.2. 句への接辞付加

　語彙的緊密性に従えば，接辞は一般に語または語幹に付加されるものですが，句に付加される例が存在します。英語では，いくつかの特定の接辞が次のように語だけでなく句にも付いて派生語を作ることが観察されています（Bauer et al. 2013 など）。(laid-back-ness のような複合語への接辞付加については 7.4. 参照。)

（5）a. 　名詞化接辞（cf. work-er, kind-ness, capital-ism）：
　　　　　[do-it-yourself]$_{VP}$-er, [out-of-town]$_{PP}$-er（よそから来た人），
　　　　　[larger-than-life]$_{AP}$-ness,
　　　　　[not-in-my-backyard]$_{NegP}$-ism（自宅近くの公共施設に反対する主義）
　　　　　（NegP: 否定辞句）
　　b. 　形容詞化接辞（cf. child-ish, beard-ed）：
　　　　　[girl-next-door]$_{NP}$-ish（親しみやすい），
　　　　　[dark-brown]$_{AP}$-ish, [feel-good]$_{VP}$-ish,
　　　　　[kind-heart]$_{NP}$ -ed, [three-wheel]$_{NP}$ -ed（3 個の車輪付き）
　　c. 　接頭辞（cf. anti-violence, pro-choice, post-war, ex-wife）：
　　　　　anti-[violence to women]$_{NP}$, pro-[freedom-of-speech]$_{NP}$,
　　　　　post-[death-of-God]$_{NP}$（「神の死」後の），
　　　　　ultra-[right-wing]$_{NP}$（極右翼派），
　　　　　ex-[man-of-steel]$_{NP}$（元−強靭な肉体・精神をもつ男）

　一般に，生産性と意味の透明性が高い接辞（-ness, -er, -ish, 名詞に付加される -ed など）ほど複合語や句に付加されやすい傾向があり，接辞が付く句には語彙化されたもの（larger-than-life, girl-next-door, right-wing など）が多く含まれます（Bauer et al. 2013: 515）。ただし，(5b) の形容詞と名詞から成る名詞句に付加される -ed は，統語構造上で作られた句に付加されることができます。

日本語で，語だけではなく句にも付加されて語を形成すると考えられる形態素には，接辞と呼べるもの（e.g., 国際-化，天才-ぶり）に加えて，一字の漢字から成る拘束形態素（e.g., 和-風，上-級，文-系，子供-用）があります（影山 1993: 326–327）。まず，名詞句に付いて名詞を作るものとして次のような例があげられます。

（6）a.　［避暑地のマダム］風（の装い），［フランス帰りのシェフ］流，
　　　　　［大リーグの一流選手］並み（の給与），［10 年に 1 度］級（の猛暑），
　　　　　［日本語以外を母国語とする学生］用，
　　　　　［ファッションショーのモデル］ばり（の長身），
　　　　　［食べることが大好き］系（の男子）
　　　b.　［日本映画界最大の大物］ぶり（を見せつける），
　　　　　［デジタル技術の後進国］化（が進む），
　　　　　［武蔵野の歴史と文化］展，［交通事故を起こした女性］宅

これらの例では，句に接辞や拘束形態素が付加されて全体として名詞になっており，「だ」および「の」と共に述語として用いられる名詞となる場合（6a）と，普通の名詞として使われる場合（6b）があります。
　なお，日本語の接頭辞が語より大きな単位に付加する例として，次のようなものがありますが，（6）の例とは少し異なる性質を見せるものです（cf. 影山 1993: 339）。

（7）各［大学と短大］，前［文科大臣および厚生大臣］，第［2 章と 3 章］

これらの「各-」「前-」「第-」などの形態素は（7）のように並列の助詞「と」や接続詞「および」などを含む句の前に付加されますが，「各-大学」のように語に付くときも含めて，アクセント上は基体と一体にならず，句のアクセントを示す点で，一般の接頭辞とは区別されます（コラム 2 参照）。また，付加される句が並列表現に限られる（*各［国立の大学］）という特徴をもちます。（詳細は影山 1993: 339 を参照。）

さらに，接辞（e.g., 男-っぽい，女-らしい，知-的）が句にも付いて形容詞や形容名詞を作る例には，次のようなものがあります。

（8）a. ［今どきの学生］っぽい（発言），
　　　　［百戦錬磨の武将］らしい（太刀さばき）
　　b. ［飲み屋のオヤジ］的（な発想），
　　　　［外国の街並み］チック（なデザイン）

また，動詞を作る「-めく」という接辞（e.g.,「春めく」）は，「-めいた」という形で形容詞のように属性を表しますが（e.g.,「謎めいた」，「皮肉めいた」），以下のように句に付く例もあります。

（9）［マフィアの大ボス］めいた（風貌），
　　　［軽い冗談］めいた（ことを言う）

　（6）と（8）（9）の日本語の例を英語の例（5）と比べてみると，英語では接辞が特定のものに限られる傾向があるのに対して，日本語では英語より広範囲の接辞や拘束形態素が句に付加される性質を示すこと，特に決まった表現ではない句が入る場合がかなり多いことがわかります。これは，日本語では句と語の両方で右側要素が主要部であることから，句の主要部である語に接尾辞が付加される形になり，句と語が融合しやすいためと考えることができます。英語で，（5b）の -ed が名詞句にかなり自由に付くことができるのも，英語の形容詞と名詞から成る名詞句が英語の句としては例外的に右側が主要部であることが関係しているのかもしれません。
　本節で見てきた例は，いずれも句が複合語または派生語の内部に生起しているということができます。冒頭の設問①であげた「韓国ドラマのアイドル並み（の人気）」も，［［韓国ドラマのアイドル］並み］という句を含む構造になっているため，「韓国ドラマの」は，形態的には一語になっている「アイドル並み」の一部である「アイドル」を修飾しているわけです。いっぽう，「韓国ドラマの朝ドラ並みの人気」は［韓国ドラマの［［朝ドラ並みの］人気］］

と解釈され,「韓国ドラマの」は「人気」を修飾しており,「朝ドラ並み」という派生語は句を含みません。

13.3. 句を含むように見える複合語

13.3.1. 非主要部の名詞がもつ意味上の項の現れ方

次のような例は,一見すると,［　］で示したような句を含む語形成の一種であるかのように見えます。

(10) ［先祖の墓］参り,［お母さんの肩］たたき,［朝顔のタネ］まき,
　　　［リンゴの皮］むき,［主君のかたき］討ち,［祖父の形見］分け

しかし,13.2. で見た句を含む語形成の場合は複合語の主要部（e.g.,〜運動,〜づくり）や拘束形態素・接辞（e.g., −風, −的）が語に加えて句にも付加され得るという性質をもっていることが要因で,特定の右側要素に限られる傾向があります。それに対して,(10) の例の場合は,右側要素である動詞にそのような性質は見られず,むしろ複合語の左側要素である語の性質が関わっているという考え方ができます（影山 1993, 杉岡・影山 2011）。

たとえば「墓」という名詞は,「墓参り」のような複合語で誰か特定の人を埋葬した墓という解釈で使われることが多いため,誰の墓かという情報を本来的に必要とすると言えます。そのような情報を表すものを「意味上の項」と呼び,この意味上の項を必要とする名詞を〈相対名詞〉と呼びます。上の例の「肩」のような身体の一部,「皮」のような食物の一部も,また「かたき」や「形見」のような名詞も,「誰の」や「何の」という所有者や対象を表す意味上の項を必要とする相対名詞だと言えます。これらの意味上の項は,名詞のクオリア構造（3.1. 参照）の構成クオリアで指定されるもので,その要素がなければその名詞が何を指しているか決められないという性質のものです。したがって,このような相対名詞が左側要素である場合には,その左側要素の意味上の項が修飾要素として複合語の外側に現れ,「先祖の墓参り」のような表現が可能になるわけです。それに対して,葬る対象を表さない表

現，つまり「墓」という名詞の項ではなく随意的な要素による修飾の場合は，容認度が落ちます（e.g., *苔むした墓参り，*大理石の墓参り）。同様の理由で「*カチカチの肩たたき」，「*細かいタネまき」，「*憎いかたき討ち」などは（10）の例と比べて不自然な表現となります。なお，（10）の例はいずれも，（11a）に示すように複合語を述語として用いて，名詞の意味上の項を目的語として表すことはできないので，11.3. で取り上げた内項の複合が述語を形成して外に目的語が現れるケース（11b）とは異なることにも注意してください。

(11) a. *先祖を墓参りする，*お母さんを肩たたきする
　　 b. ゴボウをアクぬきする，商品を値上げする

　このように，（10）の例は 13.1. で見た句を取り込んだ形の複合語と外面上は似ているものの，作られる要因は異なっていると考えられます。つまり，これらにおいては複合語内に句が生起しているのではなく，複合語内の左側要素である相対名詞と，その意味上の項，すなわち外部の修飾要素とが意味的に関係づけられる形で解釈されます。したがって，冒頭の（10）に示した構造（［先祖の墓］参り）は意味のまとまりのみを表し，形態構造および統語構造は句の複合を含まない（12）のようになっていると考えられます。

(12) ［先祖の［墓参り］］，［お母さんの［肩たたき］］，
　　 ［朝顔の［タネまき］］，［リンゴの［皮むき］］，
　　 ［主君の［かたき討ち］］，［祖父の［形見分け］］

13.3.2. 非主要部の動詞要素の項による複合語の修飾

　上で見た非主要部の名詞の項に加えて，（13）の例のように複合語の左側要素（下線部）が動名詞や動詞連用形の場合，それらの項が複合語の修飾要素として現れる場合があります。

(13) a. 津波の発生時，チケットの入手方法，借金への依存体質，連合への

　　　　加盟企業，生徒との面談日，新事業からの撤退計画
　b.　小包の受け取り場所，バスの待ち時間

このような例についても，(10)の例と同様，「時」や「方法」などといった複合語の右側要素である名詞が句をとる性質をもつとは考えられません。(13)では，左側要素が動名詞や動詞連用形であることから，これらの非主要部である動詞要素の項構造が複合語全体に反映されることで，動詞の項による外からの修飾が可能になっているという分析ができます（杉岡1989）。

(14)　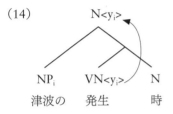

この例では，「発生時」という複合語の非主要部である「発生（する）」という非対格自動詞の項構造（<y>）が，複合語全体に反映され，それによって「津波の」という名詞句が内項を表すものとして解釈されます。これらの例では複合語全体の項構造が主要部ではなく非主要部によって決定されており，これは，英語の複合語では，稀な例外（e.g., guidebook to Japan (cf. *book to Japan), 並木 1985）を除いて，下の(15)の例からもわかるように基本的に見られない現象です。

(15)　*protection plan of children　　　　　　　　　　（Roeper 1987）
　　　cf. 子供の保護政策

　13.2.2. で句への接辞付加の自由度について日英語の主要部の位置の相違が関係する可能性を見ましたが，複合語の非主要部からの項構造の反映に関する日英語の違いにも同じ要因が関わっている可能性があります。つまり，語の主要部は右で，句の主要部は左である英語の場合，(15)を例にとると，動

詞要素（protection）とその項（children）の間に複合語の主要部（plan）があるため，その二つを関係付けることが難しいわけです。それに対して，両方の主要部が右にある日本語では，「子供」とそれを項とする動名詞の「保護」が隣接して現れ，あたかも「子供の保護」という句がそのまま複合語に取り込まれている（［子供の保護］政策）かのように見えます。そう考えると，このような例は実際には句を含む複合語ではない ［［子供の］［保護政策］］ という構造をもっていながら，句を含むかのように解釈されていると言えます。

本節で見た（10）と（13）のような例は，複合語の非主要部にある相対名詞または動詞要素の項が，複合語の外部の要素の名詞によって充足されているため、容認されていると言えます。これらは，意味解釈において外部要素と複合語の非主要部が結びついているように見えるものの（［先祖の墓］参り，［津波の発生］時），形態構造と統語構造は一致しており（先祖の［墓参り］，津波の［発生時］），句を含む複合ではないと言えます。

13.4. 動詞句が関わる名詞化

13.4.1. 日本語の接辞「-方」による名詞化と英語の動名詞

9章で，日本語の動詞に接辞「-方」や「-手」がついてできる派生名詞ではもとの動詞の項を受け継ぐ場合があることを見ました。ここでは，接辞「-方」が付く動詞句の性質とその範囲について，さらに見ていきます。

まず，「-方」による名詞化では，もとの動詞句がもつ慣用句としての解釈がそのまま保持されます（伊藤・杉岡 2002）。

(16) a.　年齢のサバの読み方

　　　　　（「サバを読む」＝実際より多く（少なく）言う）

　　b.　暴力団からのすばやい足の洗い方（「足を洗う」＝悪事をやめる）

これに対して，動詞連用形の名詞用法を使った表現，「?足の洗い」は，文字通りの意味にしか解釈しかできませんし，「!サバの読み」は意味を成しません。なぜこのような違いがあるのでしょうか。「足を洗う＝悪事をやめる」の

ような慣用句は動詞と項の構成的な意味解釈ではなく，動詞句全体で特定の慣用的な意味をもちます。したがって，「-方」は，動詞連用形の名詞用法とは異なり，動詞のみではなく，動詞句全体を名詞化する接辞だと考える必要があるのです。

　本章で問題にしている句を基盤とする語形成との関わりについて見ると，「-方」という接辞は，基体動詞の項を表す際に「の」格が用いられ（[足の[洗い方]]），動詞句の格パターンにはなっていないため（cf. *暴力団から足を洗い方），13.5. で見る接辞「-たい」（「暴力団から足を洗いたい」）などとは異なります。しかし，もとの動詞句がもつ慣用句の解釈が成り立つことから，少なくとも意味解釈上は，[[足を洗い]-方] のような構造が示唆されます。それでは形態構造，統語構造はどうなっているでしょうか。

　「-方」による名詞化の形と意味の関係をどのように説明するかについては，さまざまな分析があり，一概には言えませんが，「-方」は，意味構造だけではなく，統語構造の観点から考えても，動詞句全体に付加されていることを示唆する証拠があります。それは，「-方」が付加される動詞の範囲が単純動詞に限られず，統語的操作によって派生すると考えられている〈複雑述語〉（二つ以上の要素からなる述語）にも及ぶことを示す，次のような例です。

(17) a.　受身：若者による新製品の買われ方
　　 b.　サセ使役：保育士の子供の遊ばせ方
　　 c.　統語的複合動詞：雪の降り始め方
　　 d.　接辞「-たい」と「-がる」の付加：芸人の目立ちたがり方
　　 e.　主語尊敬語化：先生のお話しになり方

(17a)（17b）の受身形やサセ使役形は多くの研究者によって統語規則によって派生すると考えられていますし，（17c）は 12.3. で見た統語的複合動詞，（17d）は動詞句に付加される「-たい」（13.5. 参照）にさらに動詞化接辞「-がる」が付加された複雑述語です。また，（17e）の主語尊敬語化は，12.3. で見たように，主語の特性によって動詞に付加されるものなので，文レベルで統語規則として動詞に付加されるものだと考えられます。

このように,「-方」が付くことのできる複合動詞や複雑述語が,統語レベルで形成されるとすると,「-方」の付加もまた,語彙レベルではなく統語レベルで起こると分析でき,一つの可能性として,次のような派生が考えられます (cf. 伊藤・杉岡 2002, Kishimoto 2006 など)。

(18)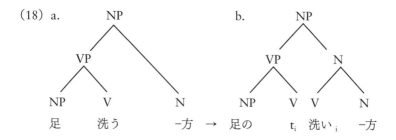

統語構造 (18a) で「-方」が VP に付加された後,「-方」は形態的には語に付く接辞であるため,VP の主要部である動詞 (「洗う」) が移動して, (18b) のように「洗い方」という名詞を作ります。(18b) では V が移動した結果,残された目的語 NP の後ろに名詞を修飾する助詞「の」が挿入されて,「足の洗い方」という名詞句が作られます (cf. Kishimoto 2006)。「*足を洗い方」は非文法的であることから,この主要部の移動は義務的だと考えられます。このような統語的な派生を想定すると,「-方」による名詞化で見られる意味のまとまりと音のまとまりの不一致 ((1c)) は,統語派生のインプット ([[足(を) 洗い]$_{VP}$ -方]) と,主要部の移動の結果として得られた名詞句構造 ([[足の]$_{NP}$ [洗い-方]$_N$]) との違い,すなわち統語的派生による構造の変化に起因することになります。

実は,英語にも動詞句全体が名詞化されると考えられる構文があります。英語の〈動名詞 (gerund) 構文〉では,次の (19a) と (19b) が同じ内容を表すことからもわかるように, (19a) の角括弧内の文が (19b) では動名詞 (動詞 + -ing) を主要部とする名詞句になり,文全体の主語として機能しています。

(19) a. [That John promptly answered the question] pleased his teacher.

    b.　[John's promptly answering the question] pleased his teacher.

　（19b）の主語である名詞句の内部に目を転じると，動名詞（answering）の目的語（the question）は of を伴わずに現れ，副詞（promptly）も形容詞にはなっていないため，この動詞句（下線部）において動名詞は動詞として項や修飾語をとっていると言えます（名詞化における項や副詞の現れ方については 9.1. 参照）。しかし，この動詞句の主語は所有格（John's）で表されるので，その観点からは，（19b）の下線部全体は名詞的な性質をもつと言えます。つまり，動名詞構文における「動詞＋-ing」という形は，動詞と名詞の両方の機能を同時に担っていると考えられるのです。

　このような特徴を説明する一つの方法として，動名詞構文では，（19a）の下線部から時制を表す接尾辞 -ed を除いた動詞句全体（promptly answer the question）が -ing によって名詞化されていると考えることができます。（19b）の下線部は，形態的には動詞句の後に -ing が付加されているわけではありませんが，動詞句の主要部である動詞に -ing が付くことで，動詞句全体が名詞化されていると考えられます。なお，ここでの「動名詞（gerund）」は，この構文における「動詞＋-ing」という名詞化の名称であり，日本語の品詞の一つである「動名詞（verbal noun）」（1 章参照）とは異なります。

　日本語の「-方」による名詞化では，主要部移動の前の統語構造が動詞句を含むと分析することで，（16）の慣用句の解釈や（17）の受身形などの複雑述語の名詞化が可能であることを見ました。英語の動名詞構文（19b）の場合も，名詞化の内部に動詞句がそのまま残っているために，次のように受身形（20a）のような統語的操作によって派生される構文や，慣用句（20b）がその意味解釈を保ったまま動名詞構文に現れることは自然なことだと言えます。

(20)　a.　the stock's being purchased by the investors
    b.　Jerry's（carefully）keeping tabs on Sherry
　　　（keep tabs on: 動きに注意する）

このように，英語の動名詞構文に現れる動名詞（gerund）は，動詞の性質（目的語や副詞をとる）と名詞の性質（主語が所有格になる）を同時に示しますが，同じような特徴を示す構文は，ドイツ語，オランダ語，ヘブライ語などでも観察され，形態論と統語論の密接な関わりを示す現象として，研究が進められています（Spencer 2005）。

　動詞句が関わる名詞化の具体的な分析については様々な可能性がありますが，ここで見たように動詞句という統語レベルの単位に接辞付加という形態レベルにおける操作が関わる現象とするべき証拠があり，語彙的緊密性との関係が問題になるケースだと言えます。

13.4.2. 時間とアスペクトを表す接尾辞の付加

　日本語の接辞「-方」による名詞化は，(18)で見たように名詞句を形成し内部に「を」格名詞句が現れることはできませんが，「を」格などの格助詞が動詞句内に残る形の名詞化として，時間やアスペクトを表す接辞の付加があります。まず，次の例では，「-中」「-後」「-前」などの接辞が付加されて特定の時間を表す名詞が作られます。

(21) a.　［居間のTVで映画を鑑賞］中（には電話に出ない）
　　 b.　［成田空港から離陸］後（に警報が鳴った）
　　 c.　［試作品を工場で完成］前（にライバル会社に先を越された）
　　 d.　［本体に部品を取り付け］中（に異常が発生した）
　　　　 cf. 夏休み中，試合後

(21a)-(21c)の［　］内の右端の要素である「鑑賞」などは動名詞で，いわゆる軽動詞構文（9.4. 参照）(e.g., 試作品を完成する）を作り，(21d)の「取り付け」も複合動詞の連用形で動名詞の用法をもつ(e.g., 本体に部品を取り付けする際）ことから，これらの接辞は動名詞句に付加されていて，その主要部である動名詞によって「を」格や「で」格など，項や付加詞の標示がなされていると考えられます（影山 1993）。時間を表す名詞を作るこれらの接辞は，(21cf.)からわかるように時間や事象を表す普通の名詞にも付くこと

ができますが，動名詞の用法をもたない単純動詞の連用形には，一般に付加されることができません（e.g., *ラジオを聴き–中）。

さらに，(22) に示すように，「–たて」や「–かけ」などのアスペクトを表す接辞が動詞句または動名詞句に付加されて，事象の完了や未完了，あるいは事象が進行中であることを表す名詞が作られる例もあります。

(22) a. [[運転免許を取り]たて]の少年
　　 b. このスマホは[[電池が切れ]かけ]だ
　　 c. この夏は一日中，[[エアコンをつけ]っぱなし]だ
　　 d. [[銀行で住宅ローンを契約]済み]の客
　　 e. 彼は今，[[ロンドンへ出張]中]だ

これらのアスペクトを表す接辞が付加された名詞は，(22) に示したように，「の」を伴って名詞を修飾したり，「だ」を伴って述語として使われます。(22) の接辞は，(21) の接辞とは異なり名詞に付くことはできず（e.g., *ゲームっぱなし，*朝食済み），(22a)–(22c) のように「取り」など動詞の連用形に付くものと，(22d)(22e) のように「契約」など動名詞に付加されるものがありますが，どちらも動詞または動名詞によって「が」格や「を」格の標示がなされていると考えられます。なお，(21a) と (22e) からわかるように，「–中」という接辞は，時間を表す名詞を作る場合と，進行中という事象のアスペクトを表す場合の両方があると考えられます（杉岡 2009b）。

(21)(22) の時間やアスペクトを表す接辞は，動名詞や動詞の項の現れ方から，以下のように動名詞句または動詞句に付加される形で句全体を名詞化すると考えられます。

(23) a. [[成田空港から離陸]$_{VNP}$ –後]$_N$
　　 b. [[運転免許を取り]$_{VP}$ –たて]$_N$

さらに，時間やアスペクトを表す接辞が作る名詞は，次のように基体である動詞要素の項を「の」格で表すことができる場合もあります。

(24) a. 居間の TV での映画の鑑賞-中（には電話に出ない）
　　 b. 政府専用機の成田空港からの離陸-後（に警報が鳴った）
　　 c. 運転免許の取り-たて（は事故を起こしやすい）
　　 d. エアコンのつけ-っぱなし（は体に悪い）

　時間を表す接辞を含む（24a）（24b）については，接辞が付加されている動名詞句の内部で名詞句と同様の格標示がなされている（e.g.,［政府専用機の成田空港からの離陸］$_{\text{VNP}}$ -後）と分析できます。いっぽう，(24c)（24d）の例は，まずアスペクトを表す接辞が動詞句に付加され（(22a)–(22c) 参照），動詞句の主要部である動詞連用形の移動によって（(18) 参照），動詞連用形とアスペクト接辞からなる名詞（下の（25）の下線部）が作られることで，(25)のような名詞句の構造が可能になっていると考えられます。

(25) a. ［運転免許の［取り-たて］$_\text{N}$］$_\text{NP}$
　　 b. ［エアコンの［つけ-っぱなし］$_\text{N}$］$_\text{NP}$

（このような名詞句における格標示の容認性が，時間とアスペクトの接辞の種類によって異なる点については，杉岡 2009b 参照。）

　以上，日本語の時間やアスペクトを表す接辞は，すべて基本的に句に付加される名詞化接辞であると言えること，さらに，アスペクトを表す接辞は(25)のような名詞句の構造も作ると考えられることを見ました。これらの接辞は，動名詞や動詞連用形に付いて名詞を作るという語形成を担ういっぽうで，出来事を表す動詞句に対して時間やアスペクトの情報を付け加えるという機能をもつことから，語と句の両方のレベルに関わることができると考えられます。

13.5. 句を選択する接辞が作る複雑述語

　13.2. と 13.3. では，語に付加される接辞が，いわば拡張的に句にも付加されることが可能な例を見ました。また，13.4. では句に接辞が付加される名詞

化を検討しました。この節では，本来的に句を選択して新たな述語を作る接辞の例をいくつか検討していきます。これらは，句を選択する接辞が〈埋め込み構造〉を作り，埋め込まれた句の末尾にある動詞や形容詞等に付加され，形態的には一語となって〈複雑述語〉（9.4. 参照）を作っていると考えられます。

13.5.1. 願望を表す「-たい」

まず，(26) のような願望を表す形容詞を作る接辞「-たい」の例を考えてみましょう。

(26) a. 私は本を読みたい。
b. アイスを食べたい，映画を見たい，服を買いたい

(26a) と同様のことは英語なら I want to read a book. と表現されるでしょう。つまり，英語であれば，主文動詞 want と，埋め込まれた不定詞の動詞 read とを用いて表現するような内容が，日本語では「読む」という動詞に「-たい」という願望を表す接辞を付加することによって作られているのです。すなわち，want が不定詞句を選択するのと同じように，願望を表す接辞「-たい」が動詞句を選択して述語を作っていると考えられます。

また，形容詞は，「を」格名詞を項としてとることはできませんし (e.g., 彼の成功 {*を／が} うれしい)，それは「望ましい」のような動詞から派生する形容詞でも同じです (e.g., 計画の早期実現 {*を／が} 望ましい, cf. 計画の早期実現 {を／*が} 望む)。したがって，(26a) の「を」格名詞は「読みたい」という形容詞がとっているのではなく，基体動詞「読む」がとる内項であると理解でき，(26a) は「-たい」が動詞句全体に付加される (27) のような構造をもつと考えられます。

(27) [私は [[本を読み]$_{VP}$ -たい]$_{AP}$]

さて，(26) では，基体動詞の目的語が「を」格で現れていますが，「-たい」構文では，(28) のように基体動詞の目的語が「が」格で現れることも

できます。

(28) a. 私は本が読みたい。
b. アイスが食べたい，映画が見たい，服が買いたい

(28)は，「私は彼の成功がうれしい」のような単純形容詞を述語とする文と同じ項の現れ方となっています。心理状態を表す形容詞は，その感情をもつ人（経験者）とその感情の向かう対象の二つの項をとり，その対象が「が」格名詞として現れます。(28)はそのような心理形容詞と同じ格標示で項が現れるので，その構造は(29a)のような二つの項をとる形容詞の構文と同じ構造(29b)であると考えられます。

(29) a. [私は[[彼の成功が][うれしい]$_A$]$_{AP}$]
b. [私は[[本が][読み-たい]$_A$]$_{AP}$]

(29b)の構造ではまず「読みたい」という形容詞が形成され，それが「本」という項をとるので「が」を伴うと考えられます。

ここで，冒頭の設問②の答えが得られます。「-たい」という接辞は，(29b)のように動詞に付加されて形容詞を作ることもあれば，(27)のように動詞句に付加されて形容詞句を作ることもできると考えられ，この構造の違いが格の現れ方に反映されて，前者であれば「本が読みたい」，後者では「本を読みたい」となるわけです。

(27)のように「-たい」が動詞句を選択している構造は，埋め込み構造だと考えることができます。「-たい」は，基体動詞が「を」以外の助詞を伴う間接内項をとる場合も，(30)(31)に示すように，基体動詞と同じ「に」や「から」を伴う形で間接内項をとることができます。これらの例からも，「-たい」が動詞句に付加されることがわかります。

(30) a. 電車に乗る／電車に乗りたい
b. 友人に会いたい，ソファにすわりたい，大学に入りたい

(31) a. 親から離れる／親から離れたい
　　 b. 羽田から出発したい，仕事から逃げたい，田舎から出たい

　さらに，この「-たい」という接辞が付加される動詞句は，統語部門での操作を経たものである場合もあります。

(32) a. 受身：先生にほめられたい，ファンに愛されたい
　　 b. サセ使役：選手を休ませたい，こういう本を子どもに読ませたい
　　 c. サ変動詞：問題を解決したい，言語学を勉強したい
　　 d. 主語尊敬語化：先生がこの本をお読みになりたがっている（こと）
　　 e. 統語的複合動詞：早く食べ始めたい，この景色を見続けたい
　　 f. 照応形：友人が服を買うのを見て，私もそうしたいと思った
　　　　　　 彼が大声で泣いたので，私もそうしたくなった

　12.3. と 13.4.1. でも見たように，受身やサセ使役，サ変動詞，主語尊敬語化，統語的複合動詞は統語部門での操作によって作られると考えられますから，その結果に「-たい」が付加されるのも統語部門の操作によると考えるのが自然です。また，2.1.6. で見たように，語彙的緊密性のために，照応形は「語の内部」には入ることができないのですが，(32f) のような例は，統語的に作られた句の中に照応形が現れているために容認され，その外側に「-たい」が付加されるので可能になると考えることができます。

13.5.2. 難易・傾向を表す「-にくい」「-やすい」

　さらに，英語で tough 構文と呼ばれる (33a) のような文に対応する表現も，日本語では (33b) のように接尾辞を伴って表現されます（以下，〈「-やすい」構文〉と呼ぶことにします）。複合と接辞付加の区別は曖昧ですが（1章参照），独立して用いられる「やすい」「にくい」という形容詞と「-やすい」構文に現れる「-やすい」「-にくい」を比べると，意味が異なる（あるいは変化している）と考えられる場合もあり，ここではこれらを形容詞を作る接辞とみなします。

(33) a.　This book is {easy/difficult} (for young children) to read.
　　　b.　この本が（幼い子供にとって）{読みやすい／読みにくい}（こと）

　この表現は，簡単，難しいといった難易の度合いを表すもので，英語ではeasy, difficult, tough, hard などのいくつかの形容詞，日本語では（33b）に示した「-やすい」「-にくい」の他には，「-づらい」「-がたい」(e.g., 食べづらい，忘れがたい）が用いられます。ここでも，対応する英語では，主文述語（be＋形容詞）とは独立に不定詞の形で動詞を含む句が埋め込まれているのに対して，日本語では動詞に「-やすい／-にくい」が付加されて，一語の複雑述語となっている点が重要です。
　日本語の「-やすい」構文には，（34）のように難易の意味を表す場合と，（35）のように傾向の意味を表す場合がありますが，ここではこの意味の区別は問わずに，「-やすい」構文について考えていくことにします。

(34) a.　この路線は障害者がバスに乗りやすい。
　　　b.　このクラスは子供たちが手をあげにくい。
(35) a.　坂道は高齢者がころびやすい。
　　　b.　直線道路は事故が起こりにくい。

　「-やすい」構文では，「V＋-やすい」全体が何らかの人や物などの性質を表すので，その人や物が取り立てられて，叙述対象となります。叙述対象となる要素は，「が」あるいは「は」を伴って，主語あるいは主題として現れます。また，難易の意味の場合には，（36a）に示すように，基体動詞の主語に相当するように見える名詞が「に（は）」という形で現れることがありますが，これは，基体動詞がとる項ではなく，難易を表す「-やすい／-にくい」がとっている項であると考えられます。これは（36b）のように，難易を表す単純形容詞に現れる「に（は）」を伴う名詞と同等です。

(36) a.　子供に（は）この本が{読みやすい／読みにくい}（こと）
　　　b.　子供に（は）この問題が{やさしい／むずかしい}（こと）

(36a) のような「-やすい」構文は，(36b) の二つの項をとる単純形容詞が作る文と同じ (37) のような構造をもつと考えることができます ((29) の「-たい」構文の構造を参照)。

(37) a.　［子供に（は）［［この本が］［読み-やすい］_A]_AP]
　　　b.　［子供に（は）［［この問題が］［難しい］_A]_AP]

　いっぽう，叙述対象と「に（は）」を伴う名詞以外の要素に目を向けると，「-やすい，-にくい」が動詞句に付加されていると考えられる証拠があります。(38) に示すように，基体動詞の項や付加詞が動詞句内に現れるのと同じ形で「-やすい」構文に現れるのです。

(38) a.　「を」：図書館で本を借りる／この図書館が本を借りやすい
　　　b.　「に」：玄関前で車に乗る／玄関前が車に乗りやすい
　　　c.　「から」：山道で追っ手から逃げる／山道が追っ手から逃げやすい
　　　d.　「で」：ミシンで厚手の布を縫う／厚手の布はミシンで縫いにくい

　形容詞は，一般的には対象を表す項を「が」格で表わし，「を」を伴う名詞をとることはできませんし（e.g., *桜を美しい），意味的に起点や着点，道具を表す付加詞をとることもありませんので，起点や着点，道具を表す「から，に，で」と共起することもありません。したがって，(38) のような例に現れている「を」「に」「から」「で」を伴う名詞句は，基体動詞がとる項や付加詞であると考えられ，動詞句に接尾辞「-やすい／-にくい」が付加される (39) のような構造を想定することができます。(内側の［　］が動詞句であるのか，あるいはより大きな投射を成すのかについては，議論の余地がありますが，ここでは立ち入りません。)

(39) a.　この図書館が［［本を借り］-やすい］_AP
　　　b.　玄関前が［［車に乗り］-やすい］_AP

さらに，13.5.1. で見たのと同様に，(40) のような例があることが，「-やすい」「-にくい」の付加が統語部門における語形成であることの根拠になります。受身をはじめとして，統語部門における操作を受けた動詞句に対して「-やすい」「-にくい」が付加されていると考えられるからです。

(40) a. 受身：この駐輪場は防犯カメラがあるので自転車を<u>盗まれ</u>にくい
　　 b. サセ使役：握り寿司は高齢者に<u>食べさせ</u>にくい
　　 c. サ変動詞：この台所は魚を<u>調理し</u>やすい
　　 d. 主語尊敬語化：先生は小さな文字を<u>お読みになり</u>にくい
　　 e. 統語的複合動詞：総説は導入部分を<u>書き始め</u>にくい
　　 f. 照応形：生徒が宿題をサボるのは，<u>そうし</u>やすい雰囲気があるからだ

このように，「-やすい」構文には，「-たい」構文同様に，動詞に接辞が付加される (37a) のような構造に加えて，(39) のように句に接辞が付加される構造があることがわかりました。

13.6. 様子や傾向を表す助動詞的な形容名詞化接辞

動詞句や形容詞句などの表す出来事や現象について，様子や傾向といった意味を加える接尾辞に「-げ」「-そう」「-がち」があります。(41a)–(41c) のように，「だ」を伴って述語となり，名詞の前に現れる場合は (41d) に示すように「な」を伴うので，これらの接辞は形容名詞を作っていることがわかります。

(41) a. 応援団はチームが敗退してとても悲しげだ。
　　 b. 子供がプレゼントをもらってとてもうれしそうだ。
　　 c. 人々は毎日の生活に追われて社会の課題を忘れがちだ。
　　 d. 悲しげな顔，うれしそうな様子，皆が忘れがちな課題

これらの例においては，接尾辞「-げ」「-そう」「-がち」は，「〜の様子をし

ている」「～の傾向がある」といった意味をもつ接辞であり，動詞句や形容詞句，形容名詞句に付加されて複雑述語を作っていると考えられます。

　これらの接辞が付加される基体の品詞としては，(42a)に示すように様子を表す「-そう」は形容詞や形容名詞を選択します。（予測や推量を表し，動詞を選択する「-そう」(e.g., 雨が降りそうだ)は，ふるまいが異なるのでここでは扱いません。）「-げ」は主に形容詞，形容名詞に付加され，動詞に付く例はごくわずかです（(42b)）。「-がち」は，名詞や動詞を選択します（(42c)）。

(42) a.　うれしそうな様子，満足そうな顔
　　 b.　うれしげな様子，満足げな顔，意味ありげな表情
　　　　（cf. *怒りげな先生）
　　 c.　病気がちな子供，滞りがちな消費活動

　「-がち」が動詞に付く場合，(43)のような例から句全体に接辞が付加されていると考えられます（ここでも，内側の [ ] の投射のラベルについては立ち入りません）。

(43) a.　[[重要な課題をすっかり忘れ]-がち]$_{ANP}$ な政治家
　　 b.　[[窓から道路にゴミを投げ捨て]-がち]$_{ANP}$ なドライバー

形容名詞は，形容詞同様，一般的には叙述対象を表す項を「が」格で表し，「を」を伴う名詞をとることはできません（e.g., *風をさわやかだ）。したがって，(43)の「を」格名詞句は，基体動詞のとる直接内項であると考えられます。また，(43b)に現れている「に」「から」などの助詞を伴う名詞句や(43a)の「すっかり」という付加詞も，それぞれの基体動詞がとっていると考えるのが自然です。言い換えると，(43)の [ ] で示したように，句に接尾辞が付加されていると分析するのが妥当です。

　また，基体が形容詞・形容名詞の場合も同様に，句全体に「-げ」「-そう」という接辞が付加されていると考えられます。(44)のような，経験者と感情の向かう対象の二つの項をとる形容詞，形容名詞を基体とする場合に，(45)

に示したように，形容詞句・形容名詞句と同じ「が」格で対象を表す項が現れており，「すごく」「とても」などの付加詞も現れることができるからです。

(44) a. 私は壇上に上がるのがすごく恥ずかしい。
　　 b. 私は試験結果がとても不安だ。
(45) a. [壇上に上がるのがすごく恥ずかし]$_{AP}$ {-そう／-げ} な生徒
　　 b. [試験結果がとても不安]$_{ANP}$ {-そう／-げ} な学生

　これらの接辞が付加される句は，統語部門での操作を経たものである場合もあります。

(46) a. 受身：このような被害は忘れられがちだ
　　 b. サセ使役：教授は学生に難しい本を読ませがちだ
　　 c. サ変動詞：子どもはすぐに興奮しがちだ
　　 d. 主語尊敬語化：先生は薬を飲むのをお忘れになりがちだ
　　 e. 統語的複合動詞：受験生は答案に名前を書き忘れがちだ
　　 f. 照応形：上司が遅くまで残業すると，部下もそうしがちだ

　これまで見てきたように，このような例は，統語的に作られた句の外側に「-がち」が付加されることで可能になると考えることができます。
　また，形容詞に付加される「-そう」「-げ」は，(47)に示すように，「-たい」や「-やすい」「-にくい」の外側に付加されることがあります。13.5.1., 13.5.2で見たように，「-たい」や「-やすい」「-にくい」は統語部門で句に付加されると考えられますので，これらの例も「-そう」「-げ」の付加が統語部門で起こっていることの証拠となります。

(47) a. 「-たい」：父親がビールを飲みたそうだ，客が文句を言いたげだ
　　 b. 「-やすい」：この本は読みやすそうだ

　このように，「-そう」「-げ」「-がち」といった接辞は，統語部門で句に対

して付加されると考えられます。

　本章では，語のレベルだけではとらえきれない語形成にさまざまなタイプのものがあることを見てきました。これらの語形成は，(1)で見たように，音のまとまりと意味のまとまりとの間の不一致が観察できるのですが，それは接辞付加や複合という語形成の操作と，句との関わり合いの中で生じていると考えられます。本章で扱ったいずれのタイプの語形成も，(1) A の「音のまとまり」に示したように，接辞付加や複合が作る右側の要素が形態的に一語になっていると考えられます。(1) B の「意味のまとまり」がこれとずれている時に，本来は語のレベルで起こる接辞付加や複合に句が含まれる事例（13.2.）と，意味解釈上だけで句を含むように見える事例（13.3.），さらに統語構造上で接辞が句を基体として選択すると考えられる事例（13.4.–13.6）があり，さまざまな形で句が語形成に関与する場合がある可能性を見てきました。これらは語形成全体の中では例外的あるいは周辺的と感じられるかもしれませんが，語とは何かという問いへの一つの答えとして 2 章で示した語彙的緊密性の一般化に対する，重要な問題提起を含んでいます。さらに，句が関わると考えられる語形成は，形態論と統語論の関係についての探求の重要性を示唆しており，その分析にはさまざまな理論的可能性があります。

 考えてみよう

◆8.3. で取り上げた否定接辞の「未-」は，13.4.2. で見た接辞の一種であると考えられます。8 章の課題で「未-」がどのような動名詞に付加されるか考えてもらいましたが，それを踏まえて，次のような例も参考にして，この接辞の意味と形態的特徴について考えましょう。
　（i）未公開の映画
　（ii）*論文を未発表する
　（iii）住宅ローンを未契約の客

◆ 13.5.1. で本来的に動詞句を選択する「-たい」が，(29) のような形容詞本来の構造ももつことができることを見ましたが，このような構造はどのようなメカニズムで可能になるでしょうか。一つの可能性として，13.4.1. の「-方」名詞化と同様に，統語部門で主要部の移動が起きると考えることができます。13.4.1. の「-方」の移動分析を参考にして，「-たい」構文の主要部移動前と主要部移動後との構造を考えてみましょう。さらに，この分析では，どのような課題が生じるか，考えてみましょう。

さらに深く知りたい人に

Bauer, Laurie, Rochelle Lieber, and Ingo Plag. (eds.) (2013) *Oxford Reference Guide to English Morphology*. Oxford: Oxford University Press.
　20 章に句を含む複合語の例が示され，22 章では句につく接辞について多くの例と共にその特徴などが述べられている。

影山太郎(1993)『文法と語形成』ひつじ書房.
　6 章に句を含む語形成について書かれているほか，接頭辞でありながら派生語が語ではなく句のアクセントを示す例なども紹介され，文法理論における形態論の位置付けについての考察が述べられている。

参考文献

（各項目末尾の括弧内に参照した章番号を記している。）

Achema, Peter and Ad Neelman. (2010) The Role of Syntax and Morphology in Compounding, In Sergio Scalise and Irene Vogel. (eds.) *Cross-disciplinary Issues in Compounding*. pp.21–36. Amsterdam: John Benjamins. (10)

Allen, Margaret. (1978) *Morphological Investigations*. Ph.D. dissertation, University of Connecticut. (4, 7, 8)

Aronoff, Mark. (1976) *Word Formation in Generative Grammar*. Cambridge, Mass: MIT Press. (2, 7)

Baayen, Harald and Rochelle Lieber. (1991) Productivity and English Derivation: A Corpus-based Study, *Linguistics* 29(5): pp.801–843. (2)

Bauer, Laurie, Rochelle Lieber, and Ingo Plag. (eds.) (2013) *Oxford Reference Guide to English Morphology*. Oxford: Oxford University Press. (13)

Booij, Geert. (2010) *Construction Morphology*. Oxford: Oxford University Press. (11)

Booij, Geert. (2012) *The Grammar of Words* (3rd edition). Oxford: Oxford University Press. (2)

Carlson, Greg. (1977) *Reference to Kinds in English*. Ph. D. dissertation, University of Massachusetts, Amherst. Published (1980) by New York: Garland. (6)

Cattell, Ray. (1984) *Syntax and Semantics 17: Composite Predicates in English*. Sydney: Academic Press. (9)

Chomsky, Noam. (1981) *Lectures on Government and Binding*. Dordrecht: Foris. (3)

Dixon, Robert M. W. (1982) *Where Have All the Adjectives Gone?: and Other Essays in Semantics and Syntax*. Berlin: Mouton. (6)

Dowty, David. (1979) *Word Meaning and Montague Grammar*. Dordrecht: Reidel. (6)

Grimshaw, Jane. (1990) *Argument Structure*. Cambridge, Mass: MIT Press. (9)

萩原裕子（1998）『脳にいどむ言語学』岩波書店．(7)

Hagiwara, Hiroko, Yoko Sugioka, Takane Ito, Mitsuru Kawamura and Jun-ichi Shiota. (1999) Neurolinguistic Evidence for Rule-based Nominal Suffixation.

Language 75(4): pp.739–763. (7)

Hay, Jennifer. (2002) From Speech Perception to Morphology: Affix Ordering Revisited. *Language* 78(3): pp.527–555. (7)

Hay, Jennifer, Christopher Kennedy and Beth Levin. (1999) Scalar Structure Underlies Telicity in "Degree Achievements." *Semantics and Linguistics Theory IX*, pp.127–144. (6)

Itoh, Takane. (1985) On Incorporation of Predicative Expressions in Verbal Compounds. *English Linguistics* 2: pp.21–41. (10)

伊藤たかね（2023）『ことばを科学する―理論と実験で考える、新しい言語学入門』朝倉書店．(7)

伊藤たかね・杉岡洋子（2002）『語の仕組みと語形成』研究社．(7, 9, 10, 11, 13)

Jackendoff, Ray. (1990) *Semantic Structures*. Cambridge, Mass: MIT Press. (3, 5, 6)

Johnston, Michael and Federica Busa. (1999) Qualia Structure and the Compositional Interpretation of Compounds. In Evelyne Viegas. (ed.) *Breadth and Depth of Semantic Lexicons*, pp.167–187. Amsterdam: Kluwer Academic Publishers. (4)

Kageyama, Taro. (1985) Configurationality and the Interpretation of Verbal Compounds. *English Linguistics* 2: pp.1–20. (10)

影山太郎（1993）『文法と語形成』ひつじ書房．(3, 7, 9, 11, 12, 13)

影山太郎（1996）『動詞意味論―言語と認知の接点』くろしお出版．(3, 6, 9)

影山太郎（1997）「名詞から動詞を作る」影山太郎・由本陽子『語形成と概念構造』pp.11–52. 研究社出版．(5)

影山太郎（1999）『形態論と意味』くろしお出版．(3, 5, コラム 1)

影山太郎（2008）「語彙概念構造（LCS）入門」『レキシコンフォーラム』No.4, pp.239–264. ひつじ書房．(3)

影山太郎(編)（2013）『複合動詞研究の最先端』ひつじ書房．(12)

Kageyama, Taro and Hideki Kishimoto. (eds.) (2016) *Handbook of Japanese Lexicon and Word Formation*. Berlin: Mouton de Gruyter. (2)

Kennedy, Christopher and Beth Levin. (2008) Measure of Change: Adjectival Core of Degree Achievements. In Louise McNally and Christopher Kennedy. (eds.) *Adjectives and Adverbs: Syntax, Semantics and Discourse*, pp.156–182. Oxford: Oxford University Press. (6)

金水敏（1994）「連体修飾の『～タ』について」田窪行則（編）『日本語の名詞修飾表現』pp.29–65. くろしお出版．(3, 11)

Kishimoto Hideki. (2006) Japanese Syntactic Nominalization and VP-internal Syntax. *Lingua* 116(6): pp.771–810. (13)

久保圭（2017）『日本語接辞にみられる否定の意味的多様性とその体系的分類』博士論文，京都大学．https://repository.kulib.kyoto-u.ac.jp/dspace/handle/2433/225690（8）

窪薗晴夫（1995）『語形成と音韻構造』くろしお出版．（コラム1, 2）

Levi, Judith. (1978) *The Syntax and Semantics of Complex Nominals*. New York: Academic Press. (4)

Levin, Beth and Malka Rappaport. (1986) The Formation of Adjectival Passives. *Linguistic Inquiry* 17(4): pp.623–661 (9,10)

Levin, Beth and Malka Rappaport Hovav. (1995) *Unaccusativity: At the Syntax-Lexical Semantics Interface*. Cambridge, Mass: MIT Press. (3, 6)

Li, Yafei. (1995) The Thematic Hierarchy and Causativity. *Natural Language and Linguistic Theory* 13(2): pp.255–282. (12)

Lieber, Rochelle. (1983) Argument Linking and Compounds in English. *Linguistic Inquiry* 14(2): pp.251–285. (10)

Lieber, Rochelle. (1992) *Deconstructing Morphology*. Chicago: University of Chicago Press. (13)

Lieber, Rochelle. (2021) *Introducing Morphology* (3rd edition). Cambridge: Cambridge University Press. (2)

Marchand, Hans. (1969) *The Categories and Types of Present-Day English Word-Formation*. München: C. H. Beck. (5)

益岡隆志（2008）「叙述類型論に向けて」益岡隆志（編）『叙述類型論』pp.3–18. くろしお出版．（11）

Matsumoto, Yo. (1996) *Complex Predicates in Japanese: A Syntactic and Semantic Study of the Notion 'Word'*. Stanford / Tokyo: CSLI / Kurosio Publishers. (12)

並木崇康（1985）『語形成』大修館書店．（5, 9, 13）

並木崇康（2013）「複合語と派生語」『レキシコンフォーラム』No.6, pp.43–57.（4）

日本語記述文法研究会（編）（2007）『現代日本語文法3』くろしお出版．（8）

小野尚之（2005）『生成語彙論』くろしお出版．（3）

小野尚之（2008）「クオリア構造入門」『レキシコンフォーラム』No.4, pp.265–290. ひつじ書房．（3, 4）

太田朗（1980）『否定の意味』大修館書店．（8）

Pesetsky, David. (1985) Morphology and Logical Form. *Linguistic Inquiry* 16(2):

pp.193–246. (7)

Plag, Ingo. (1999) *Morphological Productivity: Structural Constraints in English Derivation*. Berlin: Mouton de Gruyter. (2)

Plag, Ingo. (2018) *Word-Formation in English* (2nd Edition). Cambridge: Cambridge University Press. (2, 7)

Pustejovsky, James. (1995) *The Generative Lexicon*. Cambridge, Mass: MIT Press. (3, 4)

Rappaport Hovav, Malka and Beth Levin. (1992) -*Er* Nominals: Implications for the Theory of Argument Structure. In Tim Stowell and Eric Wehrli. (eds.) *Syntax and Semantics 26: Syntax and the Lexicon*, pp.127–153. San Diego: Academic Press. (9)

Roeper, Thomas (1987) Implicit Arguments and the Head-Complement Relation. *Linguistic Inquiry* 18(2): pp.267–310. (9, 13)

Roeper, Thomas and Muffy E. A. Siegel. (1978) A Lexical Transformation for Verbal Compounds. *Linguistic Inquiry* 9(2): pp.199–260. (10)

Saarinen, Pauliina and Jennifer Hay. (2014) Affix Ordering in Derivation. In Rochelle Lieber and Pavol Štekauer. (eds.) *The Oxford Handbook of Derivational Morphology*, pp.370–383. Oxford: Oxford University Press. (7)

Scalise, Sergio and Antonietta Bisetto. (2009) The Classification of Compounds. In Rochelle Lieber and Pavol Štekauer. (eds.) *The Oxford Handbook of Compounding*, pp.34–53. Oxford: Oxford University Press. (11)

Selkirk, Elisabeth O. (1982) *The Syntax of Words*. Cambridge, Mass: MIT Press. (7, 10)

島村礼子（2005）「句の語彙化について―英語の名詞前位修飾表現を中心に」大石強・西原哲雄・豊島庸二（編）『現代形態論の潮流』pp.55–73. くろしお出版. (13)

Siegel, Dorothy. (1974) *Topics in English Morphology*. Ph.D. dissertation, MIT. (7)

Spencer, Andrew. (1991) *Morphological Theory: An Introduction to Word Structure in Generative Grammar*. Oxford: Blackwell. (7)

Spencer, Andrew. (2005) Towards a Typology of Mixed Categories. In C. Orhan Orgun and Peter Sells. (eds.) *Morphology and the Web of Grammar: Essays in Memory of Steven G. Lapointe*, pp.95–138. Stanford: CSLI Publications. (13)

杉岡洋子（1989）「派生語における動詞素性の受け継ぎ」久野暲・柴谷方良（編）『日

本語学の新展開』pp.167–185. くろしお出版.（13）
Sugioka, Yoko. (2002) Incorporation vs. Modification in Japanese Deverbal Compounds. *Japanese/Korean Linguistics 10,* pp.495-508. Stanford: CSLI Publications.（11）
杉岡洋子（2002）「形容詞から作られた動詞の自他交替をめぐって」伊藤たかね（編）『文法理論—レキシコンと統語』pp.91–116. 東京大学出版会.（6）
杉岡洋子（2009a）「形容詞から作られた動詞」影山太郎（編）『日英対照：形容詞・副詞の意味と構文』pp.191–222. 大修館書店.（6）
杉岡洋子（2009b）「「-中」の多義性—時間をあらわす接辞をめぐる考察」由本陽子・岸本秀樹（編）『語彙の意味と文法』pp.85–104. くろしお出版.（13）
杉岡洋子・影山太郎（2011）「名詞化と項の受け継ぎ」影山太郎（編）『日英対照：名詞の意味と構文』pp.209–238. 大修館書店.（9, 13）
田窪行則（1986）「-化」『日本語学』5(3): pp.81–84.（6）
寺村秀夫（1982）『日本語のシンタクスと意味 II』くろしお出版.（6）
Tsujimura, Natsuko and Stuart Davis. (2011) A Construction Approach to Innovative Verbs in Japanese. *Cognitive Linguistics* 22(4): pp.799–825.（5）
于一楽（2015）『中国語の非動作主卓越構文』くろしお出版.（12）
Williams, Edwin. (1981) On the Notions "Lexically Related" and "Head of a Word." *Linguistic Inquiry* 12(2): pp.245–274.（2）
由本陽子（1996）「語形成と語彙概念構造—日本語の『動詞＋動詞』の複合語形成について」奥田博之教授退官記念論文集刊行会（編）『言語と文化の諸相—奥田博之教授退官記念論文集—』pp.105–118. 英宝社.（12）
由本陽子（2005）『複合動詞・派生動詞の意味と統語—モジュール形態論から見た日英語の動詞形成』ひつじ書房.（8, 12）
Yumoto, Yoko (2010) Variation in N-V Compound Verbs in Japanese. *Lingua* 120(10): pp.2388–2404.（11）
由本陽子（2011）『レキシコンに潜む文法とダイナミズム』開拓社.（4, 5, 8）
由本陽子（2015）「「名詞＋動詞」複合語の統語範疇と意味カテゴリー」益岡隆志（編）『日本語研究とその可能性』pp.80–105. 開拓社.（11）
由本陽子（2020）「日本語の「名詞＋動詞連用形／形容詞」型複合語形成における「形質名詞」の役割」由本陽子・岸本秀樹（編）『名詞をめぐる諸問題—語形成・意味・構文』pp.47–67. 開拓社.（11）
由本陽子（2021）「英語の軽動詞構文における項の具現化—give を主動詞とする場合を中心に」岡部玲子・八島純・窪田悠介・磯野達也（編）『言語研究の楽し

さと楽しみ』pp.199–209. 開拓社．(9)
由本陽子（2022）「カテゴリー別に考える第1投射の条件」山田彬尭（編）『言語文化共同研究プロジェクト 2021 自然言語への理論的アプローチ』pp.52–61. 大阪大学大学院言語文化研究科．(11)
由本陽子・伊藤たかね・杉岡洋子（2015）「「ひとつまみ」と「ひと刷毛」―モノとコトを測る「ひと」の機能」由本陽子・小野尚之（編）『語彙意味論の新たな可能性を探って』pp.432–462. 開拓社．(9)
由本陽子・影山太郎（2009）「名詞を含む複合形容詞」影山太郎（編）『日英対照：形容詞・副詞の意味と構文』pp.223–257. 大修館書店．(10)
由本陽子・影山太郎（2011）「名詞が動詞に変わるとき」影山太郎（編）『日英対照：名詞の意味と構文』pp.178–207. 大修館書店．(5)

事典・辞書
『英語学・言語学用語辞典』開拓社
『広辞苑（第七版）』
『リーダーズ英和辞典（第2版）』

語彙索引

-able　131–132, 149, 183–185
-al　138
-ant　181
dis-　159
-ed（形容詞）　149, 183–185, 201–204, 205
-en　105
en-　105
-er　172–176, 192, 205–208, 262
-ful　133
-ic　133
-ify　22–23, 105
in-　129–130, 133, 149, 151–153
-ing（形容詞）　199–201, 208–209
-ing（動名詞）　270–271
-ing（名詞）　192–198, 205–206
inter-　186
-ish　262
-ity　17, 125–127
-ive　133, 181
-ize　22–23, 105, 108–109
-less　133
-ment　17, 137–138
-ness　17, 125–126, 262
non-　149, 151–153
out-　187
over-　160, 161, 187
-th　125–126
trans-　187
un-V　25, 28, 157–159
un-　28, 129–130, 133, 135–136, 149–153
-化　106, 116, 263
-家　176
各-　263
-かけ　273
-方　167, 268–272
-がち　280–282
-がる　117–120, 140
-げ　280–282
-さ　123–124, 127–128, 139, 141
-者　176
する　95, 180, 218–226, 248
前-　263
-そう　280–282
-たい　139, 275–277
-たて　273
-中　272–274
-っぽい　264
-手　176
-並み　263, 264
-にくい　139, 277–280
非-　154, 156, 157
ひと　181
不-　153–156
-ぶり　263
真-　104
-まる　106, 110–113
-み　15, 123–124, 127–128, 139, 141
未-　153, 155, 156, 283
-む　117, 140
無-　153–157

-めく……264
-める……106, 110–113
-やすい……139, 185, 277–280

事項索引

A - Z
'IS A' 条件……65
LCS……47–54, 57, 84, 94, 108, 114, 115, 157–161, 219–224
tough 構文……277–278

あ
アクセント（英語）……22, 126, 129, 131, 134
アクセント（日本語）……60–61
アスペクト……49, 51, 94, 113–115, 238
アスペクト接辞……272–274

い
異形態（allomorph）……5, 131
位置変化動詞……158, 216
移動動詞……51
意味素性（semantic feature）……42
因果連鎖（causal chain）……47

う
受け継ぎ（inheritance）……32, 164–188, 191, 205–206, 230
埋め込み構造……243, 275, 276

お
音素（phoneme）……5

か
外項（external argument）……57, 165, 172–173, 176, 216
外心複合語（exocentric compound）（外心構

造) 35, 229
階層構造(hierarchical structure) 26–29
下位範疇化素性(subcategorization feature) 159
外部表示 93
括弧づけのパラドックス(bracketing paradox) 136
完結性(telicity) 49, 51, 113–115
間接内項 166, 183

き

規則性 125–129, 139, 141, 191, 209
基体(base) 4, 137–138
起点 224
逆成(back-formation) 195
極限値 103–105
切り取り 126, 131

く

クオリア構造(Qualia Structure) 43–45, 70–77, 87–89, 232, 265
屈折(inflection) 6
句への接辞付加 262, 274
クラス 1(接辞) 129–136, 152
クラス 2(接辞) 129–136, 152
繰上げ構造 250
句を含む複合語(phrasal compound) 260

け

経験者(Experiencer) 54, 140, 172
計算(computation) 137, 141
形式クオリア(Formal Qualia) 43
形態素(morpheme) 4

軽動詞(構文)(light verb(construction)) 95, 180
形容詞由来動詞(deadjectival verb) 105–120
形容名詞(adjectival noun: AN) 6, 153–155, 280
結果構文 55, 237
結果名詞 169
ゲルマン系 24, 125, 152
(言語)処理((language) processing) 136–138, 141

こ

語彙化(lexicalization) 10–11, 78, 92, 93, 126–127, 131–132, 141, 246, 260, 262
語彙概念構造(Lexical Conceptual Structure) → LCS
語彙性 10
語彙的ギャップ(lexical gap) 15–17, 123–125
語彙的緊密性(lexical integrity) 17–21, 78, 246–249, 261, 262, 272, 277, 283
語彙的複合語(lexical compound) 239
項(argument) 49, 164
項構造(argument structure) 49, 56, 165, 191–210, 217, 232, 267
構成クオリア(Constitutive Qualia) 43, 44, 265
構成的(compositional)(構成性(compositionality)) 11, 126–128, 131–132, 139, 227
構造的曖昧性(structural ambiguity) 28
拘束形態素(bound morpheme) 4, 126,

130
項の具現化（argument realization）—— 164, 195, 200, 215, 225
語幹—— 15, 99–100, 106
語基—— 156
語種—— 24–25, 39, 153
個体レベル述語（individual-level predicate）—— 102
コントロール構造—— 251

さ

再帰性（recursiveness）—— 35–37
作成動詞—— 53, 222
サ変動詞—— 53, 218–226, 248

し

時間接辞—— 272–274
事象名詞—— 168–171
自他交替—— 52–53, 108–113
失語症—— 141
尺度性—— 103, 150
自由形態素（free morpheme）—— 4
主観性（subjectivity）—— 117–120
授受動詞—— 216
主体クオリア（Agentive Qualia）—— 43, 44
主題役（thematic role）—— 50
主要部（head）—— 31, 264, 267
照応（anaphora）（照応形）—— 18–19, 247
状態動詞—— 50, 159, 160
状態変化自動詞—— 221
状態変化他動詞—— 222
状態変化動詞—— 50, 106, 107, 111, 160, 161
（言語）処理（(language) processing）—— 136–138, 141
心理的実在性—— 141–142

せ

生産性（productivity）—— 16–17, 123–125, 129, 139, 141, 227
接辞（affix）—— 4
接辞付加（affixation）—— 5, 123– 142
接頭辞（prefix）—— 4, 33, 145–162, 185–187
接尾辞（suffix）—— 4, 33–34
選択制限（selectional restriction）—— 42, 87, 118, 250
（統語的）選択素性—— 27–28, 135, 159, 186, 187

そ

相対名詞—— 265
属性—— 102, 107, 233–234
阻止（blocking）—— 12–14, 85, 125, 152

た

対象（主題役としての）（Theme）—— 47, 50, 219, 224, 231–232
達成動詞—— 46, 51, 108
他動性調和の原則—— 243, 244
段階性（gradability）—— 103, 150, 151, 156, 255, 256
段階性到達動詞（degree achievement verb）—— 114
単純事象名詞—— 169

ち

着点（Goal）—— 50, 224

直接内項(direct internal argument) ―― 57

て

定項(constant) ―― 49, 108
転換(conversion) ―― 5, 6, 81–86, 105
転換動詞 → 名詞転換動詞
転換名詞 ―― 177–179

と

同化(assimilation) ―― 5, 129
道具(名詞) ―― 86–89, 173–175, 231
(統語的)選択素性 ―― 27–28, 135, 159, 186, 187
統語的複合語(syntactic compound) ―― 239
統語レベル／部門(の語形成) ―― 140, 257, 270, 277, 280, 282
動作主(Agent)名詞 ―― 50, 172–177
動詞由来形容詞 ―― 181–185
動詞由来複合形容詞 ―― 199–204
動詞由来複合語(deverbal compound) ―― 74, 191–210, 213–235, 261
動詞由来複合名詞 ―― 192–199, 215–217, 225, 230–234
到達動詞 ―― 50, 113
同定 ―― 240
動名詞(gerund) ―― 270–272
動名詞(verbal noun: VN) ―― 6, 214, 218, 220–226, 228

な

内項 ―― 165, 166
内心複合語(endocentric compound) ―― 33

は

場所項(Location) ―― 50, 224, 231
働きかけ動詞 ―― 50, 219
場面レベル述語(stage-level predicate) ―― 102
反対(contrary) ―― 148–151, 155, 156

ひ

非主要部(non-head) ―― 32, 265–268
非対格仮説(unaccusative hypothesis) ―― 56
非対格(unaccusative)動詞 ―― 54, 56, 165, 198, 203, 215, 244
否定極性項目(negative polarity item) ―― 147
非能格(unergative)動詞 ―― 54, 56, 203, 215, 244
百科事典的知識 ―― 43, 70, 83, 91
頻度 ―― 137

ふ

付加詞 ―― 192, 202, 206–207, 214, 217–224
複合(compounding) ―― 5, 6, 134–135
複合語アクセント規則(Compound Accent Rule) ―― 60
複合動詞(compound verb) ―― 195, 237–257
複雑事象名詞 ―― 169
複雑述語(complex predicate) ―― 180, 269, 275
二叉枝分かれ制約(binary branching condition) ―― 29–31

へ

並列複合語 30, 35
変項(variable) 49

ほ

母音交替(日本語) 39, 40

み

右側主要部規則(Righthand Head Rule) 31–35, 65, 85

む

矛盾(contradictory) 148–152, 156, 160

め

名詞化(nominalization) 123–125, 141, 163–168, 268–274
名詞転換動詞 81

も

目的クオリア(Telic Qualia) 43, 44, 88, 89, 91
モノ名詞 169
モーラ 23–24

ら

ラテン系 24, 125, 152

り

履歴属性 233

れ

レキシコン(lexicon) 10–17, 41, 136, 141
レベル順序づけ 132–136, 138
連濁 19, 39, 40, 78, 214, 227–229

著者紹介

由本陽子(ゆもと　ようこ)
大阪大学名誉教授
大阪大学大学院文学研究科博士課程修了　文学博士
［主要著作］
『語形成と概念構造』(影山太郎氏との共著，研究社出版，1997)
『複合動詞・派生動詞の意味と統語—モジュール形態論から見た日英語の動詞形成—』
　　(第 24 回新村出賞，ひつじ書房，2005)
Variation in N-V Compound Verbs in Japanese, *Lingua* 120, pp.2388–2404. (2010)

杉岡洋子(すぎおか　ようこ)
慶應義塾大学名誉教授
シカゴ大学大学院言語学科博士課程修了(Ph.D.)
［主要著作］
Interaction of Derivational Morphology and Syntax in Japanese and English. (Garland,
　　1986 / Routledge, 2019)
『語の仕組みと語形成』(伊藤たかね氏との共著，研究社，2002)
Nominalization Affixes and the Multi-modular Nature of Word Formation, in Etsuyo
　　Yuasa et al. (eds.) *Pragmatics and Autolexical Grammar: In Honor of Jerry Sadock*.
　　(John Benjamins, 2011)

伊藤たかね(いとう　たかね)
東京大学多様性包摂共創センター特任教授，東京大学名誉教授
東京大学大学院人文科学研究科博士課程満期退学
［主要著作］
『語の仕組みと語形成』(杉岡洋子氏との共著，研究社，2002)
『こころと言葉—進化と認知科学のアプローチ』(長谷川寿一氏，C. ラマール氏との
　　共編著，東京大学出版会，2008)
『ことばを科学する—理論と実験で考える、新しい言語学入門』(朝倉書店，2023)

語の文法へのいざない
An Invitation to the Grammar of Words
Yoko YUMOTO, Yoko SUGIOKA, Takane ITO

発行	2024年11月15日 初版1刷
定価	2600円＋税
著者	Ⓒ由本陽子・杉岡洋子・伊藤たかね
発行者	松本功
装丁者	杉枝友香（asahi edigraphy）
組版所	株式会社 ディ・トランスポート
印刷・製本所	株式会社 シナノ
発行所	株式会社 ひつじ書房
	〒112-0011 東京都文京区千石2-1-2 大和ビル2階
	Tel.03-5319-4916 Fax.03-5319-4917
	郵便振替 00120-8-142852
	toiawase@hituzi.co.jp　https://www.hituzi.co.jp/

ISBN978-4-8234-1259-2

造本には充分注意しておりますが、落丁・乱丁などがございましたら、小社かお買上げ書店にておとりかえいたします。ご意見、ご感想など、小社までお寄せ下されば幸いです。

[刊行書籍のご案内]

ベーシック英語構文文法
大谷直輝著　　定価 1,800 円 + 税

本書は、私たちが持つ言語知識は抽象性や複雑性が異なる様々なタイプの構文のネットワークからなると考える構文文法の考え方を紹介する。言語経験から抽出された構文が私たちの言語活動を支えると考えることで、言語知識を文法と辞書に大別する伝統的な言語観とは異なる言語の姿がみえてくる。「構文」という概念を理解することで、英文法の知識が深まるとともに、認知言語学、談話・機能言語学、コーパス言語学、定型表現の研究等にも大いに役立つであろう。

[刊行書籍のご案内]

ベーシック語彙意味論
岸本秀樹・于一楽著　　定価 1,700 円＋税

語彙には歴然とした体系性がある。本書は、語彙のこのような体系的な側面を特に意味的な観点から解説する。語彙の体系は、語の形態・音韻・意味に及び、日常的な表現を中心に具体例を交えながら、これらの体系に関して基本的な事実とそれを説明する規則や原理を紹介する。本書を読み終えると、語彙の意味がどのように研究されてきたかについておよその方向性をつかむことができ、日常的な語彙の中に潜む日頃気がつかない法則性に迫ることができる。

[刊行書籍のご案内]

ベーシック形態論
小野尚之著　　定価 2,000 円 + 税

言語学や英語学の知識のないまったくの初学者に、学習者に身近な現象を取り上げ (例えば、「ぼっちキャンプ」の「ぼっち」って何なのか、「ムズい」と「難しい」は違うのかなど)、形態論の概念が日常的に経験する言語現象と密に関わるものであることを説明し、形態論の基本的な考え方や方法論を身につけ、単語の成り立ちや新しい単語ができるしくみを理解してもらう。日本語に対する理解を深め、英語の学習にも役に立つ情報を提供する。